中国区域与城市发展丛书

袁宝华题

"十二五"时期的中国区域经济

安树伟　主　编

吉新峰　王思薇　副主编

 经济科学出版社

图书在版编目（CIP）数据

"十二五"时期的中国区域经济/安树伟主编．—北京：经济科学出版社，2011.5

（中国区域与城市发展丛书）

ISBN 978 - 7 - 5141 - 0543 - 8

Ⅰ.①十… Ⅱ.①安… Ⅲ.①区域经济发展 - 研究 - 中国 - 2011 ~ 2015 Ⅳ.①F127

中国版本图书馆 CIP 数据核字（2011）第 052479 号

责任编辑：柳　敏　马金玉
责任校对：杨　海
版式设计：代小卫
技术编辑：邱　天

"十二五"时期的中国区域经济
安树伟　主编
吉新峰　王思薇　副主编

经济科学出版社出版、发行　新华书店经销
社址：北京市海淀区阜成路甲 28 号　邮编：100142
总编部电话：88191217　发行部电话：88191540
网址：www. esp. com. cn
电子邮件：esp@ esp. com. cn
汉德鼎印刷厂印刷
德利装订厂装订
710 × 1000　16 开　21.75 印张　340000 字
2011 年 5 月第 1 版　2011 年 5 月第 1 次印刷
ISBN 978 - 7 - 5141 - 0543 - 8　定价：33.00 元

总序一：

促进区域协调发展
加快城镇化进程

陈宗兴

　　区域和城市发展问题关系到我国经济社会发展的大局。作为一个地域辽阔、人口众多的发展中大国，由于区位、资源禀赋、人类开发活动的差异，我国各区域之间、城乡之间经济社会发展水平存在较大差距，近年来还有不断扩大的趋势。从东部、中部、西部及东北四大区域 GDP 占全国比重看，2001 年为 53∶20∶17∶10，而 2005 年为 55∶19∶17∶9，东部地区的比重进一步升高。城乡居民收入差距也在不断扩大。1985 年城镇居民人均可支配收入是农民纯收入的 1.86 倍，1990 年为 2.2 倍，1995 年上升到 2.71 倍，到 2007 年高达 3.33 倍。统筹区域和城乡发展是缩小区域、城乡发展差距的重要方式，是全面建设小康社会的必由之路。胡锦涛总书记在中共"十七大"报告中提出了推动区域协调发展，优化国土开发格局，走中国特色城镇化道路的战略方针，为推动我国区域和城市发展指明了方向。

　　继续实施区域发展总体战略是统筹区域发展的重大战略举措。今后，将继续发挥各地区比较优势，深入推进西部大开发，全面振兴东北地区等老工业基地，大力促进中部地区崛起，积极支持东部地区率先发展，使区域发展差距扩大的趋势得到进一步缓解。还应当在国土生态功能类型区的自然地理基础上，按照形成主体功能区的要求，调整经济布局与结构，明确开发类型与强度，完善投资、产业、土地和人口等政策，改善生态环境质量，提高可持续发展能力。20 世纪末，国家开始实施西部大开发战略，加大了对基础设施、生态保护建设、特色经济和科技教育等方面的支持力度，西部经济发展速度明显加快。按照公共服务均等化原则，在资金、政策和产业发展等方面，继续加大对西部等欠发达地区的支持，尽快使欠发达地区公共服务落后的状况得以改变，逐步形成东中西良性互动、公共服务水平和人民生活水平差距趋向缩小的区域协调发展格局。

城市或城镇具有区域性和综合性特点，是所在区域的政治、经济、文化中心，对区域具有辐射和带动功能。规模经济、聚集经济和城市化经济是区域社会经济发展的重要动力源，城镇化是区域城乡统筹发展的重要途径。我国尚处于工业化的中期阶段，进一步实现工业化和现代化仍是我们不懈追求的目标，而城镇化对于工业化和现代化来说具有决定性意义。分散的乡村人口、农村劳动力和非农经济活动不断进行空间聚集而逐渐转化为城镇的经济要素，城镇化也相应成为经济发展的重要动力。城镇化进程不只是城镇人口比例的提高，它还是社会资源空间配置优化的过程，它将带来城镇体系的发展和城镇分布格局的转变，按照统筹城乡、布局合理、节约土地、功能完善、以大带小的原则，促进大中小城市和小城镇协调发展。推进城镇化进程，意味着将有更多的中小城市和建制镇发展起来，构成一个结构更为合理的城镇体系，有利于产业布局合理化和产业结构高度化。因此，城镇化是21世纪中国经济社会发展的大战略，也是伴随工业化和现代化的社会经济发展的必然趋势。

应当合理发挥大中城市在城镇化过程中的龙头带动作用。国内外经验表明，在一定时期内城市经济效益随城市规模扩大而上升。因此，应以增强综合承载能力为重点，以特大城市为依托，形成辐射作用大的城市群，培育新的经济增长极。特别是西部地区受自然环境的限制，城镇空间分布的非均衡性非常明显。西部地区的城镇化发展必须认真考虑自然条件的差异及环境条件的制约，通过对城市主导产业培育，提高现有大中城市的总体发展水平，并促使条件好且具有发展潜力的中等城市和小城市尽快发展成为大城市和中等城市，形成区域性中心城市，从而成为带动区域发展的新的经济增长极。

这里，必须强调，发展小城镇也是推进城镇化进程的重要力量。我国小城镇的数量大、分布广、"门槛"低，有利于就近吸纳农村富余劳动力，减轻城镇化进程中数量庞大的富余劳动力对大中城市社会经济的剧烈冲击。因此，小城镇的健康发展也是不容忽视的大问题。应结合社会主义新农村建设，在不断加强乡村建设的基础上，大力推进小城镇建设步伐。在重视基础设施建设的同时，还应不断健全和改善农村市场和农业服务体系，建立和完善失业、养老、医疗、住房等方面社会保障制度，加快建立以工促农、以城带乡的长效机制，努力形成城乡社会发展一体化新格局。

还必须指出，当前在我国（以及其他国家，特别是亚洲的不少发展中国家）的各类开发区建设已经成为一些区域和城乡发展的重要带动力量。在开发园区里的若干高新技术企业集群组成的产业园区，进行研究开发（R&D）支撑这些企业集群的科技园区，以及服务于这两类园区的居住园区，在空间上配置于一体共同推动区域社会经济快速发展，其增长极效应十分明显。这种现象也越来越多地引起包括区域经济学家在内的各方面专家、学者、官员等的关注与重视。

区域经济学是从空间地域组织角度，研究区域经济系统，揭示区域经济运动规律，探索区域经济发展途径的学科。肖金成同志主编的《中国区域和城市发展丛书》，汇集了近年来在国内有一定影响的区域经济学者对区域和城市发展等重大问题进行深入研究的一批成果，内容涵盖区域发展、城市发展、空间结构调整、城市体系建设、城市群和小城镇发展等内容。其中，有的是为中国"十一五"规划进行前期研究的课题报告，有的是作者们多年探索的理论成果，也有的是课题组接受地方政府委托完成的实践成果。这些著作既贴近现实，又具有一定的理论深度。丛书的出版，不仅可以丰富区域与城市发展的理论，而且对促进区域科学发展、协调发展以及制定区域发展规划和发展政策具有重要的参考价值。

2008 年 3 月 15 日于北京

（陈宗兴：十一届全国政协副主席　农工党中央常务副主席
陕西省原副省长　西北大学原校长　西北农林科技大学原校长）

总序二:

区域经济和城市发展的新探索

陈栋生

国民经济由区域经济有机耦合而成。区域协调发展是国民经济平稳、健康、高效运行的前提。作为自然条件复杂的多民族大国,区域协调发展不仅是重大的经济问题,也是重大的政治问题和社会问题。故此,促进区域协调发展,成为"五个统筹"的重要内容,是落实科学发展观,构建社会主义和谐社会的必然要求。

从空间角度研究人类经济活动的规律,或者说,用经济学的理论方法探寻人类经济活动的空间规律,既是科学发展不可缺少的重要领域,也是各级政府非常关心的实践课题。正因为如此,区域经济学不仅是一门不可或缺的学问,亦是目前国内发展最快的学科之一。区域经济学的兴起和发展,既促进了我国经济学和社会科学的繁荣,也为地区发展做出了重要贡献。

区域经济运动错综复杂,区域经济学必须紧紧围绕区域发展和可持续发展的客观规律,着重探讨区域发展过程中的时间过程、动力机制、结构演变、空间布局特点,剖析人口、资源、环境与经济之间的既相互制约又相互促进的复杂关系,抓住区域与城市、区域分工与合作等重大问题,揭示区域发展与可持续发展的内在规律。

国内外经验表明,一个地区经济的发展,说到底是靠内生自增长能力,但也不排斥政策扶持的作用,特别是初期启动和对某些障碍与困难的克服。西部地区和东北三省近几年的初步转变,充分证明了有针对性的政策扶持的重要作用。

"十二五"时期的中国区域经济

中国经济布局与区域经济的大格局,20年前我概括为两个梯度差,即大范围的东、中、西部地带性的三级梯度差和区域范围内的点、面梯度差。近20多年来的快速发展,除东部沿海的部分地区(如珠江三角洲、长江三角洲、京津冀、山东半岛)工业化的高速发展,点、面梯次差距大幅度收敛以外。总的来讲,两个梯度差都呈扩大之势。除去主客观条件的差异,地区倾斜政策是重要原因。从某种意义上说,这是大国经济起飞不得不支付的成本。西部大开发的决策和实施,标志着中国经济布局指向和区域经济政策的重大调整,将地区协调发展、逐步缩小地区发展差距,作为经济发展的重要指导方针,把地区结构调整纳入经济结构战略性调整之中,使支持东部地区率先发展和加快中西部地区经济的振兴更好地结合起来。

今后东部地区要继续发挥引领国家经济发展的引擎作用,优先发展高技术产业、出口导向产业和现代服务业,发挥参与国际竞争与合作主力军的作用。东部地区要继续发挥有利区位和改革开放先行优势,加快产业结构优化升级的步伐,大力发展电子信息、生物制药、新材料、海洋工程、环保工程和先进装备等高新技术产业,形成以高新技术产业和现代服务业为主导的地区产业结构。在现有基础上,加快长江三角洲、珠江三角洲、京津冀、闽东南、山东半岛等地区城市群的形成与发展;推进粤港澳区域经济的整合。国内外大型企业集团、跨国公司的总部、地区总部、研发中心与营销中心将不断向中心聚集,加快沿海城市国际化的步伐,成为各种资源、要素在国内外两个市场对接交融的枢纽。在各大城市群内,将涌现一批新的中、小城市,它们有的是产业特色鲜明的制造业中心,有的是某类高新技术产业园区,有的是物流中心,环境优美的则可能成为休憩游乐中心等等。这些中小城市的崛起,既可支持特大城市中心城区的结构调整与布局优化,又可成为吸纳农村劳动力转移的载体。总之,东部地区今后将以率先提高自主创新能力、率先实现结构优化升级和发展方式转变,率先完善社会主义市场经济体制为前提与动力,率先基本实现现代化。

东北是20世纪五六十年代我国工业建设的重点,是新中国工业的摇篮,为国家的发展与安全作出过历史性重大贡献;同时亦是计划经济历史积淀最深的地区。路径依赖的消极影响,体制和结构双重老化导致的国有经济比重偏高,经济市场化程度低、企业设备、技术老化,企业办社会等历史包袱沉重、矿竭城衰问题突出、下岗职工多、就业和社会保障压力大等问题，使东北地区经济在市场经济蓬勃发展的大势中一度相形见绌。2003年10月以来，贯彻中共中央、国务院振兴老工业基地的战略决策，在国家有针对性的政策扶持下，东北振兴迈出了扎实的步伐；今后辽、吉、黑三省和内蒙古东部三市两盟（呼伦贝尔市、通辽市、赤峰市、兴安盟、锡林郭勒盟）作为一个统一的大经济区，将沿着如下路径，实现全面振兴的宏伟目标，使东北和蒙东成为我国重要经济增长区域，成为具有国际竞争力的装备制造业基地、新型原材料基地和能源基地、重要的技术研发与创新基地、重要商品粮和农牧业生产基地和国家生态安全的可靠屏障。

1. 将工业结构优化升级和国有企业改革改组改造相结合；改善国企股本结构，实现投资主体和产权多元化，构建有效的公司法人治理结构；营造非公有制经济发展的良好环境，鼓励外资和民营资本以并购、参股等形式参与国企改制和不良资产处置，大力发展混合所有制经济；围绕重型机械、冶金、发电、石化、煤化工大型成套设备和输变电、船舶、轨道交通等建设先进制造业基地，加快高技术产业的发展，优化发展能源工业，提升基础原材料行业。

2. 合理配置水、土资源，保护、利用好珍贵的黑土地资源，推进农业规模化、标准化、机械化和产业化经营，提升东北粮食综合生产能力和国家商品粮基地的地位；发展精品畜牧业、养殖业和农畜禽副产品的深加工，延长产业链，提高附加值。

3. 积极发展现代物流、金融服务、信息服务和商务服务等生产性服务业，规范提升传统服务业，充分利用冰雪、森林、草原等自然景观，开发特色旅游产品，壮大旅游业。

4. 从优化东北、蒙东区域开发总格局出发，东部、西部和西北部长白山与大、小兴安岭地区，宜坚持生态优先，在维护生态环境的前提下科学开发；优化开发和重点开发的地区摆在松辽平原、松嫩平原和辽宁沿海地区，具体地说，以哈（尔滨）大（连）经济带和东起丹东大东港、西迄锦州湾的沿海经济带为一级轴线，同时培养若干二级轴线，形成"三纵五横"①，以线串点、以点带面，统筹区域城乡协调发展；积极扶植资源枯竭城市培育接续替代产业，实现可持续发展。

中部六省在区位、资源、产业和人才方面均具相当优势。晋豫皖三省是国家的煤炭基地，特别是山西省煤炭产量与调出量居各省之冠，其余5省都属农业大省，粮食占全国总产量近30%，油料、棉花产量占全国近40%，是重要的粮棉油基地；矿产资源丰富，是国家原材料、水、能源的重要生产与输出基地；地处全国水陆运输网的中枢，具有承东启西、连南接北、吸引四面、辐射八方的区域优势；人口多、人口密度高、经济总量达到相当规模，但人均水平低，6省城镇居民和农民的人均收入都低于全国平均值。中部6省地处腹心地带，国脉汇集的战略地位，大力促进中部地区崛起，努力把中部地区建设成为全国重要的粮食生产基地、能源原材料基地、现代装备制造及高新技术产业基地和连接东西、纵贯南北的综合交通运输枢纽，有利于提高国家粮食和能源的保障能力，缓解资源约束；有利于扩大内需，保持经济持续增长，事关国家发展的全局和全面建设小康社会的大局。

作为工业有相当基础、结构调整任务繁重的农业大省、资源大省、人口大省，要发展为农业强省、工业强省、经济强省，实现科学发展、和谐发展，需做到下述一系列"两个兼顾"：①坚持立足现有基础，注重增量和提升存量相结合，特别要重视依靠科技与体制、机制创新激活存量资产；用好国家给予中部地区26个地级以上城市比照执行东北老工业基地的政策，抓紧企业的技术改造与升级。②加快产业结构调整。既坚持产业升级、提高增长质量，又充分考虑新增就业岗位，推动高技术、重化工、装备制造业、农产品加工和其他劳动密集型产业、各类服务业和文化创意产业的"广谱式"发展；作为农业大省，要特别重视以食品工业为核心的农产品加工业，充分发挥龙头企业引领农业走向市场化、现代化的功效，使工业化、城镇化、农业现代化和社会主义新农村建设有机结合。③在空间布局上，将发展省会都市圈培育增长高地、重点突破和普遍提升县域经济相结合，用好243个县（市、区）比照执行西部大开发相关政策，扶植贫困县经济社会发展。④在企业结构上，既重视培育大型企业集

---

① "三纵"指哈大经济带、东部通道沿线和齐齐哈尔至赤峰沿线，"五横"指沿海经济带、绥芬河到满洲里沿线、珲春到阿尔山沿线、丹东到霍林河沿线和锦州到锡林浩特沿线。

团，包括跨省（区）、跨国（境）经营的大企业集团，更要支持中、小企业广泛发展，形成群众性的良好创业氛围。⑤在资金筹措上，既充分利用本地社会资本，又重视从省（市）外、境外、国外引资；充分发挥地缘优势，承接珠三角、长三角加工贸易的转移，发展相关配套产业。

"十五"期间，实施西部大开发战略，西部地区生产总值平均增长10.6%，"十一五"开局之年，增长13.1%，2006年西部地区生产总值达到3.88万亿元。在新的起点上，今后将继续加强基础设施建设，完善综合交通运输网络，加强重点水利设施和农村中小型水利设施建设，推进信息基础设施建设，抓好生态建设和环境保护，着力于资源优势向产业优势、经济优势的转化，培育包括煤炭、电力、石油和天然气开采与加工、煤化工、可再生能源（风能、太阳能、生物质能等）、有色金属、稀土与钢铁的开采和加工，钾、磷开采和钾肥、磷肥和磷化工，以及一系列特色农、畜、果产品加工的特色优势产业；进一步振兴和提升西部大中城市的装备制造业（如成渝、德阳、西安的电力装备，柳州、天水、宝鸡、包头的重型工程机械装备等）和高技术产业。充分利用西部的自然景观、多彩的民族风情、深厚的文化积淀，大力发展旅游业，培育旅游品牌。在开发的空间布局上，重点转化成渝经济区、关中天水经济区、环北部湾经济区和各省会（自治区首府）城市、地区中小城市及其周边、重要资源富集区与大型水能开发区、重点口岸城镇；及时推广重庆成都综合配套改革试验区统筹城乡发展的经验，普遍提升县域经济和少数民族地区经济，为社会主义新农村建设，提供就近的支撑；推进基本口粮田建设和商品粮基地建设，提高粮食综合生产能力，利用西部特有的自然条件，在棉花、糖料、茶叶、烟草、花卉、果蔬、天然橡胶、林纸和各种畜禽领域，壮大重点区域，培育特色品牌，延伸产业链，提高附加值，通过市场化、产业化、规模化、集约化推进西部传统农业向现代农业的转化。东西联动、产业转移是推进西部大开发的战略性途径；据不完全统计，2001年以来东部到西部地区投资经营的企业达20万家，投资总额达15000亿元。西南、西北还将分别利用中国—东盟自由贸易区建设，和上海合作组织的架构，进一步扩大对外开放，吸引东中部的优强企业，共同建设边境口岸城镇，推进西部传统农业向现代农业的转化。东西联动、产业转移是推进西部大开发的战略性途径；据不完全统计，2001年以来东部到西部地区投资经营的企业达 20 万家，投资总额达 15000 亿元。西南、西北还将分别利用中国—东盟自由贸易区建设和上海合作组织的架构，进一步扩大对外开放，吸引东中部的优强企业，共同建设边境口岸城镇，推进与毗邻国家的商贸往来和经济技术合作。

上述是我——一个从事区域研究工作 50 多年的学者对区域经济和中国空间布局的点滴思考，借中国区域和城市发展丛书出版之际再做一次阐述，希望和区域经济理论界的同仁、区域经济学专业的同学们共同讨论。

丛书中《中国空间结构调整新思路》、《区域经济不平衡发展论》、《京津冀区域合作论》、《中国十大城市群》、《中国城市化与城市发展》等，是肖金成等中青年区域经济学者近几年的研究成果。其鲜明的特点是聚焦中国区域发展的现实，揭示、剖析现实存在的突出问题，进而提出促进区域协调发展的政策建议。如《中国空间结构调整新思路》一书，是 2003 年度国家发展和改革委员会委托的"十一五"规划前期研究课题的成果。研究成果以新的科学发展观为基本指导思想，分析了我国经济空间结构存在的三大特征、五大问题，阐述了协调空间开发秩序的六大原则、八个对策和"十一五"期间调整空间结构的八大任务。提出了建立"开字型"空间布局框架、确定"7＋1"经济区、中国重要发展潜力地区和问题地区等设想。并根据"人口分布和 GDP 分布应基本一致"的原则，提出了引导西部欠发达地区的人口向东中部发达地区和城市流动的观点。成果中的一些建议得到了区域理论界的广泛认同，有的已为"十一五"规划所吸纳。

丛书的作者刘福垣、程必定、董锁成、高国力、李娟等都是区域经济学界很有造诣、在国内很有影响的专家学者。他们的加盟使丛书的内容更加丰富和厚重。

本丛书主编肖金成是我指导的博士研究生，他大学毕业后先后在财政部、中国人民建设银行和国家原材料投资公司工作。为了研究学问，探索中国经济社会发展的诸多问题，他于 1994 年放弃了炙手可热的工作岗位，潜心研究区域经济，尤其是对西部大开发倾注了大量心血与汗水，提出了许多思路和政策建议，合作出版了《西部开发论》、《中外西部开发史鉴》等书籍。后来又主持了若干个重大研究课题，如《协调我国空间开发秩序与调整空间结构研究》、《北京市产业布局研究》、《天津市滨海新区发展战略研究》、《京津冀产业联系与经济合作研究》、《工业化城市化过程中土地管理制度研究》等。特别是天津滨海新区发展战略研究课题为其纳入国家战略从理论上作出了充分铺垫，我参加了该课题的评审，课题成果获得了专家委员会的高度评价，课题报告出版后在社会上形成广泛影响。故此，我愿意将这套丛书郑重地推荐给各地方政府的领导、大专院校的师生及从事区域经济理论研究的学者们，与大家共享。

2008 年 1 月 30 日

（陈栋生：中国社会科学院荣誉学部委员，
中国区域经济学会常务副会长）

目　　录

第一章　主体功能区建设中区域
利益及其表现

构建以主体功能区为基础的区域开发格局，是国家"十一五"规划的一项重点内容，是贯彻落实科学发展观的重大战略举措，也是促进区域协调发展的一个新思路、新举措，对于缩小区域发展差距、实现可持续发展具有重要意义。2010 年底《全国主体功能区规划》已经完成，各省区的主体功能区规划也将陆续完成。良好的区域利益协调机制与实现途径是主体功能区建设顺利推进的重要保证。本书在于揭示主体功能区建设背景下不同区域主体对利益的追求及其差别，研究市场经济条件下，区域利益冲突的表现及成因，为政府进一步完善主体功能区建设的分类指导政策，促进地区经济协调发展，规范区域谋利行为，协调区际利益差别，以及为合理实现区域利益提供理论依据。

一、研究综述

改革开放 30 多年来，我国取得了经济持续高速增长和大规模城市化的辉煌成就。但在国土开发和建设布局方面也出现了无序乃至失控的现象，许多高速增长的地区特别是大城市地区，产业和城市布局混乱，社会和经济发展与资源、生态、环境之间的矛盾和冲突非常严重。一些生态脆弱地区的人口和经济发展压力太大；一些地区的基础设施供应不足，发展潜力未得到充分发挥；不管具备不具备条件的行政区域都要求实现工业化和地区生产总值翻番，加剧了部分地区发展与水土资源的尖锐矛盾。产生这些问题的原因有：一是长期以来我国没有具体的问题区域框架，区域政策是典型的普惠制。在一定程度上，西部大开发政策、东北等老工业基地的振兴政策、中部崛起政策等均存在这一问题。二是区域利益没有得到很好体现，区域利益协调难度较大。区域利益是客观存在的，而长期以来我国在如何规范区域谋利行为、化解区域冲突等方面缺乏有效的政策措施。针对日益严重的资源环境约束，《国家"十一五"规划纲要》提出"推进形成主体功能区"，要按照主体功能定位调整完善区域政策和绩效评价，规范空间开发秩序，形成合理的空间开发结构。

区域利益涉及多个方面，其中最主要的是区域经济利益。[①] 它既不是地方政府的经济利益，也不仅仅是地方财政收入，而是表现在多个方面。现实大量的经济活动表明，决策者原来制定的区域政策在实践中往往并不能完全按其设想进行，相当部分的政策要么根本难以实施，要么与预期目标有较大差距，其主要症结之一就是区域利益的客观存在与不同区域主体（如政府、企业、居民、非政府组织等）对区域利益追求的动机和途径的差异性。

在某种程度上讲，区域利益的协调机制与实现途径在相当大的程度上决定了一项区域政策实施的效果。主体功能区建设的顺利推进，不仅要探索不同主体功能区的分类政策，更需要深入研究协调区域利益的机制、模式和途径，这对于我国主体功能区建设具有重要意义。

本章研究主要涉及如下问题：主体功能区建设中区域主体的利益分析；主体功能区建设中区域利益冲突的表现及成因。

（一）主体功能区建设和规划问题的研究

有关主体功能区建设的研究，最早出现于国家"十一五"规划前期研究中。中国科学院课题组（2005）完成的研究报告《全国功能区域的划分及其发展的支撑条件》建议划分出三种类型的综合功能区，即综合经济区、重点发展的功能区、生态重点建设的类型区。其中后两者接近于《国家"十一五"规划纲要》中提出的主体功能区。中国科学院地理科学与资源研究所课题组（2005）完成的研究报告《"十一五"期间中国区域规划与空间管治的重点与模式研究》，认为在市场经济环境中，空间管治

---

① 区域经济利益是指人们在一定的区域范围内从事社会经济活动所取得的经济利益。

是政府握有的为数不多而行之有效的调节经济、社会、环境可持续发展的重要手段，提出了"十一五"期间我国区域规划与空间管治的重点内容。

更多关于主体功能区建设的研究则出现在中央关于"十一五"规划建议公布以后，研究内容集中在三个方面：一是主体功能区建设的功能。邓玲（2006）认为主体功能区的协调功能体现为增强资源环境的承载能力、促进产业政策与区域政策相结合、缩小区域差距等方面。魏后凯（2006）、张可云（2006）等也进行了这方面研究。二是主体功能区划分及其分类政策。李军杰（2006）提出了以定量化方法设计主体功能区划分指数的初步构想；高国力（2007）提出了我国主体功能区划分及其分类政策制定的理论和方法体系；国家发改委国土开发与地区经济研究所课题组（2006）比较全面地提出了我国主体功能区构建的主要原则、层级和单元、标准和指标体系、分类政策的设计重点；贾若祥（2008）认为限制开发区域是各种利益冲突比较明显的区域，需要在补偿内容、补偿期限、整合政策等方面进一步完善补偿政策。杜黎明（2007）从优化人口、资源、环境的空间配置，对区域经济社会活动的种类和强度施加限制，探索了区域可持续发展的路径。三是主体功能区的实施保障。安树伟、吉新峰（2006）指出了推进形成主体功能区过程中可能面临的困难和问题；陈秀山等（2006）认为主体功能区从构想走向操作必须解决三大问题：明确主体功能区划分的标准和指标体系，根据主体功能区的不同定位要求制定相应的配套政策和政绩考核指标，从组织机构、法律法规等方面建立长效机制。

上述研究更多地侧重于主体功能区建设对区域协调发展的意义和影响，提出了主体功能区建设中需要解决的问题，而从区域利益实现与协调的角度研究主体功能区建设则涉及较少。从我们收集到的相关文献看，国内外从宏观和微观角度对经济利益已有了相当深入的研究，但是从中观角度专门对区域利益的研究并不是很多，更多地体现于区域分工、区域经济差距等方面，这对从一般意义上研究区域经济利益有较大帮助（李新安，2003）。

（二）区域利益的研究

近年来，国内对区域利益的研究集中于以下三个方面：一是区域利益的基本问题。张可云（2001）把区域利益作为研究区域经济关系的基石，并以此来构建区域经济关系理论。余明勤（2004）揭示出构成区域主体的企业、个人、地方政府在体制转轨中产生各种经济行为的内在动因——追逐经济利益，对区域利益的寻求、创造、分配和维护进行了较深入的研究。二是特殊区域利益问题的研究（陈湘满，2002；罗士贵，2005；中国21世纪议程管理中心可持续发展战略研究组，2007；王金南，万军等，2007）。三是区域利益冲突。区域利益体现于地方政府与中央政府、地方政府与地方政府之间的利益关系之中，洪远朋等（2001）研究了地方利益与中国经济发展的关系，认为地方政府追求地方利益的行为既可能推动经济的发展，也可能导致区域利益冲突。胡荣涛等（2001；2002）从地方政府的产业发展和结构调整的博弈行为出发进行分析，证明地区利益冲突是形成产业结构趋同的深层次原因。许庆明等（2005）以长三角为例分析了区域经济一体化中地方政府的利益冲突及其相互间的博弈关系。

这些研究为本书的研究奠定了良好基础，但并没有建构一个一般的区域利益协调模式，以及相对完善的区域利益协调机制，这也是我们希望本书重点解决的问题。我们的判断是，良好的区域利益协调机制与实现途径是主体功能区建设顺利推进的重要保证，构建主体功能区建设背景下区域利益的协调模式任重而道远。

二、主体功能区建设中区域主体的利益分析

区域主体一般包括企业、居民、地方政府和非政府组织，这是主体功能区建设中区域利益的相关者。[①] 企业向主体功能区投入了资本，获得了在主体功能区的生产经营的权力，且为其生产经营承担风险；居民为主体功能区的发展提供了土地、劳动力等生产要素，承受着发展可能带来的生活方式的改变和环境的压力；地方政府为主体功能区的发展制定政策，并投入一定的资金，以推动地方经济的发展，也承担着发展过程中所面临的潜在风险；非政府组织为了协调政府与企业、居民之间的关系，付出了一

---

① 所谓利益相关者，是指所有那些向企业贡献了专用性资产以及作为既成结果已经处于风险投资状况的人或集团。

定的人力、物力和财力，获得了和谐发展所带来的积极效应，也承担着相应负面效应的风险。因此，他们都是主体功能区重要的利益相关者。这些利益主体由于参与经济活动的方式不同，其利益也不相同。

（一）地方政府

随着市场化改革的深入，中央政府和地方政府的利益一体化格局已被打破，主体功能区建设中各地方政府已经成为独立的利益主体。韦伯指出，"虽然在理论上科层组织只是非人格的部门，但实际上它却形成了政府中的独立群体，拥有本身的利益、价值和权力基础。"[1] 按照表现形式来划分，地方政府利益可以分为两种：一是政治利益，是指政府对满足自己政治需要的稀缺政治资源的占有，主要表现为政府声誉、公众的支持率等；二是经济利益，是指政府对满足自己经济需要的稀缺经济资源的占有，主要表现为经济增长率、就业率等。主体功能区建设中地方政府的利益表现在以下两方面：

1. 地方政府的整体利益

在主体功能区建设中，地方政府具有行政管理和经济管理的双重职能，执行中央和上级政府制定的相关政策并采取措施，促进特定主体功能区经济发展和改善地方福利，地方政府的根本使命是实现地方资源的优化配置和地方利益的最大化。

但是，由于我国转型期的特征和地方政府"经济人"特性的影响，使我国主体功能区地方政府的行为具有明显的利益取向性（朱玉明，2006）。"地方政府利益的最大化并不等于当地居民利益的最大化，因为地方政府并不一定完全代表当地居民的利益，它还要代表它自己的利益。"[2] 作为一级调控主体，地方政府可以通过制定政策、确定经济目标和运用经济手段实施调控等来影响整个地方利益。同时，作为独立的经济主体，它有能力，也有动力将自己的利益作为行为动机（管乐庆，2006）。"地方政府是唯一掌握暴力的合法组织。"[3] 它运用所掌握的权力，追求和

---

[1] 转引自杨冠琼：《政府治理体系创新》，经济管理出版社 2000 年版。
[2] 王绍光：《分权的底线》，中国计划出版社 1997 年版。
[3] 陈志武：《为什么中国人勤劳而不富有》，中信出版社 2008 年版。

实现自身利益的最大化，主要表现为追求预算规模、行政权力、政府机构规模等方面。主体功能区地方政府追求利益的方式有两种表现形式：一是内在表现，主要包括地方政府规模的扩大、预算内资金的扩张、政府支出的增加和政府经济收入能力的提升，其实质是地方政府行为的扩张；二是外在表现，主要是指地方政府通过向地方经济主体提供政府产品，获取报酬，以增加预算外收入总额，其实质是地方政府非正常收入的扩张，是一种寻租行为。为了追求和实现自身利益的最大化，主体功能区建设中地方政府高度关注投资周期短、见效快，有利于本地经济快速增长的企业，尤其是地方国有企业，并制定相关政策，大力支持这些企业的发展，而忽略其他企业的发展。"把地方政府行为变成了国有地方经济的一种特殊的寻租行为，把一般意义上的国有地方经济投资人行为变成了地方政府经营国有地方经济。"① 从而导致特定区域内环境污染加剧、经济结构趋同，严重损害了本地居民和企业的利益，并阻碍了功能区经济的持续和协调发展。

2. 地方政府官员的个人利益

主体功能区建设中，地方政府的整体利益与地方政府官员的个人利益息息相关，地方政府的整体利益主要是地方政府官员个人利益的集中体现，地方政府官员的利益实际就是地方政府整体利益的组成基础。"在社会生活中，人们之所以从事政治活动，其根本动因在于人们要实现自己的利益要求。"② 因此，地方政府官员在从事政治活动的过程中，也作为理性"经济人"，追求自身利益的最大化。在政治活动中，地方政府官员实际上也扮演着两种角色："人民公仆"的角色和"社会普通一员"的角色。作为"人民公仆"，他们从事政治活动过程应该以辖区内人民利益最大化和地方利益最大化为目标；作为"社会普通一员"，他们将会以自身利益最大化为目标。公共选择理论认为，政府官员的利益需求和利益选择并不因为他们角色的变化而改变，即政府官员在行使权力的过程中仍具有谋取私利的行为动机，对个人利益的追求是政府官员行为的永恒动机，主要表现为追求个人收入增长、工作福利、社会名望、外界影响力

---

① 郝云宏、王淑贤：《我国地方政府行为研究》，载《财经研究》1999 年第 7 期。
② 王浦劬：《政治学基础》，北京大学出版社 1995 年版。

和权力等方面。

主体功能区地方政府与地方政府官员之间形成了一种典型的委托—代理关系，地方政府委托地方政府官员代表其行使特定职能。因此，地方政府官员是主体功能区地方政府权力运行的最终载体。而我国市场机制还不完善，致使政府官员的权力具有相当的自由度。所以，在政治活动中，作为理性"经济人"的政府官员总是选择"社会普通一员"的角色，利用所掌握的权力，追求个人利益最大化，难免会危及地方利益、企业利益和居民的利益。

3. 地方政府利益的特殊性

地方政府利益具有以下三个特点：第一，利益主体具有多元性，主要包括地方政府部门和地方政府官员。利益的排他性决定了地方政府利益构成中各种利益不能混淆，各利益主体也不能互相取代。第二，利益构成具有鲜明层次性。首先表现为地方利益，如果地方利益无法得到实现，那么地方政府部门利益和地方政府官员利益也就成为无源之水、无本之木，因而不可能长期存在；其次表现为地方政府部门利益，地方政府官员作为地方政府部门这个组织中的一分子，如果地方政府部门利益无法得到保证，那么地方政府官员利益也就失去了赖以存在的前提；最后才表现为地方政府官员利益。第三，利益各组成部分在性质上的差异性。地方利益当中，既有地方政府通过种种努力合理利用资源取得的，也有地方政府通过地方保护主义等途径取得的。地方政府部门利益和地方政府官员利益当中，既存在与地方利益相一致的合法利益，也存在与地方利益相违背的非法利益。

（二）居民

劳动者是生产力中最活跃的因素。特定主体功能区的居民作为劳动者，为了获得一定的经济收入，必须为其所属的功能区提供必要的劳动力和智力，使资本和劳动力以最佳的比例相结合，高效地生产出社会所需的产品，不仅提高了功能区的资源利用效率，并且有力地推动了其经济总量的增长和经济质量的提升。

在社会主义市场经济体制下，居民不仅是区域劳动力的提供者，也是理性经济人。其一切活动都源于对自身利益的追求，"人们奋斗所争取的一切和他们的利益有关。"① 居民利益按照其表现形式有两种:一是经济利益,表现为居民经济需要的满足;二是权力利益,包括居民的选择居住环境的权利、自我发展权利以及言论自由等。具体的表现形式为:

1. 经济收入的增加

马斯洛按照发展程度的高低,将人类的需求划分为生理需求、安全需求、社交需求、尊重需求和自我实现需求五个层次。并且指出,五个层次的需求和经济收入紧密相关,即只有当人类获得更多的经济收入时,才会产生更高层次的需求。因此,追求经济收入的增加是特定主体功能区居民的最基本和最重要的利益表现。在现实生活中,主体功能区居民为了维持自身的生存和实现自我发展、自我完善的需求,参与社会经济活动,为社会提供劳动力,推动功能区的经济发展。但是,在利益的驱动下,居民通常会以超越道德和法律法规的行为,获得更多的经济收入。如自然生态保护区的居民,为了获得更多的经济利益,通常会违法砍伐树木;矿产资源开发区的居民会私自开采资源;旅游景区的居民非法开发或者破坏旅游资源。通过这些活动,居民牟取了大量的经济利益,但是,也严重损害了区域其他主体的利益:违法砍伐树木破坏了自然生态保护区的生态环境,给环境安全带来一定的威胁;私自开采矿产资源导致国有资产的流失和地方政府收入的减少,并产生一系列潜在的生产安全隐患;非法开采和破坏旅游资源损害了景区投资企业的利益和当地政府的经济收入。

2. 公民权利利益的增加

居民作为主体功能区的一个重要主体,享有特定的公民权利,包括选择居住环境和提高居住环境质量的权利、自我发展权利、言论自由权利和享受公平待遇的权利。居住环境的质量不仅是指居住环境的污染程度,而且也包括其物价水平、便利程度、社会秩序稳定程度和环境的绿化状况等。居住环境质量的高低直接影响着主体功能区居民的身体健康、生活质量和身心的愉悦,进而影响居民的工作效率。自我发展权利,主要是指主体功能区居民的道德素质提高的机会、学历再教育权利和职业技术培训的

---

① 《马克思恩格斯选集》第 1 卷,人民出版社 1995 年版,第 82 页。

权利。通过这些权利的实现，主体功能区居民可以提高自身综合素质，提升自己的竞争力，获得潜在的经济收入。言论自由权利，是指主体功能区居民对危及到自己利益的问题，可以提出不同的观点，表达自己的诉求。享受公平待遇的权利，指主体功能区居民在人力资本市场上，可以公平地获得与自己智力资本基本一致的工作单位和工作岗位，并享受到公平的工资及福利待遇。权力利益的实现，可以增加主体功能区居民的工作热情和积极性，提高居民的工作效率，使主体功能区的实际产出逐渐靠近生产可能边界。但是，在现实经济活动中，主体功能区企业为了自身利益违规排放污水，地方政府官员为了追求非正常利益"唯亲是用"，这些行为严重损害了功能区居民的权利利益。

主体功能区居民以提供劳动力和智力资本的方式积极参与经济活动，其目标和行为动机就是实现自身利益的最大化，即经济收入和权利利益所决定的综合利益的最大化。其利益的目标函数为：

$$\begin{cases} EI_{it} = f(L, I) \\ RB_{it} = g(QS, P, FS, FT) \\ R_{it} = EI_{it} + RB_{it} \\ \overline{R} = \max R_{it} \end{cases} \quad (1)$$

式（1）中，L 表示居民的劳动力投入，I 表示居民的智力资本投入，QS 表示居住环境，P 表示自我发展，FS 表示言论自由，FT 表示公平待遇，EI_{it} 代表第 i 个居民在第 t 期的经济收入，RB_{it} 代表第 i 个居民在第 i 期的权利利益，R_{it} 代表第 i 个居民在第 i 期的综合利益，$\overline{R}$ 代表居民的利益目标。

（三）企业

改革开放以来，企业逐渐脱离了政府的直接干预，成为独立的经济主体和利益主体。作为经济活动的主体，企业以社会需求为基础，从事商品生产和经营，为社会提供多种多样的产品，以满足社会居民对消费品的需求和其他企业对生产资料的需求。同时，市场经济体制中的企业也具有理性"经济人"的特征，"企业自身的利益要求又是高于一切的，企业从事商品生产的目的和动机是为了自己获利。"① 主要表现为企业追逐利润、

① 余明勤：《区域经济利益分析》，经济管理出版社 2004 年版。

规模和社会影响力的扩大、社会地位的提高。

1. 追求销售利润的最大化

市场经济体系中的企业已经成为独立经营、自负盈亏、自我约束、自我发展的独立法人和利益主体，具有"经济人"特征。企业承担着两种角色：一是"生产者"的角色。在生产和经营活动中，企业投入了大量的资金，并提供了固定的经营场所，实现劳动力与资本的有机结合，满足了居民和企业日益增长的消费需求和生产需求。二是"经济人"角色。企业参与生产和经营活动的最终目的和行为目标，是在现有技术条件下，增加销售收入，降低生产成本，以追求更多的销售收入和利润。利润的高低是衡量企业经营业绩高低的一个重要指标，它与一个企业的持续经营、规模的扩大、技术创新和产品创新息息相关。

2. 企业规模的扩大

规模经济理论认为，在一定的技术条件下，企业生产规模扩大后，收益增加的幅度大于规模扩大的幅度。因此，当一个企业处于规模经济范围内时，将会获得规模报酬。然而，我国的大部分企业规模偏小，依然未能充分获得规模报酬，处于生态功能区的许多企业更是如此。所以，特定主体功能区内规模偏小的企业参与经济活动的一个目标就是追求规模的扩大，以获得规模报酬。

3. 企业无形资产的增加

企业无形资产包括企业形象、社会影响力和产权、声誉等资产，可以给企业带来潜在利益。企业在给社会提供质优价廉、款式优美、功能多样产品的过程中，塑造企业形象，产生社会影响力。社会影响力较强、声誉和形象良好的企业，在销售市场上其产品受到其他区域主体的青睐，增加了企业的市场份额和销售收入，而且给企业节省了大量的广告宣传费用，增加了企业利润。同时，企业产权的有力保护可以增强企业创新的动力，并使企业获得额外的利润，推动主体功能区产业结构的优化和产业升级。但是，由于我国相关法律法规和制度还不完善，致使企业的产权不能得到有效的保护，从而挫伤了主体功能区企业创新的积极性，降低了企业的长远利益。

企业参与经济活动的目的就是追求上述三种利益总和的最大化，其利益函数可以表达为：

$$\begin{cases} R_{it} = f(L, K) \\ S_{it} = g(R_{it}, K) \\ IP_{it} = m(P, IM, E) \\ R_{it} = R_{it} + S_{it} + IP_{it} \\ \overset{*}{R} = \max R_{it} \end{cases} \qquad (2)$$

式（2）中，L 表示劳动力投入，K 表示资本投入，P 表示产权保护，IM 表示企业形象，E 表示企业的社会影响力，R_{it} 代表第 i 个企业在第 t 期的利润总额，S_{it} 代表第 i 个企业在第 t 期的规模扩大状况，IP_{it} 代表第 i 个企业在第 t 期的无形资产，$\overset{*}{R}$ 代表企业所追求的利益目标。

市场化改革以来，社会趋利化使主体功能区的地方政府与企业之间的共同利益增多（管乐庆，2006），二者之间的合作关系也日益密切：一是主体功能区地方国有企业在地方政府的庇护下，通过"包干制"、"承包制"、"股份制"等形式进行改革，但改革后的企业依然未能脱离地方政府的干预。同时，在地方政府特殊政策保护下，获得了更多的垄断利润。二是主体功能区乡镇企业、私营企业、中外合作企业和外资企业等非国有企业，由于其生产、经营活动可以给地方政府带来更多的收入，地方政府对此大力扶植，在一定程度上有利于实现企业利润的增加和规模的扩大。三是主体功能区部分企业，它们在高价销售其产品的同时，又获得了额外政府补贴，增加了其销售利润，但是，却有可能损害主体功能区居民的利益。如化工厂、造纸厂等高污染企业，在政府政策的保护下，并不采取任何治理措施，以高污染换取自身利润和地方政府利益的最大化，却严重污染了居民的居住环境。

（四）非政府组织

非政府组织（NGO），是指那些独立于政府，在地方、国家或国际上建立起来的、以促进经济发展与社会进步为目的的非营利性的、自愿的公民组织，多用于第三世界国家。它们提供各种各样的服务和发挥人道主义作用，向政府反映公民关心的问题、监督政策执行和鼓励在社区水平上的政治参与。它具有组织性、民间性、公益性、自治性、自愿性、非营利性、合法性、非政党性等特征，以及社会服务、沟通协调、监督管理等基本功能。因此，又称作"第三部门"、"非营利部门"、"利他部门"。

随着我国改革开放的深入和社会主义市场经济的建立与完善，整个社会越来越趋向多元化。特别是在一些社会问题比较突出、尖锐的领域里，非政府组织的活动尤为活跃和集中，它们往往发挥着政府和企业所没有或难以充分发挥的作用，推动了社会进步。随着我国主体功能区建设的推进，其区域主体也将呈现多元化的特征。非政府组织作为一个独立于地方政府组织的区域主体，将在协调主体功能区居民、企业与地方政府之间的关系、推动主体功能区经济发展中发挥着重要的作用。但是，我国主体功能区非政府组织的独立性明显不足。一是主体功能区的非政府组织受到地方政府的领导，非政府组织的人事任免、目标方案的确立乃至工作的安排中有很多都是受政府有关部门的领导，政府的行政权力渗透到非政府组织的各个领域。二是主体功能区非政府组织参与公共管理是执行性参与。非政府组织本应是地方政府与社会的桥梁纽带，反映功能区民意，影响政策制定，但实际上我国主体功能区非政府组织仅限于提供公共服务，无法介入功能区地方政府行政的咨询决策，而以执行性参与为主。三是主体功能区地方政府与非政府组织在组织结构上经常出现重叠现象。此外，我国对主体功能区非政府组织监管的法律体系不健全，法制化程度低。因此，主体功能区非政府组织的利益主要表现为其工作人员，尤其是掌握权力的官员，利用所掌握的权力和相关法律的不完善，为个人谋取私利，表现为追求个人经济利益和政治利益（权力的扩张）的最大化。

总之，我国主体功能区建设中的四个不同的区域利益主体参与经济的方式和目的各不相同，追求的利益动机和行为表现方式也具有一定的差异性。在特定主体功能区内，他们又成为利益相关者。[①] 在追求自身利益最大化的过程中，他们的行为互相影响，产生了各种各样的外部性。因此，为了保证主体功能区建设的顺利推进，必须协调各区域主体之间的利益关系。

---

① 利益相关者理论认为，与一个组织相关联的个人或群体，相关者间的行为和利益存在相互影响、相互作用的关系。

（五）不同区域主体实现利益途径的差异

上面分析可见，作为理性"经济人"，主体功能区的区域主体——地方政府、居民、企业和非政府组织具有不同的利益取向。地方政府摒弃了"以该地方居民福利最大化"的利益目标，在实际运作中追求和实现自身利益的最大化，即追求预算规模、行政权力、政府机构规模的最大化。地方政府利益主要体现为政府官员的利益，政府官员运用所掌握的权力，追逐个人经济利益的增加和权力的扩张；居民追逐经济收入和权利利益的最大化；企业在生产经营过程中，主要追求利润的最大化，同时也重视规模的扩大、社会影响力的扩大和社会地位的提高；而非政府组织在"经济人"特性的制约下，其利益扭曲为掌握权力的官员个人经济利益和政治利益的最大化。为了实现各自的利益目标，不同区域利益主体有不同的实现途径。

1. 区域政府利益的实现途径

（1）与中央政府博弈，力争扩大地方利益。一直以来，地方政府为了获得更多的利益（主要是财政收入），和中央政府进行激烈的博弈，利益竞争是中央与地方政府永恒的主题（刘霞，向良云，2004）。地方政府作为中央政府和地方利益的"双重代理人"，"他们已不再仅仅是一个纵向依赖的行政组织，已逐渐成为了一个具有独立经济利益的经济组织"。[①]同时，也逐渐成为一个独立的博弈主体。地方政府与中央政府博弈的主要方式和途径为：一是过分强调本地区在全国经济发展格局中的重要性，以争取中央政策对本地区的惠顾和支持；二是利用各种人际关系和特殊途径，以获得更多的中央财政资金的支持；三是积极向中央政府推荐项目，以吸引中央政府投资（赵全军，2002）。并且，通常在向中央政府推荐时，故意低估引进和执行项目的投资需求额，并承诺地方政府将自行承担较大份额的投资。但是等到项目执行后，再以地方政府投资不能按时到位为借口，迫使中央政府追加更多的资金（胡荣涛，2001）。

（2）运用政策手段，增加其非正常收入。改革开放以来，中央政府

---

① 吴江雨：《地方利益、地方政府与地区的一体化》，载《中共浙江省委党校学报》2003年第3期。

逐渐向地方政府放权让利，地方政府所掌握的权力逐渐扩大，所承担的经济责任也随之增加。在中国城市化快速发展的历史背景下，为了缓解地方财政收入紧张状况，地方政府逐渐将融资手段转移到地方支配的各种经济要素上来。为了获得与日益增长的公共投资需求相适应的收入水平，地方政府开始了一种"自上而下"且自我弱化的软约束，各级地方政府开始通过"自上而下"地索取资源来突破预算限制，包括地方政府向企业和个人征收正式税收之外的各种规费；通过各种政治压力或交换关系诱使所辖区域的企业或其他实体单位向政府倡导的政绩工程或其他公共设施出资；上级政府拿出一部分资金作为诱饵鼓励下级政府或单位利用各种方法集资来完成某项工程。这些政府行为不是"自下而上"地向上级部门索取资源，而是"自上而下"地索取资源。这种预算约束软化的状况与传统情形相似，但其发生作用的方向相反，称之为"逆向软约束"。在这种新的"逆向软约束"下，地方政府账面上的财力对其行为并不能构成实质性约束，地方政府可以通过权力自上而下地在其管辖范围内攫取其他组织和个人的资源来突破现有预算的限制，而且地方政府自己确定的目标和它们所选择的行为都已经建立在这种预期之上。

（3）地方政府官员利用不正当手段，实现其非正当收入的增加和权力的扩张。地方政府和地方政府官员之间是一种典型的委托—代理关系，政府官员代表地方政府行使权力。而在我国，这一委托—代理的链条较长，且地方政府和其官员之间的信息不对称，从而给政府官员提供了较多的作假和假公济私的机会，从而导致地方政府官员寻租行为的出现。政府官员利用所掌握的权力收取贿赂，同时为了扩大自己的权力，又行贿上级领导。其寻租行为导致经济资源配置的扭曲，严重损害了主体功能区内其他主体的利益。

2. 居民利益的实现途径

（1）通过辛勤劳动实现自身利益的最大化。劳动者是生产力中最活跃的因素。主体功能区的居民作为劳动者，提供了必要的劳动力和智力。同时也根据自己所提供劳动力的数量和质量，获得相应的经济报酬和权利利益。

（2）根据所提供的资本获得必要的资本收入。以前，我国的收入分配制度是按劳分配，即劳动者根据生产过程中所提供劳动的数量和质量获得相应的经济收入。但随着经济的快速发展，资金、智力等资本已经成为经济增长的重要因素，我国的收入分配制度也随之改善，资金、智力等资本的所有者也可以根据在生产过程中所作贡献的程度参与收入分配，获得相应的报酬。这一分配制度不仅刺激了主体功能区资本所有者的生产积极性，而且促进了主体功能区经济的快速增长。这也是主体功能区居民实现其利益的一个重要途径。

（3）以不正当手段实现其利益的最大化。人的欲望是无穷的，当通过正当手段，即提供劳动和资本所获得的收入不能满足一个人的欲望（不能实现其利益最大化）时，主体功能区的居民就会以不正当的手段增加其利益。其主要途径有：一是和政府官员合谋，通过贿赂政府官员，获得晋升的机会。二是违反法律法规或有关政策，获得非正常收入。如禁止开发区的居民，为了获得更多的经济收入，漠视有关规章制度，自行砍伐树木、践踏森林、草地等，严重破坏了该功能区的生态资源。这种行为虽然可以增加自身利益，但也会造成该功能区资源的低效使用，直至有损于该功能区正常功能的发挥。

3. 企业利益的实现途径

（1）通过生产经营活动实现其利益的最大化。主体功能区的企业投入大量的人力、物力和财力，使资本和劳动力相结合，生产出社会必需的生产资料和生活资料。同时通过生产经营活动，获得一定的销售利润；通过向社会提供质优价廉的产品，获得一定的无形资产（如企业声誉、社会影响力等）；随着利润的增加和积累资金的增加实现规模的扩大。

（2）和政府官员合谋，争取其利益的增加。由于政府官员权力的扩张和制度约束的乏力，导致企业和政府官员的合谋。主体功能区企业为了获得更多的利益，通常会和政府官员串通实现其利益。主要表现为：一是为了获得地方政府的政策支持，通常会突出和强调，甚至过分夸大本企业对该主体功能区经济发展的重要性；二是贿赂政府官员牟取利益，如在一些项目（如公路、桥梁）等的招投标中的暗箱操作；三是和地方政府官员合谋，以获得更多的财政资金的支持；四是通过贿赂政府官员和非政府组织的官员，使他们对自己的违规操作熟视无睹，如企业违规排放废水、废气等。

4. 非政府组织利益的实现途径

理性"经济人"的特征使主体功能区非政府组织的利益主要表现为其官员利益。为了实现自己的利益，其官员通常会和企业、政府官员相互勾结。具体而言，就是非政府组织的官员利用所掌握的权力和相关法律法规的不完善，包庇企业和政府官员危害主体功能区其他利益主体的行为，并收取相应的贿赂（包括钱财和晋升的机会），实现其经济利益的增加和政治利益的扩张。

三、主体功能区建设中区域利益冲突的表现及成因

（一）主体功能区建设中的区域利益冲突及表现

主体功能区建设需要各区域主体的联合与协作。但是在向市场经济转型的过程中，多元利益主体的格局正在形成，它使得区域内部的地方利益与整个区域利益发生偏离。如区域主体之一——地方政府从实现自身利益最大化的角度出发进行决策，与同级地方政府间体现出很强的竞争性，造成了主体功能区区域利益冲突。主体功能区建设中的区域利益冲突的外延很广，从理论上来讲，只要对建设中的主体功能区区域利益或整体利益造成损害的行为都可以称为主体功能区建设中的区域利益冲突。其主要表现形式有：

1. 重复建设

重复建设是指在某一行业供给能力已经能够满足社会需求的情况下，经济主体仍然向该行业不断投入新的生产要素，从而导致该行业生产要素的浪费及其生产能力和服务能力的过剩。我国的重复建设主要表现在工业领域，改革开放初期至20世纪末，中国工业经历了三次重复建设的高峰：第一次是1980年前后，重复建设的领域主要集中在轻纺产品和自行车、

缝纫机、手表等这些群众必需的基本生活用品；第二次是 1985～1988 年，主要集中在彩电、电冰箱、洗衣机等耐用消费品；第三次是 1992 年以后，主要集中在汽车、电子、机械、石化等重化工业。地方政府为了增加地方税收收入和促进 GDP 的增长，鼓励企业参与重复建设，为企业重复建设提供了许多便利条件。目前，由于区域经济的快速发展，科技水平的提高和外资的大量进入，使我国主体功能区建设中的区域重复建设表现得更加复杂。一是部分行业低水平重复建设与产品结构性失衡并存；二是外国资本大举进入，使得区域经济冲突趋于复杂化；三是重复建设由传统和耐用消费品行业逐渐向高新技术行业蔓延，继彩电、冰箱等家电制造业和汽车、钢铁等为标志的几轮重复建设后，以电子信息、新材料、生物医药工程为代表的重复建设正在中国凸现，高科技园区建设热潮正席卷全国。重复建设导致区域间产业结构趋同，严重阻碍了各主体功能区比较优势的发挥。

2. 能源及原材料的争夺

原料与能源大战是大规模重复建设的必然结果。各区域部分行业和产品大规模重复建设，不仅造成这些行业产品生产能力和服务能力急剧膨胀，而且重复建设行业中的企业需要不断追加生产要素的投入，造成该生产要素即能源及原材料供应的相对不足。在原材料供应严重不足的情况下，各区域地方政府为了维持区域 GDP 的持续增长，以税收优惠等手段支持，甚至鼓励本地区企业加入原材料大战的行列，从而导致行业和企业的无序竞争，能源与原材料市场价格的上涨和配置效率的降低。

3. 区域市场分割和地方保护主义盛行

在能源及原材料争夺的同时，区域市场分割和地方保护主义也在主体功能区酝酿产生。为了在能源及原材料争夺中获胜，企业纷纷以高价格购进原料，致使生产成本迅速飙升，利润空间迅速降低。于是，企业为化解能源及原材料上涨的压力，为求得自身的生存和发展，便请求地方政府以政策保护其在本区域的市场份额；而地方政府为了自身利益（如税收的增加和 GDP 的增长等），也制定本区域行业政策或区域贸易保护主义政策（如制定一些只有当地产品才具备的所谓技术、质量、环保或安全标准），帮助地方企业获得稳定的市场份额。于是，形形色色、各种各样的区域市场分割和地方保护主义便应运而生。

（二）主体功能区建设中的区域利益冲突的成因

1. 各区域主体的利益没有得到很好的体现

在主体功能区建设中，企业、居民、非政府组织等区域主体的不发育甚至缺失。在目前的体制下，除了地方政府，企业、非政府组织和居民还未成为完全意义上的独立区域主体，其利益诉求也得不到很好的体现。

2. 非政府组织的独立性不强

在"强政府、弱社会"的体制下，各类非政府组织发育相对迟缓，各种功能也不够健全。

（1）缺乏独立的意志和活动。有些社会组织是在政府管理部门培育和推动下产生的，由于这些组织与政府部门有千丝万缕的联系，社会组织很难拥有独立的意志和活动，不得不将相当一部分时间和精力用于完成本来需要政府部门完成的工作，而在发动市民参与区域治理方面又相对有限。

（2）非政府组织的独立性小于依赖性。我国目前非政府组织实行的是双重管理体制。民政部门是非政府组织的法定登记管理机关，而在非政府组织向登记管理机关申请注册登记之前，必须得到主管单位的批准，只有党政机关和得到党政机关委托的单位才有资格担任其业务主管单位。民办非政府组织也实行这种双重管理。非政府组织运作的方方面面都被列入业务主管部门的管辖范围之内。因此，我国非政府组织实际上是主管单位的下属机构，从而导致非政府组织的管理人员缺乏管理控制权。这是中国非政府组织效率低下的原因之一（安瑞娟，屈巍，2004）。同时，由于大多数行业协会是靠国家财政拨款支持，工作人员享受行政工资。尽管其会员交纳了一定的会费收入，但行业协会会员组成缺乏足够的代表性，没有得到市场和同行业的认同，加上行业协会的领导是相关部门派出或批准的，甚至还有行政级别，存在"等靠要"思想，因此独立性不强，依赖性较大。

（3）对地方政府的挂靠过紧。目前大多数行业协会仍然具有浓厚的官方色彩，有的行业组织由政府经济主管部门派生出来，并在其直接领导下工作，有的甚至是"一套班子、两块牌子"，成为政府权力延伸或翻牌机构，在资金来源、人员组成方面很大程度上依赖于政府，群众称之为"二政府"。

（4）社会角色的多重性，营利性与非营利性集为一体。行业协会角色定位不准，导致在实际操作中，一方面为行业提供各种无偿服务，入不敷出，有的有偿服务用于行业协会自身的发展；另一方面，有的行业协会利用自身的优势，举办经济实体，同会员进行同业竞争，严重违背了行业协会成立的宗旨。

（5）自我规范性不够，自律性不强，社会监督缺位。我国至今没有一个独立的第三方机构专门对非政府组织进行监督，媒体对非政府组织的监督作用和力度也很有限。同时，我国对非政府组织的评估机制还存在很大缺陷，公众缺乏合理的、制度化的公开渠道来披露非政府组织背离组织宗旨的行为。其结果是难免有部分非政府组织违法乱纪现象严重（安瑞娟，屈巍，2004）。

由于存在上述问题，导致我国非政府组织处于两难地位（李建勇，程挺，2004）：一方面，政府不敢彻底放手，将许多职能转让给它们；另一方面，市民对它们缺少可信度，碰到问题和困难还是找政府。这又反过来制约了非政府组织的发展。

3. 公众参与度不高

公众参与是对区域进行良好治理的一条重要途径。尽管居民由于素质的提高，参与区域治理的意识也有了较大增强，但是由于受传统文化等因素影响，公众参与度并不高。

居民的行为仍呈现出明显的顺从性与依赖感，没有形成良好的公众参与机制，加之受权限的约束，公众参与仅限于有限范围之内，所采取的程序非常复杂，而参与形式又很单一。

（1）公众参与的深度不够。除了少数大集团外，不管是市民、利益集团以及其他人员只有参与权，而没有决策权。

（2）公众参与机制不健全。根据欧美等发达国家的经验，公众参与的顺利开展需要有法定的程序、强有力的仲裁机构和干练的组织部门,否则会产生形式主义。公众参与在我国还刚刚起步,现有的公众参与在很大程度上还停留在向公众公示、告知的阶段,没有充分利用和发挥各种社会团体、利益集团的积极作用,并不能保证让社会公众真正参与,也不能保证公众正当的、可行的意见能够得到充分体现。

因此,我国区域治理职能的转变,就是要由少数人管理转变为公众参与的共同管理。要通过一定的途径和相应的措施,增进公众在主体功能区建设中的知情权、参与权和管理权,广泛吸引非政府组织、企业、市民参与区域治理。

4. 对上负责的干部任用体制

《中华人民共和国宪法》第一百零一条规定:"地方各级人民代表大会分别选举并且有权罢免本级人民政府的省长和副省长、市长和副市长、县长和副县长、区长和副区长、乡长和副乡长、镇长和副镇长。"① 但实际上,各级人民政府的行政首长是由上级党委确定候选人,同级地方人民代表大会主要是以"选举"的方式行使认可权,这是一种"对上负责"的干部任用体制。

在新中国建立以来的相当长时间里,我国政府官员的选拔所遵循的程序一直是"领导推荐—组织考察—上级任命"的制度。在这个三段式程序中,最关键、最重要的是第一个程序,即"领导推荐"。一位非领导职务的公务员晋升为领导职务的公务员,或者担任领导职务的公务员晋升为上一级领导职务,首先必须有某个领导提名或推荐。如果没有领导的提名或推荐,他即便德才俱佳、资历合格,也只能晋升上一级非领导职务的公务员。一旦有了领导推荐,"组织考察"和"上级任命"大多是履行一个手续,走一个程序。因此为了让上级领导推荐,下级地方官员对上级官员唯命是从,乃至讨好上级,而对于他所管辖的居民的利益则考虑的不是很多。这在一定程度上可以解释为什么我国区域治理中公众参与不足之所在。

中央对地方首长具有实质性的人事任免权,就意味着中央与地方之间缺乏制度化的分权关系。"对上负责"的干部任用体制,在一定程度上决

---

① http://news.xinhuanet.com/newscenter/2004-03/15/content_1367387.htm.

定了中国独特的府际关系，即"相互阻隔的横向关系"和"相对顺从的纵向关系"。这也就是为什么在中国特别强调建立更高层次协调机构的原因所在（安树伟，2007）。与此同时，大量的公民社会资源由于政府体制的原因而未引起政府重视，被大量闲置。

5. 地方政府考核机制的不健全

我国现行的地方政府与政府官员的绩效考核机制以地区生产总值、地方财政收入、地方就业水平等经济指标为主，而对于社会和环境指标重视不够。周黎安、李宏彬、陈烨（2005）研究发现，我国省级官员的升迁概率与省区 GDP 的增长率呈显著的正相关关系，而权力中止（如退休或退居二线）的概率越低。而且中央在考核省级官员的绩效时，不仅关注辖区内绝对的 GDP 增长速度，而且还要参考省级领导前任的平均绩效以及周边地区 GDP 增长的情况。

现行的地方政府考核机制在充分发挥地方政府与政府官员推动本地区经济发展的积极性的同时，也会导致片面追求本地区局部与短期利益的地方保护主义行为，如各地方政府积极支持和鼓励投资周期短、见效快、高耗能、高污染行业的发展，从而导致这些行业的重复建设，不仅阻碍了地区之间统一市场体系的建设和地区之间的产业分工与合作，造成了不同主体功能区利益的冲突，而且阻碍了我国区域经济的协调和可持续发展。

6. 区域要素收益率的差异

资金、劳动力、技术和人力资本等各要素的投入和有机组合，是区域经济增长的原始推动力。在市场经济条件下，要素收益率是调节各要素在区域间合理流动的直接动力。我国各区域自然条件、资源禀赋、产业集聚、经济发展水平等方面具有较大的地区差异，如东部地区自然条件比较优越、产业集聚程度较高、经济发展水平高、交通发达等，对资本、劳动力等生产要素的吸引力也较强；而中、西部地区由于自然条件比较恶劣、产业结构不合理、产业集聚程度低、交通不便等，对资本、劳动力等要素缺乏吸引力。这些差异不仅拉大了中、西部地区和东部地区的经济发展差距，更主要的是导致不同区域之间要素收益率的巨大差异。而在基本相同的地方政府绩效考核体系下，必然会限制生产要素的跨区域流动。

7. 要素区际流动的缺乏

要素在区域间的合理流动需要畅通的流通渠道。目前，主体功能区地方政府和企业为了保护自己的利益，制定各种规章制度限制生产要素的流动，如企业要求员工签订就业合同，如果员工在合同到期之前离职，就要支付高额的违约费。面对过高的违约成本，高级劳动力者只有接受本区域较低的劳动报酬。我国市场机制的不健全和各区域市场化发展程度的差异，也严重阻碍了要素在区际间的合理流动，并导致"制度陷阱"的产生。

在主体功能区建设中，区域利益体现在区域竞争过程中，通过区域经济的联系而实现（陈计旺，2001）。因此，应该借鉴国外的成功经验，并根据国内的实际情况，探索和构建科学、合理的区域利益协调机制和协调模式，制定切实可行的区域利益的实现途径。

参考文献:

1. 安树伟、吉新峰:《"区别对待和分类指导"区域经济政策面临执行难问题》，载《经济要参》2006年第2期。

2. 安瑞娟、屈巍:《中国非政府组织发展中现存问题分析》，载《哈尔滨商业大学学报》（社会科学版）2004年第2期。

3. 安树伟:《大都市区管治与中国大都市区管治的特殊性》，载《山西师大学报》（社会科学版）2007年第2期。

4. 陈计旺:《地域分工与区域经济协调发展》，经济管理出版社2001年版。

5. 陈湘满:《论流域开发管理中的区域利益协调》，载《经济地理》2002年第5期。

6. 陈秀山:《主体功能区:从构想走向操作》，载《决策》2006年第12期。

7. 陈志武:《为什么中国人勤劳而不富有》，中信出版社2008年版。

8. 邓玲等:《主体功能区建设的区域协调功能研究》，载《经济学家》2006年第4期。

9. 杜黎明:《主体功能区区划与建设》，重庆大学出版社2007年版。

10. 高国力:《我国主体功能区划分及其分类政策研究》，载白永秀:《区域经济论丛（五）》，中国经济出版社2007年版。

11. 管跃庆:《地方利益论》，复旦大学出版社2006年版。

12. 国家发改委国土开发与地区经济研究所课题组:《我国主体功能区划分理论

与实践的初步思考》，载《宏观经济管理》2006 年第 10 期。

13. 郝云宏、王淑贤：《我国地方政府行为研究》，载《财经研究》1999 年第 7 期。

14. 洪远朋、陈波：《地方利益与中国经济发展》，载《财经论丛》2001 年第 4 期。

15. 胡荣涛：《地区利益：我国产业结构失调的深层原因及对策分析》，载《经济经纬》2001 年第 3 期。

16. 胡荣涛、张许颖、苏明吾：《产业结构调整中的地区利益与博弈行为分析——一个解释产业结构趋同成因的理论模型》，载《经济评论》2002 年第 4 期。

17. 贾若祥：《限制开发区域利益补偿相关政策评述》，载白永秀：《区域经济论丛（六）》，中国经济出版社 2008 年版。

18. 李军杰：《确立主体功能区划分依据的基本思路——兼论划分指数的设计方案》，载《中国经贸导刊》2006 年第 11 期。

19. 李建勇、程挺：《非政府组织在城市治理中的作用、问题和对策》，载《法治论丛》，2004 年第 19 期。

20. 李新安：《中国区域利益冲突及经济协调发展问题研究》，河海大学博士学位论文，2003 年。

21. 刘霞、向良云：《中央与地方政府利益结构的经济分析》，载《学术探讨》2004 年第 6 期。

22. 罗士贵：《论城市群与区域经济利益的实现》，载《河南理工大学学报》（社会科学版）2005 年第 4 期。

23. 王金南、万军等：《中国生态补偿机制和政策评述与展望》，载中国社会科学院环境与发展研究中心：《中国环境与发展评论》（第三卷），社会科学文献出版社 2007 年版。

24. 王浦劬：《政治学基础》，北京大学出版社 1995 年版。

25. 王绍光：《分权的底线》，中国计划出版社 1997 年版。

26. 魏后凯：《实行有差别的区域调控与国家援助政策》，载《中国经济时报》2006 年 2 月 23 日。

27. 吴江雨：《地方利益、地方政府与地区的一体化》，载《中共浙江省委党校学报》2003 年第 3 期。

28. 许庆明、杨琦：《区域经济一体化与地方政府的利益机制——以长三角为例的研究》，载《嘉兴学院学报》2005 年第 1 期。

29. 杨冠琼：《政府治理体系创新》，经济管理出版社 2000 年版。

30. 余明勤：《区域经济利益分析》，经济管理出版社 2004 年版。

31. 张可云：《区域大战与区域经济关系》，民主与建设出版社 2001 年版。

32. 张可云：《完善区域管理，促进协调发展》，载《人民日报》2006 年 2 月 25 日。

33. 赵全军：《中央与地方政府及地方政府间利益关系分析》，载《行政论坛》2002 年第 3 期。

34. 中国 21 世纪议程管理中心可持续发展战略研究组：《生态补偿：国际经验与中国实践》，社会科学文献出版社 2007 年版。

35. 中国科学院地理科学与资源研究所课题组：《"十一五"期间中国区域规划与空间管治的重点与模式研究》，载马凯：《"十一五"规划战略研究》，北京科学技术出版社 2005 年版。

36. 中国科学院课题组：《全国功能区域的划分及其发展的支撑条件》，载马凯：《"十一五"规划战略研究》，北京科学技术出版社 2005 年版。

37. 周黎安、李宏彬、陈烨：《相对绩效考核：关于中国地方官员晋升的一项经验研究》，载《经济学报》2005 年第 1 期。

38. 朱玉明：《地方利益、政府利益与官员利益——对地方政府行为的经济分析》，载《东岳论丛》2006 年第 1 期。

第二章 主体功能区建设中区域利益的协调机制与实现途径

一、研究综述

主体功能区建设中区域利益的协调机制与实现途径方面研究成果较多。季任钧等（2001）认为区域经济联合的发展过程就是区域经济一体化的过程，并对区域经济联合协作的动力机制进行了研究。石忆邵等（2002）以长三角为例阐释了区域协调发展的内涵与基本特征，讨论了区域整合发展机制、利益协调机制、区域政策协调和区域制度建设一体化问题。李新安（2003）从区域利益冲突的成因入手，分析了化解区域利益冲突实现区域协调发展的一般规律，并提出了相关建议；管跃庆（2006）借鉴国外经验，提出了若干市场经济条件下实现地方利益的对策；安筱鹏（2003）分析得出了利益主体多元化背景下区域经济一体化的重要途径是诱致性制度变迁与强制性制度变迁的有机结合。姜德波（2004）以地区本位为主题，探索了我国经济转型期地方政府行为及其政府效应，提出了改革政府和建设统一市场、推进区域一体化发展的思路。殷坤（2004）以长三角为例论述了复合行政是促进区域经济一体化的新思路。唐松等（2005）论述了我国区域协调机制中区域利益的重要地位，探讨了构建区域协调机制中区域利益机制的途径。江冰（2006）认为建立新型的"利益分享机制"和"利益补偿机制"，将有助于协调地区利益冲突，实现区域协调发展。李淳燕等（2006）则构建了成果共享和区域协调发展的互动机制和补偿机制。保建云（2007）

以长江三角洲和珠江三角洲为例，分析了发达区域间利益协调的制度安排和政策选择。谷人旭等（2006）从区域规划的视角探讨了区域公共利益的实现方式，指出应逐步提高区域规划中的公众参与，注重区域规划中的过程管理。马丽等（2001）、常晓鸣（2007）从博弈论的角度对区域政策效应的分析则认为，中央政府在制定区域政策时，应该充分考虑目标区域和其经济关联区域的理性经济行为，引进事后推理机制，对政策的实施效用和效应进行预测和评估，以促进区域利益的最大化和区域政策目标实现的相对统一。

二、主体功能区建设中区域利益的协调机制

"机制"，是指有机体的构造、功能和相互关系，泛指一个工作系统的组织或部分之间相互作用的过程和方式。机制的重要性在于机制能自动发挥作用，即只要一启动机制，事物就会向着机制所规定的方向前进。主体功能区建设中区域利益的协调机制，是指在主体功能区建设中区域利益协调主体运用协调工具，按照一定的协调程序，作用于协调客体，最终实现预定的区域利益协调目标这样的过程，即主要研究市场经济体制下，如何协调以保证区域利益的协调及分配问题。良好的区域利益协调机制是主体功能区建设顺利推进的重要保证。

（一）我国主体功能区建设中区域利益协调的制度环境正在发生变化

1. 公众参与意识在增强

中国目前是以政府为主导的市场体制。西方发达国家的区域治理强调在区域的任何事务中没有谁是主导者，政府、私人、利益集团等都是平等的，而且是力量均等的。但是在中国，这种模式却不能起到相同的作用，它与中国特定国情以及所处的特定阶段不相符，所以有可能会导致一系列严重后果。中国的区域治理（涉及政府、市场、市民阶层）中政府仍然起到决定性的作用（刘筱，阎小培，2003）。因为中国的市场体系

还很不完善，因而决定了市场不能"自动"或"自发"地对区域进行调控，目前中国建立完善的市场经济体制还需要依靠政府这只"看得见的手"。

中国的市民已证明是实体存在，公众的参与意识在增强（周婕，龚传忠，2001）。随着经济和社会的对外开放，公众受教育程度的提高，大众传播媒介、通讯手段和交通方式的发展，大大加强了人们的交往，公众的民主法制意识逐渐树立和发展，公众的权利意识和主体意识逐渐增强。如公众日益把城市建设行政系统当作实现自身利益的手段，新闻媒体方面也越来越多地出现了市民关于市容市貌方面问题的反映，以及要求改善环境的呼声。但是广大公众的参与意识还比较薄弱，它的强大也非短期内可以实现，所以它的成长同样需要扶持和保护。

2. 政府职能正在发生转变

虽然我国是以政府为主导的市场经济体制，但是也应该看到，地方政府的职能正在发生转变。1998年政府机构改革，地方政府的主要职能有了重大调整，省一级政府履行区域经济调节和社会管理的职能；市一级政府对社会事务进行属地管理，进一步改善投资环境，加强基础设施建设，维护市场秩序，搞好社区服务，充分发挥城市的中心作用和辐射功能。史健洁（2003）以镇江市机构为例，认为随着地方政府职能的转变，地方政府在区域和城市治理中的作用主要表现在以下几方面：政府依法行政纵向协调利益关系；横向理顺政府工作部门之间的关系；为外向型经济发展创造良好的制度环境；帮助培育和规范社会中介服务组织。

（二）主体功能区建设中区域利益协调机制建立的原则

1. 公平与效率相结合的原则

效率与公平历来是经济政策制定时的一个重大选择问题。主体功能区建设既要有利于促进国家整体效率的提高，又要充分考虑到主体功能区各利益相关主体间的公平问题。

经济上的公平，是指各区域利益主体在经济活动中的机会均等、公平竞争以及付出的努力和所获得的利益相适应。这种公平要求并非一种结果均等，而是一种机会均等。主体功能区建设既要考虑到中央与地方政府的利益，又要兼顾到各主体功能区中企业、居民、非政府组织等其他利益相关者的利益。

效率，是指人们工作中所消耗的劳动量与所获得的劳动成果的比率，竞争是提高效率的主要途径。主体功能区建设，不能损害已经形成的各地方政府间及其他经济主体间的有效竞争。改革开放以来，随着中央政府与地方政府间分权的出现，地方政府经济权力加大，促进了地区间的竞争，而这种竞争有力地促进了近年来中国经济的快速发展。主体功能区建设中区域利益协调机制的构建，应有利于促进各主体间的有效竞争而不是妨碍其竞争。

2. 以人为本的原则

科学发展观的核心是以人为本。以人为本，就是要实现好、维护好、发展好最广大人民的根本利益；就是要尊重人民主体地位，充分地调动人民群众的积极性、主动性、创造性；就是发展成果由人民共享，走共同富裕道路，把改革发展取得的各方面成果，体现在不断提高人民的生活质量和健康水平上，让发展成果惠及广大人民群众。

我国正处于经济转型阶段，地方在实际上成为经济单位，地方的福利水平与本地区的经济发展水平高度相关。推进主体功能区建设，就必须打破这种高度依赖关系，切实做到以人为本，使各地区居民享受到基本均等的公共服务。

3. 分类指导与区别对待相结合的原则

区域利益是客观存在的。不同主体功能区之间、同一主体功能区内部各主体之间的利益诉求存在着明显的差异。

长期以来我国的区域政策是典型的普惠制，即一项区域政策不考虑自然条件和地区发展水平，在一定的区域范围内（如西部、东北、中部等）均是适用的，没有很好地体现分类指导的思想。用同质化政策对异质区域进行同质化管理，结果非常容易引发区域发展的不协调。同时在制定政策的过程中，仅考虑到中央政府与地方政府的利益诉求，基本没有考虑其他相关利益主体（企业、居民、NGO 等）的利益诉求。中央政府主要应考虑不同区域间的利益，而地方政府主要考虑在本区域中多元主体间的利益。中央政府在设计框架时要考虑到各主体功能区内部各主体利益的协调，针对不同主体功能区的特点与利益诉求分类指导和区别对待，充分考虑各利益相关者的不同利益诉求，使其能在政策中体现出来。

（三）主体功能区建设中区域利益协调机制的内容

实施推进形成主体功能区战略的目的，需要建立利益补偿机制、利益相关者的信息沟通与协商机制、激励和约束机制、合作机制、合理的绩效评估和政绩考核机制、动态评价与反馈机制。

1. 利益补偿机制

实现推进形成主体功能区战略的目的，要求不同区域承担不同的主体功能。这必然带来各区域利益的调整：优化开发区域和重点开发区域将获得更多的发展机会，限制开发区和禁止开发区将遭受损失。基于区域承担生态环境保护功能而相应实施限制开发或禁止开发的政策，必然会导致限制开发区域和禁止开发区域减少或失去发展机会，而影响经济和社会发展水平的提高。因此应对其进行相应的补偿，建立相应的利益补偿机制。这主要涉及区域间的补偿机制与区域内各利益相关主体的补偿机制的建立，主要包括生态补偿机制等。

生态补偿机制，是为改善、维护和恢复生态系统服务功能，调整相关利益者因保护或破坏生态环境活动产生的环境利益及其经济利益分配关系，以内化相关活动产生的外部成本为原则的一种具有激励特征的制度。

2. 利益相关者的信息沟通与协商机制

市场机制发挥作用的主要条件之一即为信息完全，而主体功能区作用的发挥（决策正确、运行效果良好）也需要充分信息的支持。

信息沟通机制，是指各利益相关者的需求能够迅速而有效地向政府表达，政府也能迅速而有效地向各利益相关者传达和执行方针政策。在西方发达国家,民间组织能够与政府和企业通过博弈达到某种制衡,从而有效地对政府和企业进行监督。从制度经济学上讲,市场存在失灵的现象,同样政府官员也很可能在短视的利益或个人利益的"寻租"下,出现政府失灵的现象,这就需要民间组织参与进来。而要让民间组织能有效参与博弈,就需要政府提供有效的信息沟通渠道,要创造公平的司法环境,让民间组织能与强大的企业、政府之间平等对话与协商,让那些公益性民间组织能成长、壮大。因为只有它们才能代表公民发出更有力的呼声,才能做仅凭单个公民的力量无法完成的事情。

因此,在推进主体功能区建设过程中,各利益相关者需要有反映各自利益诉求的渠道,即要有良好的信息反映机制。政府处于主导地位,但可在适当环节充分利用市场机制,构建利益相关者的信息沟通、参与及协商机制,保证公共支付政策的效率和长效性。

3. 激励与约束机制

推进主体功能区建设的最终目的,在于促进区域经济的协调、可持续发展,因此要构建中央政府与地方政府、各地方政府内部上下级之间、各地方政府内部各利益相关主体之间的激励机制,以充分调动各利益相关者的积极性。

同时,为了抑制各利益相关者的无序竞争,要构建相应的约束机制,即要有完善的监督机制及惩罚机制。一是要形成完善的监督机制,使各利益相关者之间相互实施有效监督。只有健全的机制和制度化的渠道才可能使得民间组织能够与政府和企业达到制衡。由于目前我国的监督机制不健全,由谁来监督、如何监督是主体功能区建设中面临的一个难题。主体功能区建设中涉及各利益相关主体的利益及其实现途径的差异性,以及信息的不对称性,因此监督问题的妥善解决,需要一整套完善的监督机制的运行。二是要制定相应的惩罚机制,提高违约成本。作为理性经济人,各利益相关者在做出每一行为时,都会自觉不自觉地进行成本—收益分析。在受到惩罚的概率一定的前提下,如果受到的惩罚力度越大,则其收益越小;反之收益越大。因此加大违约的惩治力度,有助于各主体功能区区域经济利益的协调。

4. 合作机制

在互惠互利的基础上，开展区际分工与合作，使得主体功能区建设中各利益相关者能够相互合作，优势互补，从而最大限度地促进区域经济社会的持续、稳定发展。高效的合作机制，不仅有助于区域利益的协调和主体功能区建设的推进，而且也有助于区域经济的协调、稳定和可持续发展。

5. 合理的绩效评价和政绩考核机制

长期以来，我国对地方经济发展的衡量和地方政府及官员政绩的考核，主要是看经济指标，其中又以经济指标中的"速度指标"为核心。这种考核办法助长了地方保护主义和地方政府急功近利的行为，与主体功能区建设、区域经济协调发展的目标背道而驰。因此，必须建立与完善衡量地方经济发展与考核地方政府政绩的科学方法与标准，不同主体功能区实行不同的政策考核标准，促进主体功能区建设的推进。

6. 动态评价与反馈机制

任何事物都是发展变化的，不可能一成不变。主体功能区划是一个动态的过程，在不同的发展阶段，一个区域可能会分属于不同的主体功能区。随着经济、社会的发展变化，主体功能区划的指标、特定区域发展状况的变化都会影响主体功能区划的结果，政策的实施效果也会发生变化。因此，有必要建立动态的评价、反馈机制，建立动态管理机制，根据内外部环境的变化随时调整，保持主体功能区建设的连贯性和动态性。

（四）主体功能区建设中区域利益的协调机制的构建

主体功能区建设中一个完善的区域利益协调机制，应该包括协调目标、协调内容、协调主体（利益相关主体）、协调手段与途径、协调程序等（见图 2-1）。

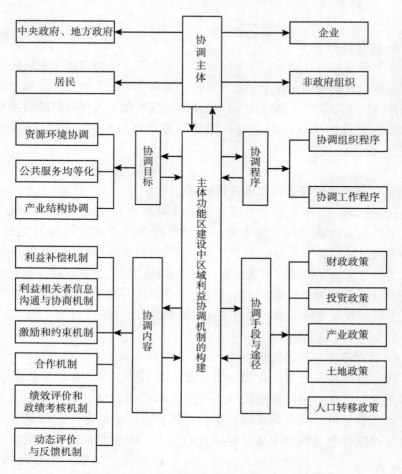

图 2-1　主体功能区建设中区域利益的协调机制

1. 协调目标

协调目标是主体功能区建设中区域利益协调机制构建的目的所在，是为了促进各主体功能区能够按照各自的功能定位进行发展，规范空间开发秩序，形成合理的空间开发结构，最终实现区域经济的协调、稳定和可持续发展。具体来说，主要表现为区域发展过程中的资源环境协调、产业结构协调、保证居民享有基本均等化的基本公共服务等。

2. 协调内容

协调内容是主体功能区建设中区域利益协调机制的分解与细化，主要包括利益补偿机制、利益相关者的信息沟通与协商机制、激励和约束机制、合作机制、合理的绩效评估和政绩考核机制、动态评价与反馈机制等方面的内容。

3. 协调主体

协调主体是区域利益协调机制运行中的各利益相关者，是推进主体功能区建设的微观承载对象，主要包括政府（中央政府与地方政府）、企业、居民和非政府组织。

4. 协调手段与途径

通过采用适当的财政政策、投资政策、产业政策、土地政策、人口转移政策等手段及方法，保证主体功能区建设中各主体的利益相协调，推进主体功能区建设。

5. 协调程序

协调程序是主体功能区建设中区域利益协调机制顺利运行的重要保证。面对不同内容、不同范围的区域利益协调问题，如何进行组织、协调工作如何开展，是协调程序涉及的主要内容。

三、主体功能区建设中区域利益的协调模式

（一）国外区域利益的协调模式

从国外区域发展的实践来看，区域治理主要有以下三种模式：

1. 垂直治理模式

垂直治理模式是源于政府部门内部实行层级管理和规章制度式管理的

科层制，这种形式的治理不是对传统科层制的废黜，而是为适应多种组织权力和权威对传统科层制采取必要的完善和拓展。这种官僚政府在工业社会时期，特别是 20 世纪 30 年代至 40 年代资本主义的经济萧条时期，起到了积极的社会、经济管理作用，并受到世界各国的广泛推崇。此种模式的参与者主要是政府的部门和公务员，官员是专职的和专业的，并对组织负有责任，没有个人的选民，任人唯贤，着重资历和任职期限。其权威按照等级进行划分，使用"正式渠道"沟通，具有形式上的合理性，所遵循的行为有预定的框架，关注的焦点是行政规则性。该模式的目标是明晰的、固定的、公共的，由指定的管辖权加以识别，其决策是系统的、常规化的，且假设社会领域是由易于分类的要素组成的稳定系统，并服从于规则。但是随着信息时代和经济全球化等新社会经济环境的到来，这种治理模式中职能的重复等弊端逐渐暴露出来，为制度创新提出新的命题。

2. 水平治理模式

水平治理模式不同于传统的政府层级管理，它主要是指非隶属关系的机构，如何通过参与、沟通、制定契约等方式实现对公共事务的管理。水平治理模式的完善在 90 年代成为世界各国行政改革的目标。参与者主要是政府部门和公务员、私营部门等社会精英、NGO 和一般公众，他们的任职具有多样性和短暂性，通过签订契约就职，专家有自治的专业基地。水平治理模式的权威来源于工作组和特别工作组织，实行开放式沟通、权威扩散以及实质合理性。该种模式避免对规则的划界，从属于目的。其目的是目标导向的，比较灵活的，决策是参与性的，以问题为中心，广泛委托与授权，假设需要和机会是不断转变的和非稳定的。英国、美国、巴西等国家针对如何完善和发展区域的水平治理作出了理论探讨和实践工作，例如改善公共政策的制定机制、过程；强化有效的咨询与协调，重建公民对公共组织的信心；密切关注并及时回应民意；扩大公民参与行政的范围和机会等。

3. 虚拟治理模式

西方国家的政府机构改革为了避免所谓的层级控制，同时避免政府机构面临重组的压力，它们寻找出一种切实可行的方法——虚拟组织，并付诸于实践。虚拟治理组织的概念实际上是关于组织间建立网络系统思维的集中体现，这种思维在当今的组织理论中已经相当普遍，它的基本逻辑就是，任何政策领域或几乎任何人类行为所涉及的领域都存在着很多组织，他们彼此之间相互作用并构建了社会制度。当美国的戈尔委员会（国家绩效评估机构）完成任务解散后，建立了所谓的虚拟组织，这个虚拟组织实际上就是一个团体，其设置的目的就是为了使参与国家绩效评估项目的各成员之间能够在互联网上继续保持联系。此外，它还是一种提倡越过公共部门汇报情况的工具。这种松散、非正式的组织之所以能够轻易设置，得益于诸如电子邮件这样的科技的发展。其他国家如英国的政府区域办公室，来自各行各业的社会精英定期在互联网上交流，并将好的想法在政府网站上予以公示，欢迎社会各界提出意见和建议。由于城市区域行政单位的同等性以及地域分割性，在此区域建立虚拟治理尤为必要，它将有助于组织成员对组织及其服务对象的认同。

（二）国内已经存在的区域利益协调模式及其评价

从我国区域发展的实践来看，当前的区域治理组织包括以下几种类型：

1. 专题项目合作

专题项目合作主要是围绕着一些跨地区项目进行区域合作，由于这些项目是地方政府难以单独解决的问题、矛盾或者需求，如跨区公路、大桥、水利建设、污染治理等，因此通常通过一些共同合作项目的建设来实现区域合作。专题项目合作是建立在互利的基础之上的，这也是区域治理的核心理念之一。区域治理必须使参与者都能够得到利益，换句话说，区域主体参与区域治理的目的是为了增加自身利益，专题项目合作的基础是双赢，因此参与者都有很高的积极性来推动专题项目合作，否则他们就不会参与。专题项目合作的最大优点是可以根据不同的跨区域的共同性问题需要而量身定做，具有很强的针对性和便利性。可以就某一区域性公共产品展开专题式合作，就合作项目签订协议、契约或合同，一切按照法律文本的规定实施，违反者应负违约责任，保证了区域合作项目的权威性及有效性。此外，政府间专题项目式合作的另一个优点是灵活多变，具有较强的时效性，它往往是由于某一公共性问题的出现而开始，也随着该问题的解决而终止，不需要设立专门的区域性机构和人员，是一种较为简单但有效的区域行政的实现方式。

高效的专题项目合作需要具备以下条件：

（1）参与者不宜太多。虽然专题项目合作不仅可以是双边合作，也可以是多边合作，但是参与者也不能太多，因为参与者数目太多就会增加达成协议的难度和成本，降低协调的效率。

（2）专题项目合作需要有利的制度环境。有利的制度环境可以为专题项目合作提供有力的制度保障，从而提高项目合作的效率。

（3）专题项目合作要签署正式的书面协议。正式的书面协议不仅可以保护参与者的利益，同时也可以约束参与者的行为，有利于专题项目合作的顺利实施。

2. 松散的区域治理组织

松散的区域治理组织主要是通过区域内不同城市之间建立一个松散的、非政府组织形式的协作组织，为区域协调发展及经济一体化开展宣传和提供信息交流的场所。改革开放以来，松散的区域治理组织在跨行政区域的经济合作、基础设施建设及公共管理方面的合作一直没有实质性突破，我国的区域组织大部分是松散的非政府协作组织，缺少必要的手段和明确的职能定位，但松散的协作组织也有其存在的意义。作为一种非正式的制度，它为正式制度变迁做了大量的准备工作，为更高层次的区域治理组织的建立创造了条件。同时，松散的区域治理组织是地方政府自愿组建的组织，组织的建设及运作方便，是一种制度变迁成本最低、易于操作的区域组织形式。

3. 城市/地方政府联盟

城市联盟是由美国学者佩尔斯和约翰逊在 1993 年首次提出的，他们试图解释冷战后新经济时代大都市区域如何发挥积极功能的情形。他们认为，城市联盟指的是这样一个区域，这个区域是由一个或多个历史形成的中心城市及环绕在其周边的一系列城镇所组成，这些周边城镇在政治、经济、环境方面相互依赖，对外代表一个共同的身份，作为一个整体在贸易、商业和各种沟通交流活动中发挥作用。

城市联盟是指一个相互交融、相互依赖的区域。不仅是一个地理上的概念，更是一个经济上的概念，是一个地理与经济相结合的实体。作为一个经济区，它的形成与发展不应受到行政区划的限制，每个城市联盟都是一个有机整体。在一个城市联盟中，有自由流动的劳动力市场，有便利的交通网络，有畅通的电子信息系统，有覆盖全面的新闻媒体。一个城市联盟包括一个或几个历史形成的中心城市以及周边城镇和居民区，由于这些城市在政治、经济环境方面相互依赖，所以应该把他们作为一个整体。

城市联盟的模式是一种层次较高的区域治理组织形式，比较适合于内部各地区经济联系非常密切的区域。也可以考虑先建立松散的区域治理组织或专门委员会，在运行的基础上，随着条件日益成熟，逐渐过渡到城市联盟组织模式。城市联盟组织模式对于成员具有很强的权威性，要求成员让渡较多的自主权力，这只有在成员对于城市联盟具有很强的信任和依赖时才能实现。目前，由于行政区划和行政体制的影响，城市联盟的模式依然处于理论层面。但是，随着主体功能区建设的推进，这种模式必然会被认可和采纳。

（三）我国主体功能区建设中区域利益协调模式的选择

解决我国主体功能区建设中区域利益的协调问题需要有效的区域治理，它是解决区域发展过程中市场失灵及政府失灵的必然选择。区域经济一体化是经济发展的客观规律和内在要求，建立在这一经济基础上的区域治理体制也应当与之相适应，这就要求我国区域治理的不断创新来适应区域经济一体化的发展。区域经济一体化的实质是产业分工在空间上的表现形式，其过程本身也是一个不断的帕累托改进的过程，实现区域经济一体化需要有良好的区域利益协调机制，区域利益的协调需要实现中央与地方、地方与整个区域经济以及不同主体之间均衡的利益格局，并构建相应的利益协调模式，来协调地区经济发展的长期利益与短期利益的关系、局部利益与全局利益的关系、国家宏观利益与地方利益和企业微观利益的关系、产业发展与国内市场建设和居民福利的关系。

在利益主体多元化的背景下，各个地区之间以及各地区内部地方政府之间和其他利益主体的利益冲突与矛盾的协调解决，仅仅依靠政府的力量是不够的，必须发挥企业、居民和非营利性组织的积极性。具体而言，未来我国主体功能区建设中的区域利益协调模式应该是一种网络型的治理模式，即传统的科层式的政府机构相对软化，非政府部门在水平方向的加强，并最终形成高度发达的网络治理模式。在原有机构制定城市区域政策的同时，非政府组织参与者的集合也不断涉及公共政策的制定，要求通过建立伙伴关系来对区域中的资源进行共享。随着伙伴关系的广泛建立，对区域事务管理的部门不再是单一的政府，大量的非政府组织也介入其中。这种网络型治理模式可以充分利用公共资源和私营资源，在公共部门之间、公共部门和私营部门之间构建良好的伙伴关系，在参与双方坚持平等互利的原则下，自愿地建立对各种资源共享的承诺，以谋求共同发展（见图2-2）。因此在治理的框架中制定与执行政策可供选择的方法也必然增多，实施的手段也不再具有强制性，政府会更加倾向于采用间接干预形式作为其获得管理目标的手段。

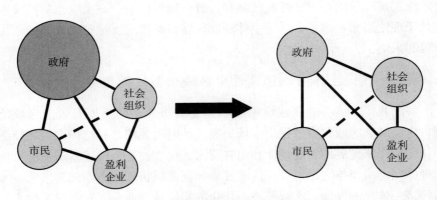

图2-2 我国区域治理主体完善的趋势

治理的网络化是顺应公民社会发展和区域经济一体化发展的需要，随着市场经济体制的逐步确立，人力、财力、物力开始自由流动，法律和合同更具尊严，城市和区域政府在管理上以控制为主的方式将逐渐退出，而更加倾向于采用间接的手段来影响和支配整个区域经济。这种以影响为主的治理模式的建立并不意味政府对城市与区域控制能力的丧失，相反由于政策的制定可以得到广泛的社会认同，能够最大程度体现公平的原则，会使政府的权威更具有社会基础，从而使政策的执行效果大大提高。

四、主体功能区建设中区域利益的实现途径

（一）加大宣传力度，提高各利益相关者对主体功能区作用和意义的认识

根据我们在调研中了解到的情况，目前仅有少数从事相关工作的政府官员、学者比较了解主体功能区，而其他人员则不甚了解。因此，各级政府应采取多种方式，加大宣传力度，使得政府官员、学者、企业、居民、非政府组织等相关主体对主体功能区建设的内涵、实施的重要性、实施的过程、结果等均有比较深刻的了解。这是保证主体功能区建设顺利推进的重要前提。

（二）尽快出台《全国主体功能区规划》

目前，不少地方和部门之所以对主体功能区划工作的主动性和积极性不够，主要原因在于对国家能够给予什么类型的政策以及多大力度的政策（如对各个主体功能区的转移支付的力度）有许多顾虑和疑问。2007 年国务院就提出要完成《全国主体功能区规划》，但到现在还没有编制完成。此外，应尽快出台《主体功能区推进法》等相关法律，完善区域补偿、转移支付的相关政策，为地方政府（省级政府）主体功能区划的制定与实施提供指引。

正确处理好主体功能区与相关区域发展战略与法律的关系。正确处理主体功能区规划与西部大开发战略、东北等老工业基地振兴战略、中部崛起战略等区域发展战略的关系。从法律层面界定主体功能区规划与其他法律如《土地法》的关系。主体功能区建设政策的制定与实施涉及到许多相关法律，而诸多相关法律、法规之间可能存在着种种矛盾与冲突。当出现问题时，究竟是以哪部法律为依据，需要加以明确。

（三）建立科学的绩效评估和政绩考核机制

从政策层面上，应改变目前的以 GDP 论英雄的地方政府及官员绩效

考评制度，对不同的主体功能区，采用不同的指标体系进行考核。对优化开发区域，要强化经济结构、资源消耗、自主创新等评价，弱化经济增长的评价；对重点开发区域，要综合评价经济增长、质量效益、工业化和城镇化水平等；对限制开发区域，要突出生态环境保护等评价，弱化经济增长、工业化和城镇化水平的评价；对禁止开发区域，主要评价生态环境保护。

（四）明确政府职责及中央和地方政府的职责分工，建立合理的区域治理结构

一方面，中央政府与省级政府各有各自的管辖范围，应各司其职。中央政府主要应考虑不同区域间的利益，而地方政府主要考虑在本区域中各主体间的利益。明确中央政府与地方政府及各主体功能区区域的事权与财权。建立中央与地方政府分工明确、责权对等的资金投入政策。一般来说，中央划定的限制开发区与禁止开发区的补偿应由中央财政支付；而省级划定的限制开发区与禁止开发区的补偿与转移支付由省级政府负责。

另一方面，在推进形成主体功能区的过程中，政府只是相关主体之一，而非全部。目前在制定、推行主体功能区规划的过程中，仅考虑到各级政府间的利益，没有甚至很少考虑到企业、居民、非政府组织等其他相关主体的利益。目前，我国的行业协会、研究咨询机构和社会中介组织等，官办和垄断色彩浓重，要大力发展、规范各种非政府组织，引导其他区域主体的健康发展。

（五）建立和完善相关利益主体的参与机制

1. 重视相关利益主体的参与

相关利益主体的有效参与，不仅有利于加强社会监督，而且有利于集思广益，增加政策设计过程与实施管理之间的衔接，减少政策实施过程中的摩擦与矛盾，防止管理过程中问题的大量爆发。从目前我国实际情况看，公众参与尚处于起步阶段，虽然已经出现公示、征求市民意见、听证会、人大代表提案等形式，且越来越对政府决策产生影响，但还需要进一步完善。

2. 促进信息透明化

信息透明化程度低，是目前制约政府政务公开的主要因素之一。出台相关政策措施，促使公共信息、公共决策透明化。主体功能区划的实施（程序、结果）、执行等要透明，才能切实引导各地方政府及各主体的合意行为。

3. 实施有效监督，规范各主体功能区利益相关者的行为

目前我国区域经济运行过程中的监督机制不健全。居民、新闻媒体的监督渠道并不十分畅通；行业协会的半官方性质等显示出我国区域经济运行过程中的监督机制尚不健全。要构建有效的监督机制，首先要保证监督渠道的畅通，使得民间的声音能通过制度化的渠道传到上级。制度化不仅仅是在法律上赋予民间组织以地位，同时也是各种切实制度化渠道，如听证制度等。民间组织真正有了制度化的渠道和地位，才可能真正与政府和企业达到博弈均衡，真正为社会作出更大的贡献。要完善行政监督机制，建立健全教育、制度、监督并重的预防腐败体系。切实加强中央政府、地方政府、各级人大对地方政府官员的监督；公开行政，加强社会各界对地方政府官员的监督。严格执法，加大对违约的惩处力度，提高违约成本。

（六）完善相关政策，促进限制开发区和禁止开发区人口向重点开发区有序转移

1. 稳步推进生态移民

加快制定限制开发区域和禁止开发区域生态移民规划；设立稳定的生态移民专项基金；逐步提高生态移民的补助标准；建立生态移民部门间配合协作机制；完善区域性统筹社会保险，引导超载人口逐步有序转移。

2. 加快劳动力培训和输出

一方面要加强劳动力培训，另一方面要建立健全区域劳务输出流动网络。

3. 制定合理的土地流转制度

改变现有的土地制度。优化开发区既要发展经济,又要承接限制开发区与禁止开发区转移出来的人口,目前各优化开发区的建设用地已基本用完,严重不足,亟待通过土地流转制度的创新来实现土地的合理利用。加强优化开发区、限制开发区与禁止开发区的土地对口流转。可以建立二者之间的土地动态流转,将限制开发区域的建设用地指标依据重点开发区的承接人口与经济发展需求进行建设用地指标的跨区域转移,以在保证基本农田总量不减少的情况下,实现动态平衡。

(七) 建立规范、完善的财政转移支付制度

建立合理的财政转移支付制度,设立公共支付的生态效益补偿基金;制定受益者补偿政策;完善有利于限制开发区域生态保护的税费制度。

1. 进一步规范转移支付

由以专项转移支付为主、一般转移支付为辅,转变为以一般转移支付为主、专项转移支付为辅。目前我国的转移支付以专项转移支付为主,使得"跑部钱进"现象严重,转移支付的对象、范围、力度随意性很大,大大降低了转移支付的效率。应着力改变这种局面,提高转移支付的效率。

加大对限制开发区域的财政转移支付力度。进一步增加对限制开发区域用于公共服务的一般性财政转移支付和用于生态环境建设的专项转移支付,并探索建立稳定的长效机制。一方面,使处于限制开发区域的居民能够逐步享有均等化的基本公共服务;另一方面把限制开发区域的生态环境建设与农村基础设施建设、产业开发和农民增收有机结合起来;进一步规范对限制开发区域的财政转移支付;探索建立健全省以下财政转移支付机制。省以下政府要确保能够将中央对于限制开发区域的各项财政转移支付落到实处,严禁将转移支付资金截留挪用。

2. 合理解决补偿与转移支付的量化问题

限制开发区域与禁止开发区域由于发展机会受限需要对其进行补偿,

但补偿的力度究竟应该有多大，需要一个明确的量的界定。如果补偿对象能够被很好地界定，支付与受偿方能够得以明确，补偿标准能够合理化，生态补偿的组织管理体系能够建立，法律制度框架能够尽快健全，补偿机制必将会运行良好，并取得较高的经济效益和社会效益。

3. 完善区域补偿政策

鼓励互惠互利的基础上的区际分工与合作，加强区域间贸易与对口合作。鼓励企业跨区域开展多种形式的经济合作等手段，逐步减少区际利益差别。中央政府要采取实物补偿、货币补偿、技术、资金等的援助、飞地工业等方式，对限制开发区和禁止开发区进行补偿。

参考文献：

1. 管跃庆：《地方利益论》，复旦大学出版社 2006 年版。

2. 常晓鸣：《对区域经济政策制度的博弈论分析》，载《经济体制改革》2007 年第 3 期。

3. 保建云：《欠发达地区间区域一体化发展面临的问题与地方利益协调分析》，载《商业经济与管理》2007 年第 10 期。

4. 李淳燕、杨复兴、李为华：《构建成果共享和区域协调发展的新体制》，载《重庆工商大学学报》（西部论坛）2006 年第 6 期。

5. 江冰：《区域协调发展要靠新型利益协调机制》，载《中国改革》2006 年第 2 期。

6. 安筱鹏：《利益主体多元化背景下的区域经济一体化》，载《人文地理》2003 年第 5 期。

7. 季任钧、钱智：《区域经济联合协作的动力机制研究》，载《山西师范大学学报》（自然科学版）2001 年第 1 期。

8. 谷人旭、李广斌：《区域规划中利益协调初探——以长江三角洲为例》，载《城市规划》2006 年第 8 期。

9. 姜德波：《地区本位论》，人民出版社 2004 年版。

10. 李新安：《中国区域利益冲突及经济协调发展问题研究》，河海大学博士学位论文，2003 年。

11. 刘筱、阎小培：《以人为本：迈向 21 世纪的广州城市管治》，顾朝林、沈建法、姚鑫等：《城市管治——概念·理论·方法·实证》，东南大学出版社 2003 年版。

12. 马丽、庞效民：《区域经济政策的博弈解析》，载《地理研究》2001 年第 4 期。

13. 史健洁:《论城市管治与地方政府的作用:以镇江市机构改革为例》,载顾朝林、沈建法、姚鑫等:《城市管治——概念·理论·方法·实证》,东南大学出版社2003年版。

14. 石忆邵、王克强:《长江三角洲地区协调发展的特征及问题探讨》,载《同济大学学报》(社会科学版)2002年第3期。

15. 唐松、王青:《浅析区域经济协调机制中区域利益机制》,载《台声·新视角》2005年第11期。

16. 殷坤:《复合行政——促进长三角区域经济一体化的新思路》,载《江南论坛》2004年第11期。

17. 周婕、龚传忠:《基于管治思维的中国城市建设行政管理体制》,载《城市规划》2001年第9期。

第三章 "十二五"时期我国区域政策调整研究

　　新中国成立以来,中国区域经济发展经历了从平衡发展到不平衡发展,再到非均衡协调发展的演变。改革开放以来,中国开始把国家投资布局和政策支持的重点逐步转移到东部沿海地区,东部地区凭借优越的区位优势和特殊的政策支持,由此带来了经济的高速增长和繁荣。自 20 世纪 90 年代初以来,随着地区差距的不断扩大,加快中西部发展的呼声日益高涨,促进地区经济协调发展的要求越来越迫切,非均衡协调发展遂成为主流。《国家"十一五"规划纲要》提出:"坚持实施西部大开发,振兴东北地区等老工业基地,促进中部地区崛起,鼓励东部地区率先发展的区域发展总体战略。"以加快中、西部地区和东北地区的经济发展,缩小区域发展差距,实现区域经济的协调发展。"十一五"以来虽然东部地区领先发展格局未变,但主要经济指标在全国所占比重呈下降态势,2005 ~ 2009 年东部 GDP 占全国的比重由 55.6% 下降到 53.8%;同期西部地区不仅扭转了多年来经济总量占全国比重连续下降的态势,在 2005 年达到最低点(16.9%)之后开始上升,2009 年达到 18.3%。2004 年,东西部地区之间人均 GDP 相对差距达到了历史最高值(2.64∶1),2005 年以来出现了连续缩小的趋势,到 2009 年下降为 2.23∶1;2005 ~ 2009 年,中部地区 GDP 占全国的比重由 18.8% 提高到 19.3%;东北地区由 2005 年的 8.7% 下降到 2007 年的 8.5%,2008 年略有上升,达到 8.6%,2009 年与 2007 年持平。在这种情况下,必须不断调整和完善国家区域政策,逐步形成科学合理的国家区域政策体系。下面将深入探讨"十二五"期间我国区域政策调整的方向和重点,对于进一步明确"十二五"期间我国促进区域协调发展的总体思路和重点任务,深化区域发展领域的理论与政策具有重要的意义和价值。

一、"十一五"以来我国区域经济发展的新态势与新特点

（一）"十一五"以来我国区域经济发展的新态势

1. 受国际经济危机影响严重，东部地区在全国的地位继续下降

（1）在全国仍占绝对优势，结构进一步优化。改革开放以来，东部地区凭借优越的区位、特殊的政策以及业已形成的先发优势，持续保持经济快速增长的态势。特别是长三角、珠三角、京津冀等地区大部分行业和领域形成国内领先的优势地位，已经具备与国际市场竞争高低的实力和话语权。2000～2009年，东部地区国内生产总值在全国占绝对优势，占全国的比重一直保持在50%以上，其中2000～2006年占全国比重呈上升趋势，2006年达到最高点（55.7%）；2006～2009年占全国比重呈下降趋势，2007年国际经济危机爆发后，由于经济外向度高，发展速度减缓，2009年国内生产总值196674.40亿元，占全国的53.8%，比2008年下降0.5个百分点，2007年下降1.2个百分点，2006年下降1.9个百分点。①

2005年东部地区人均GDP为23699元，相当于全国平均水平的1.69倍。"十一五"以来，人均GDP稳定增长，但增速开始落后于全国平均水平。2009年人均GDP达到40800元，相当于全国平均水平的1.60倍。"十一五"以来，东部地区产业向西部转移的趋势开始加速，整体经济增速开始慢于国内其他地区，人均产出增速也开始落后于全国其他地区，且与其他地区的差距进一步缩小。

东部地区产业结构得到进一步优化。2005年三次产业比重为7.9：51.6：40.5，2009年调整为6.5：49.4：44.1。第二产业所占比重基本没变，第一产业持续下降，第三产业持续上升。

（2）外向型经济发达，近期受经济危机影响较大。改革开放以来，东部沿海地区一直实施外向型经济战略，外贸对经济的拉动作用很大。

---

① 文中2009年数据是笔者根据国家统计局：《中国统计年鉴（2009）》，中国统计出版社2009年版整理得到；其他历年数据根据相关年份《中国统计年鉴》计算整理得到。

2003 年以来,东部地区对外贸易增速开始回落,但仍高于全国平均增速。2004 年以来,同比增速落后于国内其他地区,占全国的比重也随之下降。2007 年东部货物进出口总额 19338.47 亿美元,占全国的比重为 89.0%;2008~2009 年进出口总额分别为 22469.69 亿美元、19470.50 亿美元,占全国的比重进一步分别下降到 87.7%、88.2%,其中出口总额下降幅度大于进口总额下降幅度(图 3-1)。

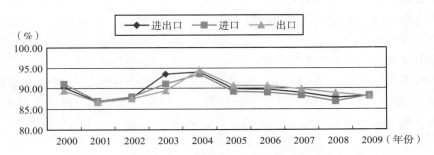

图 3-1 2000~2009 年东部地区对外贸易总额占全国比重
资料来源:国家统计局:《中国统计年鉴》(相关年份),中国统计出版社。

(3)投资占全国比重继续下降。"十一五"以来,东部地区投资总额占全国比重呈下降态势,2005~2009 年下降了 9.9 个百分点(表 3-1)。这表明东部地区经济增长对于投资的依赖作用明显下降,而是更多地发挥了消费和净出口的作用。

表 3-1   2000~2009 年东部地区全社会固定资产投资变化趋势

项 目	"十五"平均	2005 年	2006 年	2007 年	2008 年	2009 年
总额(亿元)	31030.57	45626.30	54637.11	64876.00	77395.20	95548.0
占全国比重(%)	53.8	52.4	50.6	48.1	45.9	45.9
同比增长(%)	21.4	21.9	19.8	18.7	19.3	19.3

资料来源:同图 3-1。

(4)城乡居民收入增加,消费水平继续提高。2000~2009 年,东部地区全社会消费规模和水平不断扩大,社会消费品零售总额继续增长。2009 年东部地区社会消费品零售总额 71058.5 亿元,占全国的比重为 53.6%,比 2008 年下降 0.6 个百分点,比 2005 年下降 0.8 个百分点。

东部地区城乡居民收入较高，以绝对优势领先于全国其他地区。2000～2007 年东部地区农村居民人均纯收入水平不断增加，高出全国平均水平 50% 左右，2009 年为全国平均水平的 1.39 倍。2005 年东部地区城镇居民可支配收入 13262 元，是全国平均水平的 1.27 倍；2009 年城镇居民可支配收入 20953 元，是全国平均水平的 1.22 倍。

从城乡居民收入差距看，东部地区明显小于全国其他地区，2009 年东部城镇居民人均可支配收入与农民人均纯收入之比为 2.9∶1。

（5）地方财政收支增速回落。"十一五" 前两年，东部地区财政收支同时大幅度提高。自 2007 年三季度我国经济出现本轮经济周期的拐点以来，2009 年财政收入和支出增速都有所下滑，但财政支出降幅较小（图 3 - 2）。2009 年东部地区地方财政收入 18786.6 亿元，占全国地方财政收入总和的 57.6%，比 2008 年下降 0.8 个百分点；地方财政支出 24951.5 亿元，占全国地方财政支出总和的 40.9%，比 2008 年下降 1.1 个百分点。

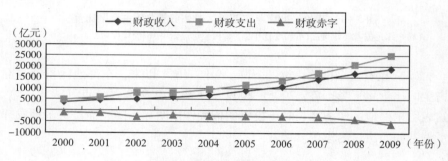

图 3 - 2　2000～2009 年东部地区财政收支情况

资料来源：同图 3 - 1。

2. 促进中部地区崛起政策效果明显

（1）经济快速发展，工业化进程明显加快。2000～2005 年，中部地区经济总量在全国所占比重由 20.4% 下降到 18.8%。但是，"十一五" 以来中部地区经济快速发展，2007 年国内生产总值 51864.17 亿元，占全国的 19.0%；2008 年 63188.03 亿元，占全国的比重进一步上升到 19.3%；2009 年 70577.6 亿元，占全国比重与上年持平。特别是第二产业占全国的比重达到 19.8%，比 2008 年提高 0.5 个百分点，说明中部地区工业化进程明显加快。

2005 年中部人均 GDP 为 10576 元，仅为东部地区的 44.6%、全国的 75.3%。2009 年中部地区人均 GDP 19862 元，相当于东部地区的 48.7%、全国的 77.7%，与东部和全国的差距出现缩小的态势。

（2）对外贸易有所改善，外向型经济仍然滞后。中部地区既不靠海，也不沿边，严重制约着外向型经济的发展。2000～2009 年，中部地区进出口贸易总额绝对值在全国四大区域中处于最低地位。在中部崛起战略开始实施后，对外贸易进入高速发展时期，2003～2009 年进出口总额年均增长高达 35.0%，远高于同期全国平均水平。

"十一五"以来，中部地区对外贸易进一步加速。2006～2009 年，进出口总额年均增速为 14.8%。2009 年进出口总额 779.0 亿美元，占全国比重为 3.5%，比 2007 年提高 0.1 个百分点。

（3）投资开始加速。中部崛起战略实施前，中部地区全社会固定资产投资增速较缓，2001～2003 年平均增速为 19.4%，略低于全国同期水平；2004 年全社会固定资产投资增速明显提高，2004～2005 年平均增速高达 29.7%，高于全国平均水平 3.4 个百分点。"十一五"以来，固定资产投资增速进一步提高，2006～2009 年平均增速高达 46.2%，高于同期全国平均水平 11.5 个百分点。2009 年中部地区全社会固定资产投资 49851.8 亿元，占全国的比重为 22.8%，比 2005 年高 3.5 个百分点，比 2008 年提高 1.1 个百分点。

（4）人民生活水平不断提高，城乡差距相对较小。随着中部地区的较快发展，全社会消费品零售总额不断增长。2007 年增速为 15.3%，2008 年为 18.3%，2009 年为 19.2%，仅次于西部地区。2009 年中部社会消费品零售总额 26409.7 亿元，占全国的 19.9%，比 2008 年提高 0.34 个百分点。

2009 年中部城镇居民人均可支配收入 14367 元、农村居民人均纯收入 4793 元，分别相当于全国平均水平的 83.7%、93.0%；城镇居民人均可支配收入与农村居民人均纯收入之比为 3.00∶1，低于全国平均水平。

（5）地方财政状况有所改善。"十五"期间，中部地区财政收入和支出都稳步上升，但增速略微落后于全国平均水平。2005 年地方财政收入 2263.72 亿元，占全国地方财政收入之和的 15.0%；地方财政支出 4713.94 亿元，占全国地方财政支出总和的 18.7%。

"十一五"以来，中部地区财政收入和财政支出均保持较快增长，财政支出增长速度略快于收入增长速度，占全国比例继续提高。2009年中部地区地方财政收入5039.6亿元，占全国的15.5%，比2008年提高0.1个百分点；地方财政支出12473.1亿元，占全国的20.4%，比2008年提高0.5个百分点。

3. 西部地区经济继续朝好的方向发展

（1）经济总量在全国地位继续上升，与东部地区相对差距缩小。"十五"期间，西部地区经济总量占全国比重总体上呈下降态势。2005年国内生产总值为33585.93亿元，占全国比重由2000年的17.1%下降到17.0%。"十一五"以来，随着特色优势产业的发展，经济总量不断增加，增速不断加快，彻底扭转了在全国所占比重下降的态势。2007年西部地区国内生产总值47454.64亿元，占全国的比重为17.34%，2008年为58256.58亿元，占全国的比重提高到17.8%，2009年达到66973.5亿元，占全国比重进一步提高到18.3%。

"十五"期间，西部地区人均GDP增长速度与全国平均水平基本相同。2005年人均GDP为9336元，相当于全国平均水平的66.4%、东部的39.4%。2006~2009年西部人均GDP年均增长18.6%，高于全国平均水平1.9个百分点，与其他地区之间的差距不断缩小（图3-3）。2009年，西部人均GDP达到18286元，相当于全国平均水平的71.5%、东部的44.8%。虽然如此，西部的人均GDP仍居四大区域之末位。

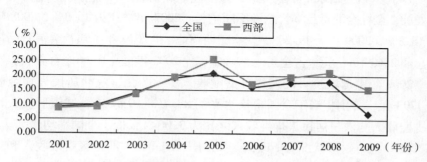

图3-3　2001~2009年西部地区人均GDP同比增速变化趋势

资料来源：同图3-1。

2005 年西部地区三次产业结构为 17.7：42.8：39.5，2009 年调整为 13.7：47.5：38.8，第一产业下降了 4.0 个百分点，第二产业上升了 4.7 个百分点，第三产业下降了 0.7 个百分点。这表明，西部地区产业结构调整初见成效，工业化进程快速推进。2009 年西部第二产业增加值 31782.9 亿元，占全国的 17.7%，分别比 2005 年、2008 年提高 2.9 和 0.9 个百分点。

西部地区重要矿产资源开发速度加快。2009 年原煤、原油、发电量和粗钢产量分别为 14.10 亿吨、5472.1 万吨、10821.3 亿千瓦时和 7418.2 万吨，占全国的比重分别为 47.8%、28.9%、29.1% 和 13.0%；与 2008 年相比，除原油下降 0.1 个百分点外，原煤、发电量、粗钢分别增长 3.9、1.1、0.2 个百分点。

（2）受金融危机影响较小，对外贸易平稳增长。由于受客观条件和历史基础等因素的限制，西部地区对外贸易发展比较缓慢。"十五"期间，进出口总额年均增速为 21.3%，低于全国平均水平 3.3 个百分点。2005 年，西部地区进出口总额 451.34 亿美元，占全国的比重由 2000 年的 3.7% 下降到 3.2%。

"十一五"以来，西部地区对外贸易规模迅速扩大，增速不断加快，贸易结构逐渐优化。2006～2009 年，西部地区进出口总额年均增速为 16.7%，超过全国平均水平 8.9 个百分点。虽然绝对量与东部地区相比仍存在相当大的差距，但在 2008 年世界经济危机对我国外贸出口形成严峻挑战的情况下，却依然保持平稳增长。2009 年西部地区进出口总额为 916.7 亿美元，占全国的比重为 4.2%，分别比 2005 年和 2008 年提高 1.0、0.6 个百分点。

（3）固定资产投资加速，基础设施建设日益完善。西部大开发战略实施以来，西部地区全社会固定资产投资一直保持加速增长态势。"十五"期间，固定资产投资由 6110.72 亿元增长到 17645.04 亿元，占全国比重由 2000 年的 19.2% 提高到 20.3%。"十一五"以来，西部固定资产投资增速延续了快速增长的势头，2006～2009 年平均增速达到 31.2%，高于全国平均水平 4.3 个百分点。2009 年西部地区固定资产投资 49686.3 亿元，占全国比重进一步上升到 22.7%。

2009 年西部地区铁路营业里程 32754 公里，占全国的 38.3%，比

2005 年上升 1.7 个百分点；公路里程 150.45 万公里，占全国的 39.0%，比 2005 年下降 1.4 个百分点；其中高速公路 18589.0 公里，占全国的 28.6%，比 2005 年上升 2.9 个百分点。

（4）人民生活水平不断改善，但城乡居民收入差距过大。"十一五"期间，西部地区居民生活水平继续改善，社会消费品零售总额快速增加，占全国比重逐渐增大。2009 年西部社会消费品零售总额达到 23038.7 亿元，占全国比重为 17.4%，比 2008 年提高 0.3 个百分点。

西部地区城镇居民人均可支配收入及农村居民人均纯收入仍处于较低水平，2000~2009 年，西部城镇居民人均可支配收入相当于全国平均水平的 85% 左右，农村居民人均纯收入相当于全国的 67% 左右。从城乡收入差距看，2009 年西部城镇居民人均可支配收入与农村居民人均纯收入之比为 3.72：1，居全国四大区域之首。过大的城乡收入差距，必然会影响西部整体经济的发展。

（5）自我发展能力有所增强。"十五"期间，西部地区财政收入增速落后于全国平均水平，财政支出增速稍高于全国平均水平，财政支出规模进一步扩大。2005 年西部地方财政收入 2464.82 亿元，占全国地方财政收入总和的 16.3%；地方财政支出 6252.71 亿元，占全国的 24.9%。

"十一五"以来，西部地区财政收入和财政支出增速有所提高，2006~2009 年，地方财政收入年均增长 25.6%，比全国平均水平高 4.4 个百分点；地方财政支出年均增长 32.1%，高于全国平均水平 6.0 个百分点。2009 年西部地方财政收入 6056.4 亿元，占全国地方财政收入总和的 18.6%，比 2008 年提高 0.5 个百分点；地方财政支出 17580.1 亿元，占全国的 28.8%，比 2008 年提高 0.7 个百分点。

4. 东北地区经济出现好转迹象

（1）经济下滑态势得到改善。"十五"期间，东北地区经济发展缓慢，落后于国内其他地区。"十一五"以来，东北地区经济发展相对平稳，发展速度与全国平均水平基本相同，经济总量占全国的比重基本保持在 8.5%~8.6% 之间。2008 年东北 GDP 达到 28195.63 亿元，占全国的比重为 8.6%，2000 年以来占全国比重首次有所上升，达到了 2005 年的水平；2009 年在金融危机的负面影响下 GDP 增速趋缓，GDP 总量为

31078.20 亿元，占全国比重降低到 8.5%（见表 3－2），2010 年东北应对金融危机的政策效应显现，上半年 GDP 为 15607 亿元，占全国比重再次增加为 9.0%[①]（国家发改委东北振兴司，2010）。

表 3－2　　　　　　　　2000～2009 年东北地区 GDP 变化情况

年份	GDP（亿元）	占全国比重（%）	增长速度（%）
2000	9743.25	10.0	
2001	10626.56	10.0	9.07
2002	11586.5	9.8	9.03
2003	12955.16	9.6	11.81
2004	15133.86	9.3	16.82
2005	16992.62	8.6	12.28
2006	19715.17	8.5	16.02
2007	23325.01	8.5	18.31
2008	28195.63	8.6	20.88
2009	31078.20	8.5	10.22

资料来源：根据国家统计局：《中国统计年鉴》（相关年份）整理。

"十五"期间，东北地区人均 GDP 与全国和东部地区差距呈不断增大趋势。2005 年人均 GDP 为 15797 元，是全国平均水平的 112.4%，比 2000 年降低 3.8 个百分点。2006～2009 年，东北地区人均 GDP 初步扭转了与全国差距持续拉大的趋势，2009 年人均 GDP 达到 28566 元，相当于全国平均水平的 114.72%（图 3－4）。

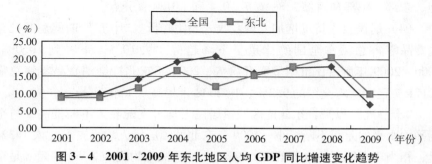

图 3－4　2001～2009 年东北地区人均 GDP 同比增速变化趋势

资料来源：根据国家统计局：《中国统计年鉴》（相关年份）整理。

---

① 全国为 172840 亿元。

（2）对外贸易发展依然缓慢。东北地区与俄罗斯远东地区、朝鲜、韩国、日本相接相望，边境口岸线占全国2/3，具有开展边境贸易、国际合作的天然优势。然而多年来，东北的对外贸易增长缓慢，对当地经济带动作用有限。"十五"期间，东北进出口总额年平均增长18.4%，低于全国平均水平6.2个百分点，居全国四大区域之末位。2005年东北进出口总额571.12亿美元，占全国的比重由2000年的5.2%下降到4.0%。

"十一五"以来，东北地区外贸发展受金融危机影响较小，但依然缓慢。2006～2009年东北地区进出口总额年均增长9.5%，高于全国平均水平1.7个百分点。2008年东北地区进出口总额1086.76亿美元，占全国的比重为4.2%，比2007年提高0.2个百分点；2009年在金融危机的冲击下进出口总额降低为909.10亿美元，占全国比重降低到4.1%，比2008年降低0.1个百分点；2010年上半年进出口总额为576.1亿美元，占全国比重的4.3%，比2009年提高0.2个百分点。

（3）政策支持力度渐强，投资持续增长。和中部地区相似，"十五"期间东北地区固定资产投资明显分为两个阶段。2001～2003年平均增速仅为15.1%，居四大区域之末位；从2004年开始，投资增速一跃成为全国第一。"十一五"以来东北地区固定资产投资延续了高增长的态势，2006～2009年平均增速为31.2%，高于全国平均水平4.3个百分点。2009年东北全社会固定资产投资总额23732.9亿元，占全国比重的10.8%。2010年上半年达到9804.47亿元，增速为28.3%，分别高于全国、东部、中部和西部2.8、6.7、0.4和1.0个百分点。

（4）居民收入持续增加，城乡收入差距降低。"十五"期间东北社会消费品零售总额占全国的比重呈下降趋势，从10.5%下降到10.0%，2006～2009年所占比重则呈上升趋势，2009年东北社会消费品零售总额12171.7亿元，占全国的9.2%，比2008年提高0.1个百分点。

"十一五"以来，东北地区城镇居民人均可支配收入不断提高，与全国平均水平的差距不断缩小。2009年东北城镇居民人均可支配收入14324元，相当于全国平均水平的83.4%；农村居民人均纯收入5457元，是全国平均水平的1.06倍。城乡收入相对差距为2.62：1，在全国四大区域中差距最小。

（5）财政收支状况有所改善。"十五"期间，东北地区财政收支增速均落后于全国平均水平。2005 年地方财政收入 1200.63 亿元，占全国地方财政收入总额的 8.0%；地方财政支出 2623.27 亿元，占全国地方财政支出总额的 10.4%。

"十一五"以来，东北地区财政收支稳步提高。2009 年地方财政收入 2720.0 亿元，占全国的 8.3%，比 2008 年提高 0.1 个百分点；地方财政支出 6039.3 亿元，占全国的 9.9%，与 2008 年持平。

（二）"十一五"以来我国区域经济发展的新特点

1. 全球性经济危机对我国的影响从东到西呈递减趋势

"十一五"以来，特别是 2007 年以后，全球性经济危机开始向全世界逐步扩散，对我国的影响从东到西呈递减趋势（魏后凯，2009）。受经济危机影响，我国东部地区主要经济指标同比增速大幅降低，占全国比重有所下降；中部一些资源型为主的地区经济也受到了较为严重的影响；与此相反，西部地区和东北地区主要经济指标占全国比重呈不断增加趋势，且同比增速加快或与全国基本持平。

但是，经济危机对中西部地区的影响不容忽视。从短期看，由于中西部地区贸易依存度比较小，世界经济危机对中西部的影响是间接的、传导性的，有一定的滞后期；但从长期看，由于中西部地区企业规模小、盈利水平低，抵御风险能力和自我恢复能力都比较弱，以及东部产业升级换代后的竞争，冲击却不容低估（《西部大开发》编辑部，2009）。因此，中西部地区要以当前国家扩大内需为契机，抓住机遇，加大改革开放力度，继续加强基础设施建设，改善发展硬件设施；支持中西部地区发展特色优势产业，积极承接东部地区产业转移；加快推进城市化。

2. 区域经济开始向协调发展的方向转变

西部大开发、东北振兴和中部崛起等相关政策陆续实施，中国的区域发展战略基本上完成了由"东部地区优先发展"向"区域协调发展"的转变。"十一五"以来四大区域之间的经济相对差距不断缩小。2000～2003 年，东西部之间人均 GDP 相对差距由 2.55∶1 扩大到 2.65∶1，2004 年开始缩小，2009 年为 2.23∶1；同样，2000～2003 年东中部之间人均

GDP 相对差距由 2.12∶1 扩大到 2.27∶1，2004 年开始缩小，2009 年为
2.05∶1；东北与东部之间的差距也呈同样趋势。这表明区域经济开始向
协调发展的方向转变。

"十五"期间，东部地区主要经济指标在全国占绝对优势，增长势头
领先于全国其他地区，但这种态势在"十一五"发生了重大变化，中西
部和东北地区主要经济指标表现良好，增速开始全面超越东部地区，各项
指标占全国的比重开始逐步回升。

3. 东北振兴政策已见成效

"十一五"以来东北地区主要经济指标发生了积极变化。2006 年以
来，东北地区经济快速发展，增速不断提高。2008 年东北地区名义 GDP
增长率高达 20.88%，比全国平均水平高 4.3 个百分点。2008 年东北地区
GDP 占全国比重与 2007 年比提高 0.1 个百分点，结束了 2000 年以来不断
下降趋势；虽然 2009 年由于金融危机的影响 GDP 占全国比重降低到
8.5%，但 2010 年上半年再次提高为 9.0%。东北地区与东部地区人均
GDP 的相对差距呈现出缩小趋势，2005～2009 年，二者的相对差距由
1.50∶1 缩小到 1.43∶1。同时，东北固定资产投资、社会消费品零售总额
占全国比重及同比增速都同时保持增长趋势。这充分表明为推动东北地区
等老工业基地振兴，国家有关部门所采取的政策开始见效。

4. 城乡收入差距从东到西逐步扩大

2009 年全国城镇居民人均可支配收入与农村居民人均纯收入之比为
3.33∶1，同期西部为 3.72∶1，中部为 3.00∶1，东部为 2.90∶1，东北为
2.62∶1。这表明我国城乡收入差距从东到西逐步扩大，也说明统筹城乡
发展的重点区域在中西部地区。

二、"十二五"时期我国区域经济发展环境分析

"十一五"以来，我国区域发展总体战略稳步实施，国土开发格局明
显优化，区域发展的协调性显著增强（国家发展改革委地区经济司，

2009）。"十一五"前期全球经济快速发展，后期受全球性经济危机影响增速放缓，主要发达国家甚至出现负增长。2009 年经济危机影响继续，全球经济进入调整期。"十二五"是我国全面建设小康社会的关键时期，促进区域协调发展对深入贯彻落实科学发展观、保障国民经济平稳较快发展具有重大意义。下文将对"十二五"时期我国区域经济发展面临的国际国内环境进行分析。

（一）国际环境

1. 世界经济渐渐复苏，逐渐呈现多极化

近年来，经济全球化的浪潮已经超出传统产品贸易，涉及到国际政治、安全、社会和文化发展等各个方面，对各国发展的影响日益加深。2007 年 10 月国际货币基金组织（IMF）发表报告指出，2006 年全球经济增长有一半来自中国、印度、俄罗斯三国。新兴经济体正在为全球经济增长提供关键的支撑，全球经济的扩张变得更加均衡。较为贫穷的国家，尤其是一些亚洲国家走在了发展的前列（国际货币基金组织，2007）。

2007 年下半年，全球性经济危机席卷全球，并迅速波及实体经济，使世界经济形势恶化。有赖于各国政府及时携手推出了一系列救市计划，全球经济渐露复苏迹象。"十二五"时期，世界经济仍需要一段时间的调整，新兴国家的迅速崛起，使世界格局呈现多极化。

2. 新兴国家金融市场在世界资源配置中影响力不断增强

金融体系是现代市场经济配置金融资源、化解和分散金融风险的枢纽。麦肯锡公司发表的报告认为，全球资本市场正进入全球化的新阶段。联合国贸易和发展会议发布的《2007 世界投资报告》指出，全球外商直接投资（FDI）流入量连续三年增长，2006 年达到 13060 亿美元，比上年增加 38%，为 2000 年以来增幅最高的一年。尽管发达国家的跨国公司仍然是外商直接投资的主要来源，其直接投资占全球外资流入量的 84%，然而中国、印度等发展中国家的对外投资正在悄然而起。①

---

① 符永康：《〈2007 年世界投资报告〉指中国和印度最具吸引力》，载《中国新闻网》，2007 年 10 月 16 日。

经济危机使近两年 FDI 流入量普遍下降。2009 年上半年，在同期全球外国直接投资预计下降40%的背景下，中国吸收外资下降了 17.9%。①
2009 年 8 月以来，我国利用外资连续保持增长态势②，从长远来看跨国公司仍看好中国，将其列为全球最有吸引力的投资地。

3. 全球经济结构调整迫切性增强，国际产业转移步伐加快

随着科学技术的飞速发展，以信息技术为标志的新科技革命改变了工业经济时代的产业结构，缩短了产品和产业的生命周期。由于产品生命周期不断缩短，研究开发投资和风险巨大，为了在短时间内收回投资，厂商必须迅速进入并占据全球市场，从而竞相在全球范围内寻找最有利的投资场所，加快了国际产业转移的步伐。尤其是在这次危机中，各国无论大小强弱，普遍认识到转变经济结构的迫切性。

全球化条件下国际产业加速转移和工序分工有利于我国发挥比较优势，参与国际经济分工，承接国际产业转移，强化我国的市场竞争环境，提升国际竞争力。但近年来，南亚、东南亚各国劳动力成本降低，在国际产业转移中对于劳动密集型产业的吸收具有一定优势，这要求我国在吸引外资上要转换思路，并趁此机会加快经济转型，加大对科技创新的扶持，积极引进高技术产业。

4. 以产业链竞争为重点的全球经济竞争加剧

全球产业转移是基于产业链条的国际化分工，随着产业模块化、网络化形式的发展，企业获得竞争优势的基础已超出了单个企业自身的能力和资源范畴，竞争范围从单个企业竞争扩展到了产业链竞争、由点竞争扩展到线竞争。可以说，现代企业的竞争已经演绎为企业所加入的产业链之间的竞争（赵红岩，2008）。

全球性经济危机的爆发促使企业之间寻求合作，产业整合速度加快。"十二五"期间，国际经济的竞争将是产业价值链的竞争。我国应抓住机遇，逐步占据全球价值链的核心环节，在关键环节上切实构筑自己的核心能力。

---

① 联合国贸易与发展组织：《2009 年世界投资报告》。
② 中华人民共和国商务部新闻办公室：《2010 年 1 月全国吸收外商直接投资情况》，http://www.mofcom.gov.cn/aarticle/tongjiziliao/v/201003/20100306815550.html，2010 – 02 – 21。

5. 国际贸易保护主义抬头

在全球经济渐渐步入复苏，但是失业率不断增高的压力下，各国为了保持本国的制造业优势，纷纷使用各类贸易保护措施。从美国总统奥巴马签署轮胎特保案到美国商务部宣布对中国进口的无缝钢管发起反倾销和反补贴税调查，表明这种贸易保护的示范作用对中国制造业带来的严重威胁。

国际金融危机全面爆发后，先后召开三次的 G20 峰会均表示要坚决抵制贸易保护主义，然而包括 G20 成员在内的一些国家已经喷涌出台以及拟定中的贸易保护主义措施却表明，"世界贸易形势更趋严峻化了"。中国作为全球第二大出口国、全球第三大经济体，劳动密集型产品的出口面临贸易保护主义压力。

6. 国际社会对资源的争夺更加激烈

由于全球矿产资源分布不均匀和资源在国家经济安全中的基础地位与作用的重要性，世界各国都十分重视资源问题，尤其是发达国家从没有停止过争夺国际资源的活动。长期以来，以美国、日本、加拿大为代表的西方发达国家，一直将实施全球资源战略作为国家整体战略的重要组成部分，与国家的政治、经济、外交、军事、金融等政策有机结合，并随着国内外形势变化适时调整，确保国家经济安全。在这种背景下，如何采取积极的全球资源战略以确保我国资源安全供应的国际环境将更加复杂。

7. 遏制全球气候变暖已经成为全世界的共识

2009 年 12 月 19 日，联合国气候变化大会达成《哥本哈根协议》，发展低碳经济成为全球共识。我国政府也提出了"开展低碳经济试点，努力控制温室气体排放"的发展方向。在此背景下，我国将面临着调整能源结构的挑战，企业也同样面临着节能减排的压力。

（二）国内环境

1. 中国经济仍将有一段较快增长的阶段

由于经济政策的成功，1978~2003 年中国实现了人均收入每年 6.6%

的增长速度。这个速度超过了所有其他亚洲国家，而且大大快于美国和西欧 1.8% 的增长速度，相当于世界平均水平的 4 倍；中国的人均 GDP 水平从世界平均水平的 22% 提高到 63%；中国在世界 GDP 中的比重从 5% 提高到 15%，已经成为世界上仅次于美国的最大经济体。中国可能在 2015 年前后超过美国成为世界上最大的经济体，GDP 水平可能会在 2030 年时达到世界总量的 1/4，其人均收入水平会超过世界平均水平的 1/3。到 2030 年时，中国经济对世界经济增长的影响以及在地缘政治中的作用，肯定会大大超过 2003 年（安格斯·麦迪森，2008）。

2. 中央政府的调控能力不断增强，手段逐步完善

2000～2009 年，中央财政收入由 6989.17 亿元增加到 35915.71 亿元，占全国财政收入的比例由 52.2% 提高到 52.4%，对宏观经济的调控能力大大增强（图 3-5）。"十二五" 期间，我国的财政宏观调控能力还将不断增强，这将为切实落实已经出台和即将出台的一系列区域规划，为我国在金融危机后实现经济结构转型和经济发展方式的转变，为进一步改革财政转移支付制度，建立生态补偿机制提供财力保障。

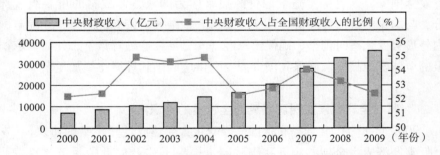

图 3-5　2000～2009 年中央财政收入及占全国财政收入的比例
资料来源：国家统计局：《中国统计年鉴》（2010），中国统计出版社 2010 年版。

3. 国家继续全面建设小康社会，大力推进基本公共服务均等化

中国全面建设小康社会的总体进程由 2007 年的 72.7% 上升至 2008 年的 74.6%，但区域差距依然存在。2008 年东部地区全面建设小康社会的总体进程达到 83.5%，东北地区为 77.6%，中部地区为 72.4%，西部地区只有66.3%。① 北京和上海的实现程度已达90.0%以上，基本实现全面建设小康社会的各项目标。"十二五"期间，我国将不断推进全面小康社会的建设，将继续深入关注民生。区域之间人民生活环境的改善将进一步落实到公共服务的建设和健全上，中央将切实结合不同区域、不同功能区的基本情况，加大公共服务的投入力度，实现基本公共服务均等化（艾洪山，2010）。

4. 在就业形势尚未根本缓解的同时，人口老龄化进一步加深

由于产业结构、技术结构与劳动力技能结构不相匹配等因素影响，我国劳动力就业不足进一步凸显，产业升级使文化水平低的劳动者就业更加不足；由于大学过度扩招，各种民办高等教育发展较快，大学生就业形势严峻，大学毕业生收入水平偏低（见表3-3）②，社会稳定面临巨大压力。

表3-3　　　　　2009年北京市大学毕业生收支情况调查

税前月收入（元）	占调查人数的比例（%）	月支出项目	月支出金额（元）
1000以下	9.4	房租	377
1000~1500	26.0	吃饭	529
1500~2000	24.0	交通	82
2000~2500	24.7	电话	95
2500~3000	7.8	上网	47
3000~5000	6.9	娱乐	282
5000以上	1.2	其他	263
税前月平均收入	2145	合计	1676

资料来源：廉思：《蚁族——大学毕业生聚居村实录》，广西师范大学出版社2009年版。

2009年，我国65岁以上人口数量达到1.13亿人，占全国总人口的8.5%，已经进入老龄化社会。"十二五"期间我国将仍然处于加速老龄化时期，我国的老龄化问题主要是由于长期以来实施的计划生育政策而出现的低生育率，以及医疗条件的改善和生活水平的提高使人口寿命延长。

---

① 国家统计局：《中国向小康社会又迈一步》，载《人民日报》（海外版），2009年12月28日。
② 2009年北京市大学生税前月平均收入为2145元，月平均花费1676元，支出占收入的比例高达78.1%；84.1%的大学毕业生税前月收入在2500元以下。

老龄化社会意味着劳动力的供给不足，市场需求减少，也意味着社会服务和医疗卫生产品的需求越来越大。

5. 国内产业转移步伐明显加快，区域拓展发展空间加速

随着经济全球化和区域经济一体化程度的不断深入，国际资本、技术、商品交流日趋频繁，沿海地区的相关产业和资本也将随产业升级加速向中西部地区转移（刘奇葆，2009）。全球性经济危机的爆发加速了这一进程。中国已经进入产业结构调整与区域产业布局调整的活跃期，产业结构调整势必会导致潜在区域利益格局的出现，在新起点上的利益竞争不可避免。这种竞争有可能引起高新技术产业领域的盲目布局与过度竞争，也有可能促进深层次的企业主导型或混合型区域经济合作。

2009 年国家共出台了 10 余个关于区域发展的意见和规划，这表明全国各地区都在积极拓展发展空间，增强整体竞争力。① "十二五" 期间，中西部地区应积极创造条件承接来自东部地区的产业转移，提升区域竞争力。

6. 区域经济实力增强，区域协调发展机制急需改善

"十一五" 以来，随着西部大开发、东北振兴和中部崛起战略成效的取得，各区域经济实力增强。沿海各项要素成本全面上涨，东部地区经济的增速已经在逐步放慢，而中西部和东北地区的投资高速增长以及经济增速则在逐年加快。中国区域经济呈现出 "东慢西快" 的增长态势，各区域之间相对差距出现缩小态势。这表明区域经济发展已经进入到一个重要的转折时期，即从过去的不平衡增长进入到相对平衡增长，中国经济增长从主要通过东部带动走向东、中、西部共同推动转变。

随着经济全球化和区域一体化的不断深入，协调成为区域发展中最为关键性的因素，实现区域整体协调发展是区域发展的最终目标，而区域协调机制正是区域实现真正协调发展目标的重要途径。区域协调发展机制包括区域协调发展的根本目标、协调内容、协调主体、协调手段、协调程序等。区域经济发展的加速以及区域间合作增多对区域协调发展机制的要求更加严格。

---

① 《2009 年 11 区域发展规划上升为国家战略　由粗放转为细分》，http：//www.cnsb.cn/html/news/408/show_408734.html，2010 - 1 - 7。

7. 客运专线将在某种程度上改变中国区域经济格局

根据新调整的《中国铁路中长期发展规划》，到 2020 年，规划"四纵四横"① 铁路快速客运通道，以及三个城际快速客运系统；建设快速客运专线 1.6 万公里以上；贯穿环渤海地区、长三角、珠三角三大城市群，这意味着中国已正式步入"高铁时代"。高速铁路的建设不仅改变了我国的交通格局，也将是城市经济格局的变革。第一，高速铁路的建设将大大改善人们的出行，有利于人才流动，扩大城市规模，缩小城市距离。第二，高速铁路的建设将带来城市间时间距离的极度缩短，降低了区域发展的成本，改变地区间的分工协作关系，城市间的同城效应将得到体现，由此增大区域发展中的规模经济效应，提高国内市场的统一性，城市化和工业化进程加速，区域协调度增强；铁路沿线将形成走廊经济产业带，扩大地区间的分工，增大民众就业机会。第三，高铁装备制造也将成为一项新基础产业（肖明，顾敏，2009）。

8. 资源约束日益强化，环境问题更加严峻

随着工业化、城市化进程的加快，特别是进入全面建设小康社会新的发展阶段后，经济总量的扩大，城市化水平的提高，居民生活方式的改变，我国能源、资源消耗加快增长可能在较长时期内存在。2005～2009年，全国能源消费总量由 22.48 亿吨标准煤增加到 30.66 亿吨标准煤，年均增长 8.1%；人均能源消费水平由 1.72 吨标准煤增加到 2.30 吨标准煤，年均增长 7.5%。即使采取节约措施，能源、资源消耗增长仍会超过欧美等发达国家；加之受资源条件的限制，资源供需缺口日益加大，对国外资源的依存度不断攀升。能源供给和环境问题已经成为中国未来发展的新的严重挑战（安格斯·麦迪森，2008）。在全球能源、资源性产品价格不断上涨的背景下，我们不仅要面对价格波动带来的生产成本的增加和商业风

---

① "四纵"客运专线：北京—上海，纵贯京沪和冀鲁皖苏四省，连接环渤海和长江三角洲两大经济区；北京—武汉—广州—深圳，连接华北、华中和华南地区；北京—沈阳—哈尔滨（大连），连接东北和关内地区；杭州—宁波—福州—深圳，连接长江、珠江三角洲和东南沿海地区。"四横"客运专线：徐州—郑州—兰州，连接西北和华东地区；杭州—南昌—长沙，连接华中和华东地区；青岛—石家庄—太原，连接华北和华东地区；上海—南京—合肥—武汉—重庆—成都（沪汉蓉高速铁路），连接西南、华中和华东地区。

险，而且要面对其中蕴藏着的潜在政治风险和资源安全风险。

2008 年我国污染减排工作已取得突破性进展，部分环境质量指标明显改善，在污染减排、环境基础设施建设、重点流域污染防治、环保基础能力提升和环境经济政策完善等方面取得了积极成效，但所面临的环境形势仍然严峻。我国的环境问题主要是由于粗放的经济发展方式造成的，传统的资源开发利用的方式还没有根本性的改变，而且还需要一段很长的时间治理。当前我国生态恶化的范围在扩大，程度在加剧，危害在加重；生态环境建设中边治理边破坏、点上治理面上破坏、治理赶不上破坏的问题仍很突出；生态环境整体功能在下降，抵御各种自然灾害的能力在减弱（国家环境保护部，2009）。

（三）"十二五"时期我国区域经济发展面临的"机遇"与"挑战"

1. 东部地区

东部地区受国际市场环境变化最为敏感。危机后世界各国纷纷调整发展战略，东部也将在这次调整中做一次"位置调换"。国际产业转移步伐加快促使我国加快调整产业结构，这对东部地区来讲是一个难得的机遇，要在国际分工"洗牌"中，加大科技投入，增强创新能力，加快从劳动密集型产业向资金和技术密集型产业转变，增大产品的附加值，切实提高产业国际竞争力。2009 年全球跨国直接投资下降，发展中国家吸收外资却增长较快，这为中国尤其是东部地区提高利用外资层次带来了更多机遇。作为中国产业梯度最高的区域，国内产业转移步伐明显加快，经济发达地区通过"腾笼换鸟"，给高附加值产业的发展腾出空间，能更好地吸收欠发达地区的优势劳动力，带来更高效率和劳动力单位产出。国务院在近两年批复的一系列东部区域发展规划或出台的若干意见中，已几乎将东部所有省份考虑在内，这些规划将在"十二五"时期起到重要的指导和促进作用。

但是，这些机遇意味着东部在政策使用上将面临更大挑战。国际分工的巨变及自身资源环境的约束要求东部在世界经济中迅速找准位置，在对外的政策上应保持连贯性和稳定性，积极调整经济发展方式，做好产业升级。在承接国际产业转移中,对外资的质量和水平需要严格把握。同时由于内地经济的快速发展以及我国惠农政策的大力实施,造成东部劳动力供给不足,需要调整政策应对这种变化(刘晓蓉,安树伟,2010)。

2. 中部地区

2009年国务院批复的《促进中部地区崛起规划》给中部带来良好发展机遇,大的政策方向已确定,相关政策会在后期的实施细则及具体规划里出台。为应对危机我国政府的4万亿投资计划,大部分投在了中西部的基础设施建设上,使中部经济发展基础环境得到改善。作为东部近邻,中部在承接国内产业转移中具有一定优势,《皖江城市带承接产业转移示范区规划》的批复为中部各地区在承接产业转移中起到积极地引导作用。"十二五"时期东部将着力提高产业国际竞争力,发展速度有所放缓,中部可趁此时机进一步缩小与东部地区的相对差距。

中部在承接产业转移过程中,各地区不仅要积极创造条件,还要考虑产业转移与产业链条的对接,加强政府之间的合作,在避免产业同构、工业园区的恶性竞争等方面也面临挑战。另外,由于新经济体的兴起,在承接东部产业的时候,将与我国内陆地区形成竞争。同时,资源环境约束的加剧要求政府和企业应共同努力减少污染,制定污染评定标准并切实实施,以促进产业的技术升级。

3. 西部地区

"十二五"时期,西部经济发展基础环境将进一步完善。2009年9月,国务院办公厅发出了《关于应对国际金融危机保持西部地区经济平稳较快发展的意见》,提出了"加强基础设施建设,打牢长远发展基础"等九条意见,对西部在未来发展中起到重要促进作用;2009年10月,国务院总理温家宝在第十届中国西部国际博览会暨第二届中国西部国际合作论坛开幕式致辞中指出:"中国政府将逐步增加对西部地区财政转移支付规模,中国政府实施西部大开发战略的决心不会动摇、政策不会改变、力度不会减弱。"《广西北部湾经济区发展规划》、《关中—天水经济区发展规划》的批准,在西部大开发中将形成关中—天水、成渝、环北部湾经济区的"三轮驱动"。重庆与北京、天津、上海、广州在《全国城镇体系规划》中被确定为国家五大中心城市，重庆将建成为我国长江上游地区经济和金融中心、内陆出口商品加工基地和扩大对外开放的先行区、我国重要的现代制造业基地、长江上游科研成果产业化基地、中西部地区发展循环经济示范区、国家高技术产业基地、长江上游航运中心、中央实行西部大开发的开发地区以及国家统筹城乡综合配套改革试验区。① 此外，在承接国内产业转移过程中，西部的资源优势将更加凸显，应积极将资源优势转变为经济优势，完成产业结构调整升级（刘晓蓉，安树伟，2010）。

在承接产业转移中，西部也将面临与中部相同的挑战。

4. 东北地区

2009 年 9 月，国务院发出《关于进一步实施东北地区等老工业基地振兴战略的若干意见》，将重点优化经济结构，建立现代产业体系；加快企业技术进步，全面提升自主创新能力；加快发展现代农业，巩固农业基础地位；加强基础设施建设；积极推进资源型城市转型；大力发展绿色经济。《辽宁沿海经济带发展规划》、《中国图们江区域合作开发规划纲要》的批准，将为进一步拓展东北发展空间，建设国内一流的现代产业基地创造条件。

在低碳经济时代，东北经济要考虑传统工业转型和新经济动力的培育。这需要在制度、技术方面进行大力创新。旧体制的改革、技术的升级换代对人才的需求也在加大。

三、"十一五"以来我国四大区域发展比较

改革开放以来，我国在长达 30 多年的时间内实现了年均 9.6% 的高速增长，经济从解决温饱到基本实现小康，正向全面小康迈进。但各个区域之间发展极不平衡。我国区域间的差距是全方位的，既反映在经济发展水平上，也反映在居民收入差距特别是城乡居民收入水平的差距上，同时又反映在各区域公民所享受的基本公共服务的差距上，区域发展面临

---

① 《重庆跻身中国五大中心城市　深圳落选》，载《新华网》，2010 年 2 月 8 日。

"强者恒强、弱者恒弱"的挑战(安树伟,郁鹏,2009)。下文从小康社会实现程度、经济发展水平、经济外向性、人民生活水平、区域自我发展能力、基本公共服务、资源与环境七个方面来比较四大区域之间存在的异同点。

(一) 小康社会实现程度

2008 年,我国小康社会总体实现程度74.6%,比2007 年提高1.9%,但四大区域之间存在较大差异,总体上从东到西降低,生活质量实现小康程度高于经济发展水平(表3-4)。东部的总体实现程度位列四大区域之首,分别比东北、中部、西部高5.9、11.1、17.2 个百分点。

表3-4 2008 年我国四大区域小康实现程度 单位:%

地区	总体水平	经济发展	生活质量
东部	83.5	83.1	90.3
中部	72.4	57.3	79.3
西部	66.3	55.5	69.4
东北	77.6	75.2	78.9
全国	74.6	67.9	79.9

资料来源:国家统计局:《中国向小康社会又迈进一步》,载《人民日报》(海外版),2009 - 12 - 28。

"十二五"时期,我国东部部分地区将率先建成全面小康社会。《珠江三角洲地区改革发展规划纲要(2008~2020)》指出,到2012 年珠江三角洲地区率先建成全面小康社会,人均地区生产总值达到80000 元。[①]

(二) 经济发展水平

1. 经济总量和人均水平

从 GDP 总量来看,2005~2009 年东部地区均居全国首位,占全国的

---

① 国家发展和改革委员会:《珠江三角洲地区改革发展规划纲要》(2008~2020 年),http://www.sina.com.cn 2009 年1 月8 日。

比重一直保持在 53% 以上。2009 年东部 GDP 196674.4 亿元，占全国的 53.8%；中部 GDP 70577.6 亿元，占全国的 19.8%；西部 GDP 66973.5 亿元，占全国的 18.3%；东北 GDP 31078.2 亿元，占全国的 8.5%。

从 GDP 增长速度来看，2009 年经济增长最快的是中部地区，其名义 GDP 增长率达到 16.4%，而最慢的东北地区仅为 10.2%。西部和东部依次排在第二、三位，分别为 15.0%、10.8%。

2005 ~ 2007 年，从人均 GDP 看，东部人均 GDP 为全国平均水平的 1.70 倍，2008 ~ 2009 年有所降低，2009 年为全国平均水平的 1.60 倍。2009 年东部人均 GDP 提高到 40800 元，是全国平均水平的 1.60 倍，与其他地区的绝对差距比 2008 年略有缩小。东北人均 GDP 为 28566 元，是全国平均水平的 1.12 倍；中部与西部分别为 19862 元、18286 元，分别相当于全国平均水平的 77.7% 和 71.5%。

从人均 GDP 增长速度看，2009 年增长最快的是中部地区，名义人均 GDP 增长率达到 16.4%；最慢的为东部和东北地区，均为 10.2%；西部地区居于第二位，名义增速为 15.4%。

2. 经济结构

（1）产业结构比较。2000 ~ 2009 年，四大区域三次产业结构得到进一步优化。第一产业所占比例都有所下降，但东北地区降低幅度非常小，远低于其他三个地区。其中，东部地区第二产业所占比重趋于稳定，第三产业所占比重稳步增加，一、二、三次产业比例从 11.5：49.1：39.4 调整到 6.5：49.4：44.1。中、西部第三产业比例趋于稳定，而第二产业则快速增加，中部地区三次产业比例由 20.2：44.6：35.2 调整到 13.6：50.4：36.0；西部地区由 22.3：41.5：36.2 调整到 13.7：47.5：38.8。东北地区三次产业比例基本稳定，由 12.9：51.5：35.6 调整到 11.4：49.9：38.7（见图 3-6）。说明东部产业结构较为合理；东北需要进一步优化产业结构；中部、西部产业结构调整的任务比较艰巨。

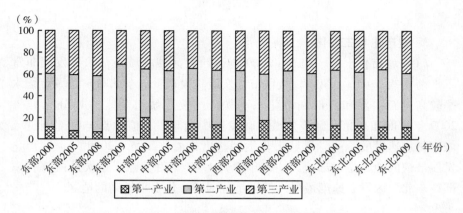

图 3 - 6 2000 ~ 2009 年我国四大区域三次产业结构比较

资料来源：根据国家统计局：《中国统计年鉴》（相关年份），中国统计出版社历年版。

（2）建筑业增加值占 GDP 比重。2000 ~ 2009 年，东北地区建筑业增加值占 GDP 的比重明显高于其他地区。2009 年东北地区建筑业增加值占 GDP 的 4.45%，分别高出中部、西部、东部 0.22、0.26、0.16 个百分点。说明建筑业在东北地区经济中所占比重较大，对当地经济起到了相当大的拉动作用。2003 ~ 2008 年，东部、中部和西部建筑业增加值占 GDP 的比重呈现一定程度的下降，建筑业对经济的拉动作用开始降低，而东北地区则保持了平稳的状态，2009 年四个区域均出现降低的趋势（见图 3 - 7）。

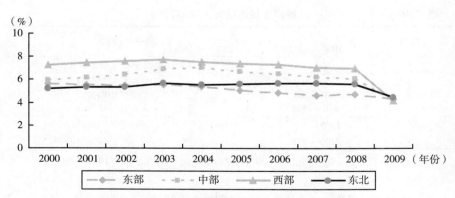

图 3 - 7 2000 ~ 2009 年四大区域建筑业增加值占 GDP 比重

资料来源：同图 3 - 6。

3. 城市化与工业化

（1）城市化水平。2005~2009 年，四大区域的城市化水平发展非常不平衡（表3-5）。第一，从城市化发展阶段来看，东部和东北城市化水平较高，而中部和西部城市化水平偏低。按照城市化水平划分标准[1]，2009 年东部和东北已经步入城市化发展中期阶段，但中部与西部刚进入城市化加速发展阶段。从城市化发展速度来看，2005~2009 年，城市化发展最快的地区是中部地区，每年提升 1.44 个百分点，依次是西部和东部；东北地区发展速度最慢，但仍是全国城市化水平最高的地区。

表 3-5　　　　　　2005~2009 年我国四大区域城市化水平比较　　　　　单位：%

地区	2005 年	2006 年	2007 年	2008 年	2009 年
东部	52.80	54.12	55.00	55.89	56.66
中部	36.50	38.00	39.41	39.19	42.26
西部	34.53	35.72	36.96	38.08	39.42
东北	55.13	55.53	55.81	56.69	56.88
全国	42.99	43.90	44.94	45.68	46.59

资料来源：同图 3-6。

（2）工业化水平。下文用两种方法来衡量工业化水平：一是工业增加值占 GDP 的比重；二是参照钱纳里标准直接用人均 GDP 大小来衡量（见表 3-6）。

表 3-6　　　　　　　　　经济发展阶段与人均 GDP

阶段	人均 GDP（1964 年美元）	发展阶段	
1	100~200	初级产品生产阶段（前工业化）	
2	200~400	工业化实现阶段	工业化初期阶段
3	400~800		工业化中期阶段
4	800~1500		工业化后期阶段
5	1500~2400	发达经济（后工业化）	发达经济初级阶段
6	2400~3600		发达经济高级阶段

资料来源：钱纳里：《工业化与经济增长的比较研究》，上海三联书店 1989 年版。

---

[1]　城市化水平可以分为三大阶段：（1）初期阶段：城市化水平达到 30% 左右时，开始进入城市化加速发展阶段；（2）中期阶段：城市化水平达到 50% 时，进入基本实现现代化的发展阶段；（3）后期阶段：城市化水平达到 70% 时，进入消除"三大差别"发展阶段。

方法一:近年来,四大区域工业化水平提高都比较快。从工业化水平看,2009年最高为东部,然后依次为东北、中部、西部(表3-7)。从2006年开始东部地区工业增加值占GDP比重开始下降,表明东部工业化水平提升空间不大,经济结构转型的内部条件已经形成。

表3-7　　　**2000~2009年我国四大区域工业增加值占GDP比重**　　单位:%

地　区	2000 年	2005 年	2006 年	2007 年	2008 年	2009 年
东部地区	42.18	46.50	47.10	46.82	46.93	44.08
中部地区	34.47	40.06	41.96	43.25	44.84	43.47
西部地区	31.35	35.25	37.93	39.29	41.12	39.70
东北地区	44.38	44.43	45.06	45.77	47.35	43.54

资料来源:同图3-6。

方法二:对2000~2009年四大区域人均GDP,先按当年汇率折算为当年美元,进一步换算为1964年美元(见表3-8)。

表3-8　　　　　　**2000~2009年我国四大区域人均GDP**　　单位:美元

地　区	2000 年	2005 年	2006 年	2007 年	2008 年	2009 年
全　国	201	360	417	506	630	715
东部地区	313	574	664	796	976	1078
中部地区	148	256	297	368	450	504
西部地区	123	226	265	327	418	481
东北地区	244	383	442	537	684	758

资料来源:根据国家统计局:《中国统计年鉴》(相关年份),中国统计出版社历年版整理。
Source:Department of Commerce,Bureau of Economic Analysis,http://www.bea.gov/national/nipa web/Tableview.asp.

对照表3-6,2009年全国整体上处于工业化中期阶段,东部地区已开始进入工业化后期阶段,中部、西部刚刚进入工业化中期阶段,东北处于工业化中期阶段的后期。

(3)工业化水平与城市化水平协调程度。衡量工业化和城市化协调发展的方法有两种,一是"城市化率/工业化率",一般以1.4~2.5为合理范围(孙新雷,郭鸿雁,2003)。对2005~2009年四大区域的城市化水平与工业化水平进行比较(表3-9),①中部、西部的城市化水平与工业化水平比值均小于1,表明这两个地区的城市化水平严重滞后于工业化水平。其中,西部比值略大于中部,说明西部地区的城市化与工业化协调程度稍好于中部。②东部和东北地区的城市化水平与工业化水平比值均大于1,同时小于1.4,说明这两个地区城市化水平仍然滞后于工业化水平。

表 3-9　　　　　2005~2009 年四大区域城市化水平与工业化水平比较

地区	2005 年	2006 年	2007 年	2008 年	2009 年
东部	1.14	1.15	1.17	1.19	1.29
中部	0.91	0.91	0.91	0.87	0.97
西部	0.98	0.94	0.94	0.93	0.99
东北	1.24	1.23	1.22	1.20	1.31

二是根据钱纳里标准衡量(见表 3-10)。2009 年东部地区城市化水平的合理范围是"大于 65.8%";中部应介于"52.7%~60.1%";西部应介于"49.0%~52.7%";东北应介于"52.7%~60.1%"。与 2008 年各区域实际城市化水平(见表 3-5)相对照,除东北外,东部、中部、西部均小于合理范围,表明这三大地区城市化均严重滞后于工业化。

表 3-10　　　　经济发展水平与相应的城市化水平(1964 年美元)

人均 GDP	100 以下	100	200	300	400	500	800	1000	1000 以上
城市化水平	12.8	22.0	36.2	43.9	49.0	52.7	60.1	63.4	65.8

资料来源:钱纳里:《发展的格局:1950~1970》,中国财政经济出版社 1989 年版。

(三)经济外向性

1. 对外贸易依存度

2000~2009 年,东部地区对外贸易依存度①最高,远高于全国平均水平。2009 年东部外贸依存度 67.6%、东北 20.0%、西部 9.4%,中部 7.5%。目前东部地区外贸依存度过高,2006 年曾高达 96.0%,已影响到东部地区经济的稳定,同时世界经济变动也会影响我国经济的平稳发展。

---

① 对外贸易依存度 = 进出口总额/GDP。

从外贸依存度变动趋势看,2000年我国正式加入WTO,外贸环境的改善使我国进出口贸易发展取得了长足的进步,进出口贸易活动激增。到2006年东部外贸依存度从66.0%提高到96.0%;其他地区外贸依存度也有所提高,但幅度很小。美国次贷危机爆发后,我国东部地区受影响较大(魏后凯,2009),外贸依存度从2006年的96.0%下降到2009年的67.6%。而中西部地区2006~2008年仍然维持缓慢增长态势,2009年小幅下降(见图3-8)。

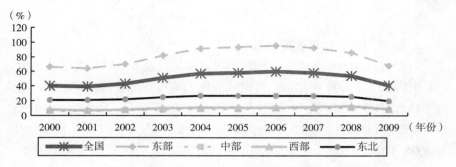

图3-8 2000~2009年四大区域对外贸易依存度

资料来源:同图3-6。

2. 实际利用外商直接投资

长期以来外商直接投资主要投向东部地区,其他三个地区相对较少(图3-9)。自2000年以来这种趋势得到扭转,2009年东部实际利用外商直

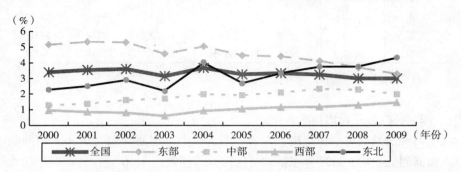

图3-9 2000~2009年四大区域实际利用外商直接投资占GDP比重

资料来源:同图3-6。

接投资金额占全国的 63.5%，远低于 2000 年 81.2% 的水平；中部为 13.7%，较 2000 年提高 6.4 个百分点；西部为 9.5%，较 2000 年提高了 4.7 个百分点；东北为 13.3%，较 2000 年提高了 6.6 个百分点；从历年实际利用外商直接投资占 GDP 比重看，2000～2008 年东部比例最大，其次为东北、中部和西部；但东部呈下降趋势。与其相反，其他三个地区逐步上升。2009 年，东北超过东部居于第一，其次为东、中部，最后为西部。

（四）人民生活水平

1. 城镇居民人均可支配收入

与经济发展水平相适应，东部地区城镇居民收入大幅领先于其他地区（见表 3-11）。2009 年东部地区城镇居民人均可支配收入 20953 元，是全国平均水平的 1.22 倍；中部、东北和西部差距不大，分别为 14367 元、14213 元和 14324 元，相当于全国平均水平的 83.7%、82.8% 和 83.4%。与 2005 年相比，2009 年城镇居民可支配收入增长速度最快为东北地区（64.8%），其次为西部地区（63.4%），中部地区居第三位（62.7%）、东部地区最慢（58.0%）。

表 3-11　　　　2000～2009 年四大区域城镇居民人均可支配收入　　　　单位：元

地区	2000 年	2005 年	2006 年	2007 年	2008 年	2009 年
全国	6306	10196	11364	13111	14941	17175
东部	8099	13262	14894	16908	19228	20953
中部	5272	8830	9911	11624	13197	14367
西部	5648	8700	9545	11150	12742	14213
东北	5027	8690	9776	11277	12935	14324

资料来源：同图 3-6。

2. 农村居民人均纯收入

与经济发展水平相适应，东部、东北、中部与西部农村居民人均纯收入由高到低变化。2009 年东部农村居民人均纯收入 7156 元，是全国平均水平的 1.39 倍；东北 5457 元，相当于全国平均水平的 1.06 倍；中部 4793 元，是全国平均水平的 93.01%；西部 3816 元，相当于全国平均水平的

74.05%。从增长速度来看,2006～2009年增长最快的是西部,平均增速14.00%,分别高于中部0.50、东北0.80、东部6.80个百分点(见表3-12)。

表3-12　　　　　2000～2009年四大区域农村居民人均纯收入　　　　单位:元

地区	2000年	2005年	2006年	2007年	2008年	2009年
全国	2401	3512	3871	4444	5091	5153
东部	3588	5267	5813	6558	7405	7156
中部	2071	2958	3280	3837	4437	4793
西部	1632	2356	2576	3004	3481	3816
东北	2175	3392	3761	4366	5122	5457

资料来源:同图3-6。

3. 城乡居民收入差距

东部和东北城乡居民收入差距较小。2009年东北城乡收入比值为2.62:1,两者差距在全国四大区域中最小;东部地区为2.90:1,两者差距也较小。中西部地区城乡收入差距较大,特别是西部两者比值高达3.72:1。从城乡居民收入差距变动趋势来看,2000～2009年,四大区域虽有所波动,但总体上呈不断扩大趋势(见图3-10)。

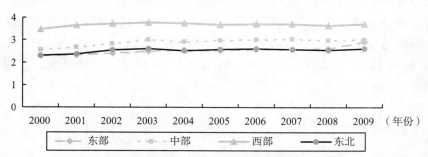

图3-10　2000～2009年我国四大区域城乡居民收入差距比值*

注:* 农村居民人均纯收入为1。

资料来源:同图3-6。

4. 人均社会消费品零售总额

2000年尤其是2005年以来,四大区域人均社会消费品零售总额不断增加,东部和东北人均消费额较高,超过了全国平均数;中西部则低于全国平均水平(见图3-11)。

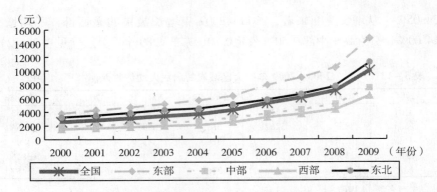

图 3 - 11　2000 ~ 2009 年四大区域人均社会消费品零售总额

资料来源: 同图 3 - 6。

(五) 区域自我发展能力

1. 地方财政收入

2000 ~ 2009 年, 东部地方财政收入总额处于绝对领先地位, 占全国比重维持在 57.0% 以上, 之后依次是西部、中部和东北。从各省 (市、区) 平均财政收入看, 东部也遥遥领先于其他地区, 西部最少, 东北和中部接近 (图 3 - 12)。2009 年东部各省 (市、区) 平均财政收入 1878.66 亿元, 分别是东北 (906.67 亿元)、中部 (839.93 亿元) 和西部 (504.70 亿元) 的 2.07 倍、2.24 倍和 3.72 倍。

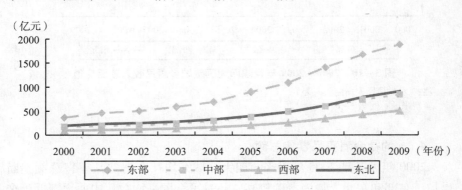

图 3 - 12　2000 ~ 2009 年四大区域各省 (市、区) 平均地方财政收入

资料来源: 同图 3 - 6。

2. 地方财政支出

从地方财政支出总额来看，2000～2009年，东部地区也处于领先地位，但与其他地区的差距没有财政收入大，占全国比重维持在40.0%以上，之后依次是西部、中部和东北地区。从各省（市、区）平均财政支出水平来看，东部领先于其他地区，西部最少，东北和中部相差不多（图3－13）。2009年东部各省（市、区）地方财政支出平均为2495.15亿元，分别是东北（2013.10亿元）、中部（2078.85亿元）和西部（1465.01亿元）的1.24倍、1.20倍和1.70倍。

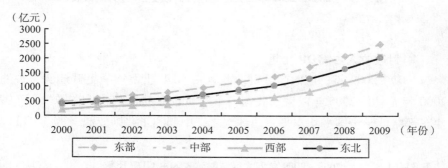

图3－13　2000～2009年我国四大区域各省（市、区）平均地方财政支出

资料来源：同图3－6。

从地方财政支出变动趋势来看，2003年开始西部地方财政支出同比增速逐年增加，到2008年达到39.7%，成为增长最快的地区；东北增速也是逐步增加，2008年27.1%，仅次于西部；中部近几年增速比较稳定，2008年27.0%；东部地区增速保持缓慢增长，2008年21.7%，为增速最慢的地区。但是2009年在经济危机的影响下增速趋缓，东部、中部、西部和东北地区依次为20.3%、26.4%、27.7%和23.9%。地方财政支出增速的变化折射出了国家政策的倾斜状况。

3. 地方财政支出占地方财政收入比重

2005～2009年，地方财政支出与地方财政收入比值最大的为西部地区，2009年为2.90；中部、东北次之，二者比值最小的为东部地区，为1.33（见图3－14）。这说明西部地区的自我发展能力最差。

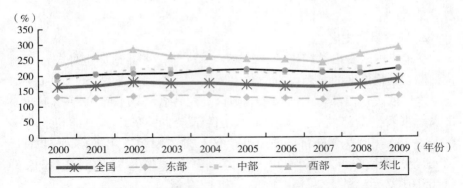

图 3 – 14   2000～2009 年四大区域地方财政支出/地方财政收入

资料来源:同图 3 – 6。

4. 财政收入占 GDP 比重

2000～2009 年,四大区域财政收入占 GDP 比重均呈上升趋势,说明 2000 年尤其是 2005 年以来,我国各个区域企业的税赋水平在增加。2009 年东部略低于全国平均水平,西部次之,中部和东北则较低(表 3 – 13)。

表 3 – 13　　　　　　2000～2009 年四大区域财政收入占 GDP 比重　　　　单位:%

地区	2000 年	2005 年	2006 年	2007 年	2008 年	2009 年
全国	6.50	7.53	7.94	8.55	8.75	9.57
东部	6.92	8.15	8.45	9.22	9.42	9.55
中部	5.52	6.08	6.87	6.90	6.97	7.14
西部	6.60	7.36	7.75	8.54	8.86	9.04
东北	5.98	7.00	7.36	7.89	8.36	8.75

资料来源:同图 3 – 6。

(六)公共服务

1. 医疗卫生

(1)每万人拥有医疗机构床位数。2005～2009 年,四大区域每万人拥有医疗机构床位数呈不断增加的趋势(见图 3 – 15)。2009 年东部、中部、西部、东北每万人拥有的床位数分别为 31.73、28.63、29.61、

38.43 张。四大区域中每万人拥有医疗机构床位数最多的区域为东北,其次为东部,西部、中部排第三、第四位,均低于全国平均水平。表明东北社会卫生事业方面发展较好,东部应大力提高现有医疗资源利用率,中西部则有待进一步加强医疗卫生硬件设施建设。

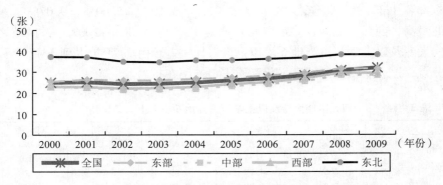

图 3 – 15　2000 ~ 2009 年四大区域每万人拥有医疗机构床位数

资料来源:同图 3 – 6。

(2) 每万人拥有卫生人员数。2000 ~ 2009 年,四大区域每万人拥有卫生机构人员数不断增加(见图 3 – 16),2009 年东部、中部、西部、东北每万人拥有的卫生机构人员数分别为 62.73、57.70、53.22、67.41 人,东北最多,中部、西部最少,且二者差别不大。表明东北社会卫生事业方面发展较好,东部应将卫生事业推向新的发展水平,中西部地区则有待进一步加强。

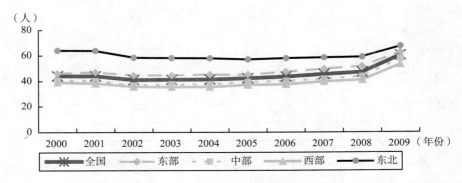

图 3 – 16　2000 ~ 2009 年四大区域每万人拥有卫生人员数

资料来源:同图 3 – 6。

2. 教育

（1）大专及以上学历占 6 岁以上人口比重。2005～2009 年，各区域大专及以上学历占当地 6 岁以上人口比重均呈不断上升趋势。2009 年，东部、中部、西部及东北分别为 9.02%、6.10%、5.60%、9.07%。东北最高，西部最低，且差距较大（见表 3－14）。2005～2009 年，区域之间大专及以上学历占当地 6 岁以上人口比重差距由 2.71 扩大到 3.47 个百分点，这表明四大区域高文化素质人口差距在扩大。

表 3－14   四大区域大专及以上学历占当地 6 岁以上人口比重   单位：%

地区	2005 年	2006 年	2007 年	2008 年	2009 年
东部	6.73	7.64	8.05	8.13	9.02
中部	4.43	5.31	5.77	5.92	6.10
西部	4.63	4.79	4.90	5.07	5.60
东北	7.24	7.70	8.10	8.37	9.07

资料来源：同图 3－6。

（2）未上过学占 6 岁以上人口比重。2005～2009 年，各个区域未上过学人口占当地 6 岁以上人口比重均是东北最低、西部最高。2009 年东北为 4.18%，分别比东部、中部、西部低 1.86、3.03、5.17 个百分点。2006 年以来四大区域之间未上过学人口占 6 岁以上人口比重差距明显缩小（见图 3－17）。说明"十一五"以来中西部地区基础教育发展较快。

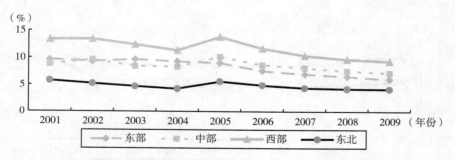

图 3－17   2001～2009 年四大区域未上过学人口占当地 6 岁以上人口比重

资料来源：同图 3－6。

（3）中小学服务面积。2005～2009 年，四大区域每所中小学平均服务面积均呈上升趋势,这是各地小学撤并的结果。其中,服务面积最大的为西部,其次为东北,中部与东部相差不大(见表3-15)。2009年西部每所中小学平均服务面积为全国平均水平的2.09倍,东北相当于全国平均水平的1.14倍。

表3-15　　　　2000~2009年四大区域每所中小学平均服务面积　　　单位:平方公里

地区	2000年	2005年	2006年	2007年	2008年	2009年
全国	15.22	21.61	22.95	24.31	25.68	27.35
东部	5.52	8.25	8.74	9.20	9.66	10.23
中部	4.99	7.04	7.53	8.00	8.42	8.88
西部	31.88	44.59	47.03	49.93	53.11	57.05
东北	18.09	23.74	25.36	26.90	28.57	31.18

资料来源:同图3-6。

3. 基础设施

(1)铁路密度。2005~2009年,四大区域铁路密度呈匀速上升趋势。其中,密度最高为东部、最低为西部(图3-18)。2009年东部铁路密度为208.9公里/万平方公里,为全国平均水平的2.35倍。中部、东北铁路密度都较高,分别为全国平均水平的2.15倍、1.98倍。表明西部铁路建设需要进一步加强。

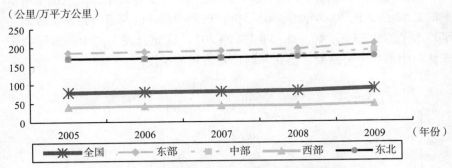

(公里/万平方公里)

图3-18　2005~2009年我国四大区域铁路密度

资料来源:同图3-6。

(2)公路密度。2005~2009年,四大区域公路密度呈不断上升趋势,密度最高为东部,其次为中部、东北和西部。中部与东部比较接近,相差较小(见图3-19)。2009年东部、中部公路密度分别为10594公里/万平方公里、10165公里/万平方公里,为全国平均水平的2.63倍、2.53倍,西部为 2191 公里/万平方公里，仅为全国平均水平的 54.5%。

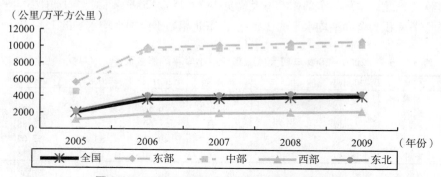

（公里/万平方公里）

图 3 – 19　2005～2009 年我国四大区域公路密度

资料来源：同图 3 – 6。

2005～2009 年，公路密度提高最快的为中部地区，增长 120.3%；其次为东北，增长 100.0%，东部、西部分别增长 84.0%、92.8%。表明西部公路建设具备一定的增长空间。

（3）高速公路密度。2005～2009 年，四大区域高速公路密度呈不断上升趋势。2009 年东部 260.0 公里/万平方公里，是全国平均水平的 3.83 倍，比 2005 年增长 42.4%。中部 170.8 公里/万平方公里，是全国平均水平的 2.52 倍，比 2005 年增长 68.3%。东北和西部的高速公路密度分别为平均水平的 95.3%、40.0%（见图 3 – 20）。这充分表明"十一五"以来东部与中部高速公路发展迅速，西部发展较为缓慢。

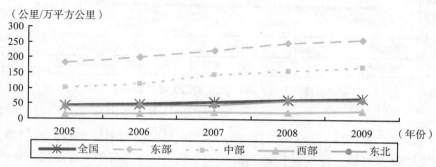

（公里/万平方公里）

图 3 – 20　2005～2009 年我国四大区域高速公路密度

资料来源：同图 3 – 6。

（七）资源与环境

1. 单位地区生产总值能耗

2005 ~ 2009 年，四大区域单位地区生产总值能耗处于不断下降趋势，2009 年全国、东部、中部、西部、东北每万元 GDP① 能耗分别为 1.28、0.87、1.31、1.71、1.29 吨标准煤。与 2005 年相比，分别降低 0.02、0.23、0.21、0.15、0.38 吨标准煤/万元（见图 3 - 21）。四大区域单位地区生产总值能耗最高的为西部地区，其次为中部，东北排第三位，东部最低。这既与西部、中部的产业结构有关，也与能源技术效率和经济效率有关。

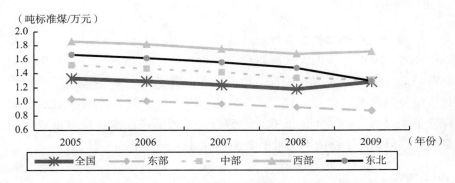

图 3 - 21 2005 ~ 2009 年我国四大区域单位地区生产总值能耗

资料来源：同图 3 - 6。

2. 单位工业增加值工业固体废物产生量

2005 ~ 2009 年，四大区域单位工业增加值工业固体废物排放量也呈不断下降趋势，2009 年东部、中部、西部、东北每亿元工业增加值废物排放量分别为 0.74、1.75、2.24、1.95 万吨，与 2005 年相比，分别降低 0.14、0.64、0.98、0.16 万吨（图 3 - 22）。表明各个地区在减少固体废弃物排放方面取得很大成绩。同时西部地区发展经济所带来的污染问题较为突出，即经济发展建立在对资源环境破坏的基础之上。

---

① GDP 为 2005 年价格。

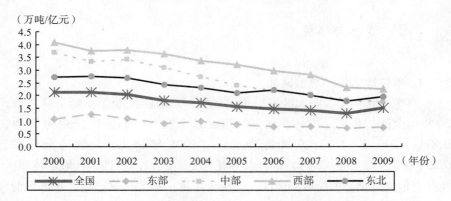

图3-22 2000~2009年我国四大区域单位工业增加值工业固体废物产生量

资料来源：同图3-6。

3. 单位工业增加值工业废水排放量

2005~2009年，四大区域单位工业增加值工业废水排放量处于不断下降趋势，2009年东部、中部、西部、东北每亿元工业增加值工业废水排放量分别为13.38、16.57、19.87、10.86万吨。与2005年相比，分别降低了43.8%、49.4%、56.0%和57.1%。西部在废水排放方面取得明显成效，但仍高于全国平均水平2.54个百分点（见图3-23）。

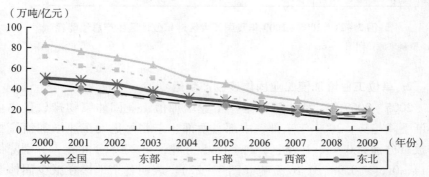

图3-23 2000~2009年四大区域单位工业增加值工业废水排放量

资料来源：同图3-6。

4. 单位工业增加值工业废气排放量

2005~2009年，东中西三大区域单位工业增加值废气排放量呈现出不断下降趋势。2009 年东部、中部、西部、东北每亿元工业增加值废气排放量为 2.16、3.03、4.27、3.13 亿标准立方米,与 2005 年相比,分别降低 8.9%、21.4%、14.8% 和 24.1%,表明四个地区在废气排放方面取得了很大成绩。2009 年单位工业增加值废气排放量最高的为西部,然后依次为东北、中部,东部最低(见图 3 – 24)。表明西部的大气污染问题仍然较为突出。

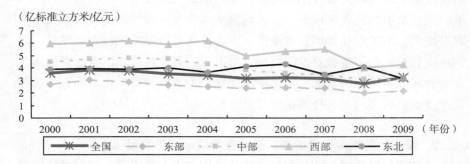

（亿标准立方米/亿元）

图 3 – 24　2000 ~ 2009 年四大区域单位工业增加值工业废气排放量

资料来源:同图 3 – 6。

(八) 小结

综上所述,"十一五"以来,东、中、西、东北四大区域在发展过程中表现出以下几个显著特点:

1. 东部地区综合发展水平最高,但近年发展速度减缓

首先,东部地区经济实力在全国仍占绝对优势,GDP 总量及人均 GDP 大幅领先于其他地区,以服务业为代表的第三产业发展迅速,带动产业结构进一步优化。但近年来经济发展速度有所减缓,外贸依存度偏高的特点使得其发展受国际环境影响较大,世界经济变动会导致其经济大幅波动(国家发展改革委发展规划司,2009)。人民生活水平在全国也处于领先地位,城镇居民人均可支配收入、农村居民人均纯收入、人均社会消费品零售总额三项均居四大区域首位。但其城市化水平滞后于工业化水平,城乡居民收入差距呈现明显扩大趋势。此外,东部地区基础设施最完

备，能源利用效率及节能减排都稳居四大区域之首，卫生教育等方面仍有提升空间，社会医疗事业有待进一步加强。

2. 中部地区开始崛起，经济发展软环境是瓶颈

中部地区经济总量持续增加，占全国比重呈不断上升趋势。但外贸依存度极低使其在对外经济交流中处于被动地位，"十一五"以来这种状况有所改善，对外联系日益加强。居民生活水平快速改善，农村居民人均纯收入同比增速为四大区域最高，人均消费水平发展较快。但其城市化水平提升缓慢，与工业化协调程度最差。中部地区基础设施建设发展较好，路网密度较高。但卫生教育发展缓慢，每万人拥有床位数、国有企事业单位专业技术人员为全国最低。加之中部地区有不少资源型城市，原有的高耗能产业面临转型问题，环境保护任务比较严峻（蒋枫，2009）。

3. 西部地区取得长足进步，但综合发展水平仍然最低

西部地区经济发展明显加快，综合经济实力不断提升，但其经济发展总体仍然落后，人均 GDP 四大区域最低；工业化水平快速提高，但产业层次低，结构不合理。城镇居民人均可支配收入同比增速居四大区域首位，但城乡居民之间收入差距依然全国最高，农村居民人均纯收入全国最低。西部地区基础设施依然薄弱，人口科学文化素质提高缓慢，社会基本公共服务水平偏低，对中央支持政策依赖性极强，自我发展能力弱，这些都严重制约了西部地区经济社会的发展。另外，西部能源利用效率低下，"三废"排放水平居全国首位，对生态环境破坏严重，经济发展方式亟待转变。

4. 东北地区基础较好，但经济增长速度相对较低

东北地区经济发展总体实力较强，人均 GDP、工业化水平仅次于东部地区，但经济发展速度放缓。经济结构转变困难，高端工业和现代服务业发展不足，产业结构升级的任务艰巨。外贸依存度虽然高于中、西部地区，但仍有进一步提升的空间。人民收入水平仅次于东部地区，城乡居民收入差距最低，且呈现不断缩小趋势。此外，东北地区卫生教育事业发展良好，城市化水平居四大区域首位，人民群众文化素质明显优于其他地

区,具备经济转型的人力资源优势。但近年来以高速公路为代表的基础设施发展缓慢,城市化在一定程度上滞后于工业化,能源利用效率仍需进一步提高。

四、"十二五"时期我国区域发展的总体态势

(一)"十一五"时期经济增长态势分析及"十二五"预测

"十一五"期间,我国区域经济增长格局经历了一个较复杂的变化过程。2000~2004年,东部地区GDP占全国比重不断上升,由47.3%上升到63.4%;中部地区GDP占全国比重也逐渐缓慢上升,由28.0%上升到35.7%;而西部地区在2000~2002年其占全国比重呈增长态势,但2003~2004年略有下降;东北地区在2000~2001年呈上升趋势,之后为下降趋势。同时,区域差距呈现扩大趋势。2005~2006年,东部、中部和东北地区GDP占全国比重均逐步下降,而随着西部大开发战略实施效果的增强,西部地区GDP占全国比重逐渐增长。2007年后,金融危机对我国区域经济的影响呈现出由东南沿海向北部和中、西部地区转移扩散的趋势(魏后凯,2009),导致2008年以来,东部地区GDP占全国比重再次下滑,东北地区2009年略有下降,而其他区域则呈增长态势。

1. 东部地区

2000~2003年,由于东部地区基础设施比较完善,市场化程度较高,产业集聚水平也较高,投资收益率明显高于其他区域,GDP占全国比重稳步上升。而到2004年,GDP占全国比重显著降低,其原因是西部大开发政策效应逐步显现,GDP占全国比重上升所致,2006~2007年,其占全国比重基本和2005年持平。2008年以来,由于经济危机的影响,东部地区GDP增长速度放缓,使其GDP占全国比重降低(见图3-25)。根据2000~2009年东部地区GDP占全国比重的变化情况,运用Excel的功能,

给该图添加了 2 年移动平均趋势线①，结果发现，如果近期内东部地区的其他政策保持不变，那么在积极的经济政策的推动下，其占比将会呈小幅度上升趋势。金融危机发生后，东部地区及时采取了扩张性的货币政策、积极的财政政策，并采取有力措施进一步促进东部地区产业升级，改善东部地区的产业结构，提高出口产品的技术含量和附加值，增强东部地区对外贸易的国际竞争力。"十二五" 期间，在这些政策的综合作用下，东部地区经济增长速度将会逐渐止跌，甚至小幅度提升。

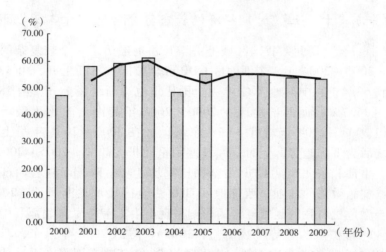

图 3 – 25　2000～2009 年东部地区 GDP 占全国比重

资料来源：同图 3 – 6。

2. 中部地区

2000～2001 年，中部地区 GDP 占全国比重大幅度提高；2002～2003 年，占全国比重基本持平；2004 年占全国比重大幅度回落，且低于 2000 年的水平；2005～2006 年的下降速度有所减小；2007 年以来，占全国比重小幅上涨（图 3 – 26）。运用 Excel 的功能，给图 3 – 26 添加了两年移动平均趋势线。该趋势线表明，中部地区 GDP 占全国比重将会继续上升。"十二五" 期间《促进中部崛起规划》的实施，不仅将会解决中部地区经济发展资金制约的瓶颈，而且将会逐渐改善中部地区的投资环境，并最终

---

① 下文图中的曲线均指移动平均趋势线。

加快中部地区经济增长速度,使中部地区 GDP 占全国比重有所上升。由于政策的时滞效应,在"十二五"初期和中期阶段,中部地区经济总量占全国比重不会出现明显增长现象。

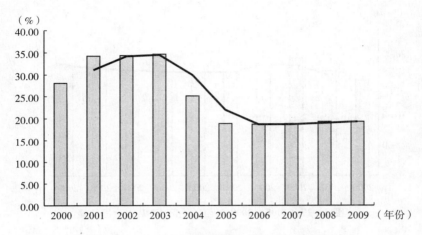

图 3 - 26   2000 ~ 2009 年中部地区 GDP 占全国比重

资料来源:同图 3 - 6。

3. 西部地区

2000 ~ 2009 年,西部地区 GDP 占全国比重经历了一个先上升再降低,然后再上升的过程(图 3 - 27)。2000 ~ 2002 年,西部地区 GDP 占全国比重小幅度、持续上升。① 2003 年,西部地区大部分国有企业进行了股份制改造,对其资产、人力等生产资料重新进行分配,使其当年的收益率减小,从而导致西部地区 GDP 占全国比重有所降低。但是,随着西部大开发战略的实施,逐步缓解了西部地区经济发展资金不足、教育技术落后、支撑产业缺乏等问题,西部大开发政策效应逐步凸显。2004 年,西部地区的经济增长速度逐年加快,GDP 占全国比重也开始由下降转为上升,这一态势一直持续到 2009 年。由图 3 - 27 的 2 年移动平均趋势线可知,近几年来西部地区 GDP 占全国比重一直呈现小幅度增长态势。"十二五"期间,随着西部大开发战略的进一步推进,西部地区的经济将会获得更快

_____

① 上升幅度小于东部地区的上升幅度。

的发展，GDP 占全国比重也会稳步上升。但是，由于东部地区经济增长速度的恢复，以及西部地区自身经济发展条件和基础的约束，使其经济总量占全国比重上升速度将比较平缓。

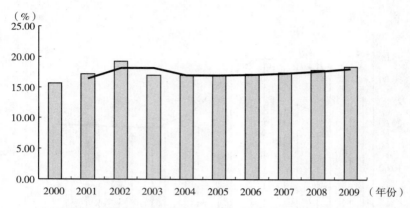

图 3 – 27　2000 ~ 2009 年西部地区 GDP 占全国比重

资料来源：同图 3 – 6。

4. 东北地区

2000 ~ 2009 年，东北地区的经济增长也经历了一个复杂的变化（图 3 – 28）。2000 ~ 2001 年，GDP 占全国比重大幅度上升。但是随着经济体制改革的深化，东北老工业基地的矛盾逐步显现，工业经济出现相对衰退，进而引发各种社会矛盾凸显（魏后凯，2009）。2003 年，国务院发布《关于实施东北地区等老工业基地振兴战略的若干意见》，明确提出"将老工业基地调整改造、发展成为技术先进、结构合理、功能完善、特色明显、机制灵活、竞争力强的新型产业基地，使之逐步成为我国经济新的重要增长区域。"可是，由于该政策泛化而且覆盖不全面，导致其政策效应不明显。因此，2001 ~ 2007 年，东北地区的经济增长速度较缓慢，GDP占全国比重一直下降，由 9.1% 降低到 8.5%。2008 年，由于经济危机对东部地区的负面影响最大，使东北地区 GDP 占全国比重略有上升。但2009 年经济危机的负面影响也蔓延到东北，致使其 GDP 占比再次降低到2007 年的水平。图 3 – 28 中的移动平均趋势线显示，东北地区 GDP 占全国比重将基本维持现状。

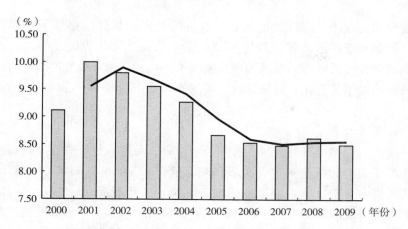

图 3 – 28　2000 ~ 2009 年东北地区 GDP 占全国比重

资料来源：同图 3 – 6。

　　"十二五"期间，如果我国能继续扩大《东北振兴规划》的覆盖面，细化并真正落实每一项政策，东北地区的各项矛盾将会逐渐缓解，经济总量占全国比重也会缓慢增加。但由于地理位置原因，东北地区受到经济危机的影响较晚，在近几年内也将会对东北地区的经济增长带来较大的压力，使其经济总量占全国比重难以继续保持增长态势。反之，随着东部经济的快速复苏，中部崛起的真正实施，西部大开发的进一步推进，东北地区经济总量占全国比重将有可能出现下跌趋势。"十二五"后期，才有可能由下跌转为略微上升。

　　总之，"十二五"初期和中期，东部地区经济总量占全国比重将会逐渐增长，而西部地区随着自身经济发展环境和发展基础的改善，将会继续保持上涨趋势，但由于东部经济增长的复苏，其增长速度较慢；而中部和东北占全国比重上升的可能性在初期阶段不大。"十二五"后期，随着相关政策的落实，中、西部地区和东北地区的经济将会获得较快、持续增长，并逐步缩小与东部地区的经济发展差距。东部地区经济总量占全国比重将会逐步降低，但依然保持优势地位；而中、西部地区和东北地区经济总量占全国比重虽然将会持续增长，但依然处于劣势地位。

（二）"十一五"时期外商直接投资态势分析及"十二五"预测

　　"十一五"期间，我国外商直接投资由东部沿海向中、西部地区逐渐呈现出递减规律，而东北地区的外商直接投资额虽然远远低于东部和中部，但却高于西部地区。但是，2007 年全球性经济危机爆发后，通过净传染机制，使投资者对市场的预期发生了变化，从而导致其消费行为、投资行为等发生了变化，最终导致我国的外商投资额减少。①

1. 东部地区

由于东部地区开放较早，投资环境较好，而且其投资收益率较高，对外资的吸引力远远大于中、西部和东北地区。2000～2003 年，东部地区利用外资占全国比重一直稳步递增，由 55.4% 增长到 70.4%。之后，随着西部大开发战略的实施，西部的投资环境有所改善，一部分外商对西部地区的投资偏好有所改变。导致 2004～2005 年东部实际利用外资占全国比重有所降低。2006 年又明显上升，增长到 73.1%。2007 年金融危机爆发后，对东部地区吸引外资影响严重，占全国比重明显降低，2008 年仅占 50.7%，2009 年东部地区应对金融危机的政策效应显现，利用外资占全国比重快速上升为 63.29%。图 3 - 29 中的 2 年移动平均趋势线显示，2010 年东部地区实际利用外资占全国比重依然处于上升趋势。"十二五" 期间，随着东部地区经济增长速度的逐渐恢复，东部地区对外资的吸引力将会逐渐增强，其利用外资占全国比重也将逐渐恢复，但其增速将会缓慢降低。

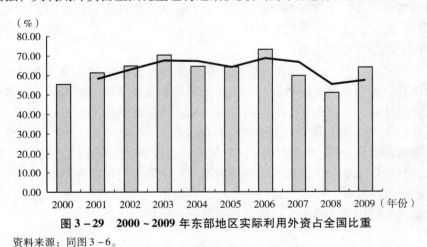

图 3 - 29 2000～2009 年东部地区实际利用外资占全国比重

资料来源：同图 3 - 6。

---

① 2008 年全国吸引外商直接投资为 924.0 亿美元，2009 年为 900.3 亿美元。

2. 中部地区

2000～2004 年，中部地区实际利用外资占全国比重一直呈下降趋势，由 34.1% 下降到 22.5%；2005 年小幅上升；2006 年又大幅度下降，降低了 11.1 个百分点；2007 年金融危机的爆发，影响了东部地区对外资的吸引，使其实际利用外资占全国比重降低①，而中部地区占全国比重大幅度上升，由 2007 年的 25.1% 增长到 2008 年的 29.9%，2009 年随着东部经济及其发展环境的恢复使其呈现快速下降趋势，降低为 13.73%。根据图 3－30 中移动平均趋势线可知，2010 年中部地区实际利用外资占全国比重的下降空间较小。主要原因有：一是中部在地理上承东启西，在承接国际产业转移中，比西部具有优势；二是中部产业基础较好，加之东部对中部的带动和扩散效应。② 但是，由于区域政策的时滞效应及东部地区对外资吸引力的逐渐恢复，"十二五"初期和中期阶段，中部地区实际利用外资占全国比重继续保持较快增长态势的压力很大，其增长速度将比较缓慢。"十二五"后期阶段，随着中部地区经济发展水平的提升，产业结构的改善及升级，基础设施的改善等，中部地区对外资的吸引力可能会增强，但占全国比重上升的压力很大，即使出现增长态势，其增长幅度也不会太显著。

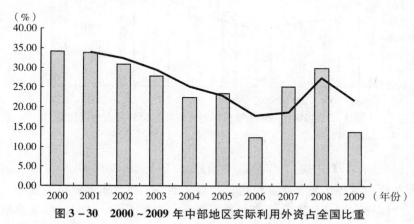

图 3－30 2000～2009 年中部地区实际利用外资占全国比重

资料来源：同图 3－6。

---

① 由 2007 年的 59.48% 降低到 2008 年的 50.71%。
② 比如泛珠三角地区的产业转移、人才流动对湖南、安徽等中部省份产生积极的影响。

3. 西部地区

2000～2009 年，西部地区实际利用外资占全国比重变化趋势可分为两个阶段（见图 3 – 31）。2000～2003 年，实际利用外资占全国比重一直逐年下降。主要原因是西部地区市场化程度较低，经济发展水平低，基础设施比较落后，投资收益率较低，法律法规不健全。2004～2009 年，其比重虽有波动，但主要趋势为增长，由 4.6% 增长到 9.52%。这是由于西部大开发政策所带来的积极效应所推动。① 但是，在经济危机的影响下，2007 年西部地区实际利用外资占全国比重略有下降，降低了 0.1 个百分点；2008 年由于金融危机对东部地区的巨大冲击严重降低了其利用外资的增长速度，西部地区实际利用外资占全国比重提高了 0.7 个百分点，2009 年继续上升，且增速超过了 2008 年。

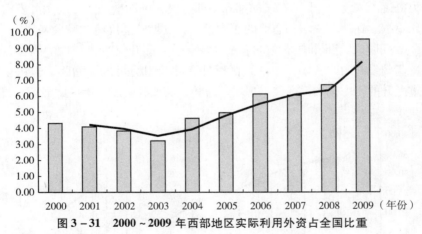

图 3 – 31　2000～2009 年西部地区实际利用外资占全国比重

资料来源：同图 3 – 6。

根据图 3 – 31 中的 2 年移动平均趋势线可知，2010 年西部地区实际利用外资占全国比重将会保持增长态势。但是，由于东部经济的复苏，西部占全国比重增长速度有可能会略有降低。"十二五"时期，在继续推进

---

① 西部大开发主要通过两方面政策积极吸引外资：一是进一步扩大外商投资领域，鼓励外商投资于西部地区的农业、水利、生态、交通、能源、市政、环保、矿产、旅游等基础设施建设和资源开发，以及建立技术研究开发中心，并扩大西部地区服务贸易领域对外开放；二是进一步拓宽利用外资渠道，在西部地区进行以 BOT 方式利用外资的试点。

西部大开发战略的实施下,西部地区的经济发展基础、投资环境、金融环境以及生态环境将会逐渐得到改善,对外资的吸引力也将逐步增强。由于政策效应具有时滞性,其实际利用外资占全国比重在"十二五"初期和中期将缓慢增加,后期上升幅度会略有改善。

4. 东北地区

2000~2009年,东北地区实际利用外资占全国比重虽有下降,但主要发展趋势为增长,由6.2%增长到12.7%(见图3-32)。尤其是2005年以来其增长幅度较大,其中,2008年比2007年提高了3.4个百分点,这是由于2007年经济危机对中国的影响主要是东部地区,然后逐渐蔓延到中、西部地区。2008年东北地区实际利用外资受到的负面影响较小,使其实际利用外资占全国比重大幅增加。从2009年开始金融危机对其负面影响才逐渐显露,该年其增速明显趋缓。[①] 可以预测,2010年东北地区利用外资占全国比重将会出现降低趋势,"十二五"初期,东北地区实际利用外资占全国比重保持增长的压力较大。随着《振兴东北规划》及其他积极政策的切实执行,"十二五"中期,占全国比重可能会出现增长态势,但增长速度缓慢;"十二五"后期,如果振兴东北规划能够真正贯彻落实,那么占全国比重的增速将会得到一些改善。

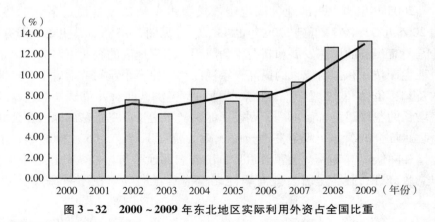

图3-32 2000~2009年东北地区实际利用外资占全国比重

资料来源:同图3-6。

---

① 2009年上半年,东北三省实际利用外商直接投资100.7亿美元,同比增长9.7%。

总之，"十二五" 初期和中期阶段，随着东部地区实际利用外资占全国比重的复苏（增长），中部地区占全国比重将会逐渐由降低转为上升，但上升空间很小，西部地区占全国比重增长速度将会相对放缓，而东北地区由于受到金融危机负面影响的时间较晚，占全国比重将会继续降低。"十二五" 初期，如果各个区域发展规划能得到真正实施，由于政策的时滞性，其对区域经济增长和发展环境的作用最晚在 "十二五" 后期将会凸现。因此，"十二五" 后期阶段，中、西部地区实际利用外资占全国比重将会出现增长态势，东北地区将会出现略微上涨态势，而东部地区占全国比重将会相对降低，但依然保持其优势地位。

（三）"十一五" 时期固定资产投资态势分析及 "十二五" 预测

2005～2009 年，东部地区固定资产投资①占全国比重由 52.4% 降低到 43.7%，降低了 8.7 个百分点；但在四大区域中，其占全国比重一直是最高的；而中、西部和东北地区固定资产投资占全国比重一直稳步上升。中部地区由 18.5% 上升到 22.8%；西部地区由 19.9% 上涨到 22.7%；东北地区由 8.1% 增加到 10.8%。

1. 东部地区

2005 年以来，东部地区固定资产投资占全国比重呈稳定下降趋势。由 2005 年 52.4% 降低到 2009 年的 43.7%（见图 3-33）。其主要原因有：一是随着经济的快速发展和新技术的应用，东部地区的企业更多关注的是企业生产技术和创新能力的提高，重视以科技提升企业的劳动效率、经营效益和竞争力②；二是东部地区属于外向型经济，即对外贸易是促进其经济增长的主要因素，而不是依靠投资促进经济增长；三是东部地区在公共管理和社会组织行业固定资产投资比重大幅度下降，2005～2009 年，由 3.13% 降低到 1.79%。改革开放后，随着东部地区市场经济的蓬勃发展，以党政分开、政企分开、政府职能转变为重点的改革在不断深入所致。

---

① 固定资产投资统计的范围包括：城乡建设项目投资、房地产开发投资、国防、人防建设项目投资及农户投资。
② 2005 年，东部地区在科学技术、技术服务和地质勘查行业固定资产投资总额占其总投资的比重为 0.44%，而到 2009 年，在本行业的投资总额占其总投资的比重为 0.58%，增加了 0.14 个百分点。

2007年东部地区固定资产投资占全国比重的降低幅度大于前几年，其原因是金融危机的爆发使东部地区，尤其是福建、浙江一带的中、小民营企业纷纷倒闭；同时，金融危机对东部地区的巨大冲击影响了区域经济主体对未来的预期，使其投资意愿减弱所致。

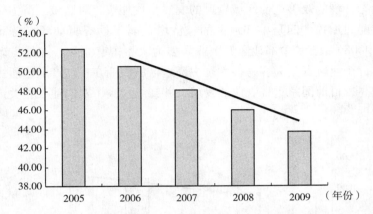

图 3 – 33　2005～2009 年东部地区固定资产投资占全国比重

资料来源：同图 3 – 6。

图 3 – 33 中 2 年移动平均趋势线显示，2010 年东部地区固定资产投资占全国比重也将为下降趋势，但降低速度趋缓。随着金融危机对东部地区的负面影响消除后，内需及外需均会增加，企业的投资意愿也将随之增强。东部地区也将重点发展先进制造业、现代服务业和高新技术产业，加快产业升级和体制创新，培育新的经济增长点。"十二五"初期，东部固定投资占全国比重下降的幅度有望减小。而随着中部崛起、西部大开发的推进以及东北振兴等区域政策的逐渐落实，中、西部和东北地区对固定资产的投资也将明显加大，占全国比重也会上升。因此，"十二五"初、中期和后期阶段，东部地区固定资产投资占全国比重仍为下降趋势，但降低的幅度会小于 2007～2009 年下降幅度。

2. 中部地区

2005～2009 年，中部地区固定资产投资占全国比重持续增长（图 3 – 34）。主要原因：一是中部崛起政策的实施，改善了经济发展的基础，企业得到了更快的发展，投资扩张能力加强。二是中部地区财政收入增加，地方政府对制造业的投入力度加大。2005 年中部地区地方财政一般预算收入为 2263.72 亿元,对制造业的固定资产投资额占总投资的比重为 27.5%,2009 年中部地区固定资产投入总额为 49851.8 亿元,对制造业固定资产投资额占总投资的比重为 34.8%,增加了 7.3 个百分点。三是中部地区金融生态环境的改善,使区域金融的发展步伐加快,对区域经济主体的信贷支持能力加强。四是中部地区的经济增长属于投资驱动型(陈飞,高铁梅,2008)。五是中部地区的企业大多为大型国有企业,在地方政府的庇护下,企业融资较为容易。六是中部地区的农业在三次产业中所占比重相对较高,目前国家重视农业的发展,并持续加大了对农业及相关产业的投资力度。①

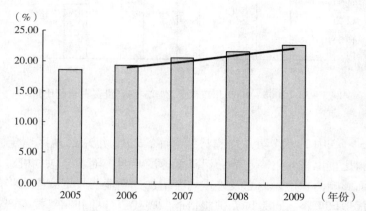

图 3 – 34   2005 ~ 2009 年中部地区固定资产投资占全国比重
资料来源:同图 3 – 6。

图 3 – 34 中的移动平均趋势线表明,2010 年中部地区固定资产投资占全国比重依然处于上升趋势,但上升速度有所缓和。随着《促进中部崛起规划》的执行,国家对农、林、牧、渔的支持以及高速铁路的建设,中部地区固定资产投资占全国比重将会增加。考虑到政策的时滞性以及东部经济的复苏,"十二五"初期将会继续保持增长态势。预计"十二五"中、后期,中部地区固定资产投资占全国比重的增长速度会逐年缓慢加速。

---

① 2005 年,中部地区在农、林、牧、渔行业固定资产投资额占总投资比重为 3.10%,2009 年增加到 3.89%。

3. 西部地区

2005~2009年，西部地区固定资产投资占全国比重稳步增长，由19.9%增加到22.7%（见图3-35）。其主要原因是，中央和西部地区要通过信贷政策和财政政策为西部大开发提供资金，解决其经济发展所面临的资金瓶颈。[①] 同时，中央加大财政转移支付力度。随着中央财力的增加，逐步加大对西部地区一般性转移支付的规模；在农业、社会保障、教育、科技、卫生、计划生育、文化、环保等专项补助资金分配方面，向西部地区倾斜。西部大开发期间，西部地区金融中介得到迅速发展，为区域经济发展提供信贷资金的能力增强；同时，地方政府的财政收入也增加了。西部地区聚集了大量的军工企业，这些企业每年的固定资产投资额较大；西部地区的经济增长依然属于投资拉动型（安树伟，王思薇，2009）。在四大区域中，西部地区农业所占比重较高，由中央政府承担的投资也较多，2005年在农、林、牧、渔业固定资产投资额占总投资的比重为3.9%，2009年增加到4.5%。

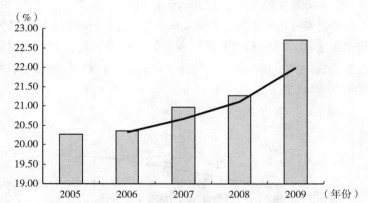

图3-35 2005~2009年西部地区固定资产投资占全国比重

资料来源：同图3-6。

---

① 银行根据商业信贷的自主原则，加大对西部地区基础产业建设的信贷投入，重点支持铁路、主干线公路、电力、石油、天然气等大中型能源项目建设；加快国债配套贷款项目的评估审贷，根据建设进度保证贷款及早到位；对投资大、建设期长的基础设施项目，根据项目建设周期和还贷能力，适当延长贷款期限；国家开发银行新增贷款逐年提高用于西部地区的比重；扩大以基础设施项目收费权或收益权为质押发放贷款的范围；增加对西部地区农业、生态环境保护建设、特色优势产业、小城镇建设、企业技术改造、高新技术企业和中小企业发展的信贷支持；在西部地区积极发放助学贷款及学生公寓贷款；农村电网改造贷款和优势产业贷款中金额较大的重点项目，由农业银行总行专项安排和各商业银行总行直贷解决；有步骤地引入股份制银行到西部设立分支机构。

根据图 3 - 35 中的移动平均趋势线可知，2010 年西部固定资产投资占全国比重将会继续上升，但上升速度减缓。"十二五"时期，随着西部大开发的进一步推进，金融支持能力和地方政府财政支付能力都将会进一步增强，企业的投资意愿也会加强，固定资产投资将会继续增加，占全国比重也将稳步增长。但是，由于东部经济发展的恢复，"十二五"初期其增长速度略微降低，随着西部大开发战略的进一步推进，"十二五"中、后期，占全国比重增长的速度将会略有上升。

4. 东北地区

2005～2008 年，东北地区固定资产投资占全国比重一直稳步增长，但 2009 年由增长转为下降趋势（见图 3 - 36）。究其原因：（1）随着东北老工业基地的转型，在制造业的固定资产投资增加，占固定资产投资的比重由 2005 年的 33.3% 增长到 2009 年的 35.5%。（2）近年来，国家政府一直比较重视东北地区电力、燃气及水等的生产和供应，并加大了对该行业固定资产的投资力度。2005～2009 年，东北地区在电力、燃气及水的生产和供应业固定资产投资额占总投资的比重由 4.6% 增长到 5.9%。（3）2005～2009 年，东北重视水利、环境和公共设施管理行业快速发展，该行业固定资产投资额占总投资的比重由 6.3% 上升到 7.4%。（4）经济危机对东北地区的负面影响在 2009 年才得以凸现。

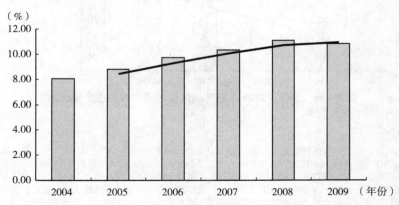

图 3 - 36　2005～2009 年东北地区固定资产投资占全国比重

资料来源：同图 3 - 6。

根据图3-36中的2年移动平均趋势线,"十二五"初期,东北地区固定资产投资也会继续保持增长态势,但增长速度不会太快。其主要原因:一是经济危机对东北地区的负面影响较大。二是国家投资的重点将有利于东北地区固定资产投资的增长。"十二五"期间国家支持投资的重点仍是基础设施,而东北地区铁路运输能力紧张始终未能得到很好解决,交通运输矛盾突出使得投资空间增大。二是东北振兴政策的调整。"十二五"时期,为了加快东北老工业基地的振兴,将大力改善东北地区的投资环境,增强承接产业转移能力。三是东北地区的大企业比重相对较高,融资更受金融机构的青睐,投资会得到更多的金融支持。同时,大企业投资受周期性因素的影响相对较小,而更多考虑市场占有、长期战略、竞争力等因素。四是东北地区的经济增长也属于投资拉动型,为了追求经济的高速增长,地方政府会加大对固定资产的投资。但由于东部经济增长和固定资产投资逐渐恢复,"十二五"初期,东北固定资产投资占全国比重增长速度将略有增加;"十二五"中、后期,随着《东北振兴规划》及其他积极的区域政策的落实,其增长速度会逐渐加速,但依然低于中、西部地区。

总之,"十二五"时期,我国各区域固定资产投资的格局是:初期,随着东部地区经济增长速度的恢复,东部地区占全国比重的降低速度逐渐趋缓,而中、西部占全国比重的增长速度将逐渐减缓,东北地区逐渐止跌,并出现不明显的增加态势。在"十二五"中、后期,东部地区固定资产投资占全国比重将继续降低,且降低幅度大于初期阶段;中、西部和东北地区固定资产投资占全国比重将会保持增长态势,且增长速度比"十二五"初期有所提高,使固定资产投资的地区差异逐渐缩小。

(四)"十一五"时期对外贸易发展态势分析及"十二五"预测

东部地区经济的外向度高,全球性金融危机对东部地区的冲击力也最大,2007年以来东部地区的进出口额占全国比重,尤其是出口额占全国比重明显下降。而中、西部和东北地区由于地理位置、经济发展环境、区域政策等原因,受经济危机的影响较弱,进出口额和出口额占全国比重都有所上升。我国进出口的区域格局已经逐渐发生了改变,东部地区虽然还是处于绝对优势地位,但其优势地位已经逐渐削弱,而中、西部和东北地区的地位逐渐上升。

1. 东部地区

2000～2005年,东部地区进出口占全国比重的变化趋势为上升,虽然2002年和2004年出现大幅度下降,但占全国比重仍处于绝对优势。2005～2006年,由于西部地区对外贸易的快速发展,使东部地区进出口总额占全国比重降低,但降低幅度较小。2007～2008年,在金融危机的强烈冲击下,东部地区进出口的增长速度放缓,占全国比重快速降低。导致这种现象的深层次原因是东部地区出口产品的技术含量和附加值较低,大多为初级产品或低端产品。2009年,东部应对金融危机的政策效应显现,进出口占全国比重呈上升趋势(见图3-37)。

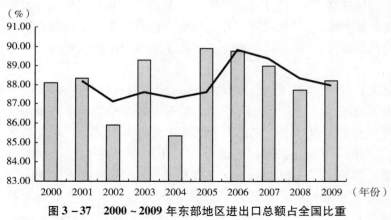

图3-37 2000～2009年东部地区进出口总额占全国比重

资料来源:同图3-6。

图3-37中的2年移动平均趋势线显示,2010年东部地区进出口总额占全国比重将会继续上升。金融危机发生后,我国及时将紧缩性的货币政策转换为扩张性的货币政策,东部地区也采取有力的措施,开拓国际市场,稳定出口,着力发展先进制造业、现代服务业和高新技术产业,加快产业升级和体制创新,培育新的经济增长点,形成参与国际合作竞争新优势,增强更高水平上的可持续发展能力。"十二五"时期,东部地区对外贸易将会逐渐摆脱金融危机的不利影响,占全国比重将逐年上升。

2. 中部地区

2000～2004 年，中部地区进出口总额占全国比重的主要趋势为上升，由 3.1% 增长到 4.7%；2005 年出现较大幅度下降；2005 年以来，随着中部崛起战略的实施，中部地区的基础设施、产业结构等有所改善，进出口总额占全国比重逐年增长，2008 年达到 3.9%，但 2009 年又降低到 3.5%（见图 3－38）。

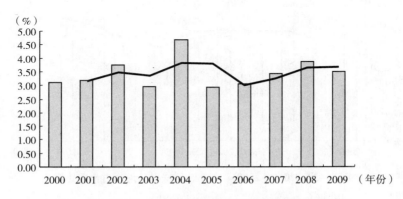

图 3－38　2000～2009 年中部地区进出口总额占全国比重

资料来源：同图 3－6。

图 3－38 中的 2 年移动平均趋势线表明，2010 年中部地区进出口总额占全国比重将会继续保持降低态势，但降低速度趋缓。随着促进中部崛起政策的进一步落实，中部地区的经济发展基础将会继续得到改善，较大规模承接国际和东部的产业转移，进一步优化产业结构，实现产业升级，进出口总额占全国比重也将得以增长。但由于政策时滞性，以及中部地区本身的条件制约，其增长幅度比较有限。

3. 西部地区

2000～2005 年，西部地区由于产业结构比较落后，出口产品技术含量较低，市场化程度较低等原因，进出口总额占全国比重虽有波动，但总体上为下降态势；2005 年以来，西部大开发对外开放政策发挥了积极的作用①,使西部地区的进出口总额占全国比重持续上升。2007～2008年,西部地区进出口总额占全国比重的增长速度加快,2009年增速放缓(见图3-39)。主要原因是由于2007年金融危机对东部地区的影响太大导致东部下降,而2009年东部逐渐摆脱金融危机的负面影响,降低速度趋缓所致。

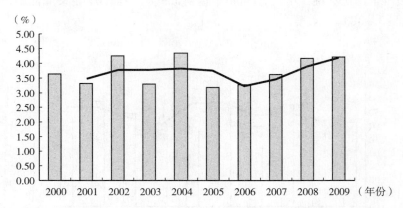

图3-39   2000～2009年东部地区进出口总额占全国比重

资料来源:同图3-6。

图3-39中的2年移动平均趋势线显示,2010年西部进出口总额占全国比重将会持续增长,但增长速度不明显。原因是西部进出口占比增长面临一定的压力(东部地区出口的复苏)。因此,"十二五"初期,其增长速度将有所降低,甚至不明显;"十二五"中、后期,如果西部大开发政策使西部地区经济发展环境和发展基础,尤其是产业结构得到显著改善,其进出口总额占全国比重也将缓慢增长,并且增长速度将略有回升。

4. 东北地区

2001～2006年,东北地区进出口总额占全国比重总体趋势为下降(见图3-40)。东北对外贸易伙伴主要为俄罗斯,2007年金融危机对东

---

① 西部地区大力发展对外经济贸易,进一步扩大了西部地区生产企业对外贸易经营自主权,如鼓励企业发展优势产品出口、对外工程承包和劳务合作、到境外特别是周边国家投资办厂,放宽人员出入境限制。

北进出口总额的影响比较滞后，2008 年占全国比重增加，但增加幅度较小，2009 年金融危机的负面影响显现，占全国比重再次降低。

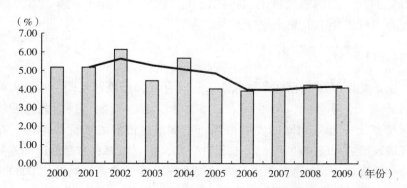

图 3 - 40　2000 ~ 2009 年东部地区进出口总额占全国比重

资料来源：同图 3 - 6。

图 3 - 40 中的 2 年移动平均趋势线表明，2010 年进出口总额占全国比重将会由降低转为上升。由于金融危机对东北地区的冲击在 2009 年才开始显现①，东北老工业基地外贸出口持续下降，优势产业受金融危机冲击程度超出预期。2009 年前 5 个月，辽宁省钢材和机电产品出口分别下降 74.9% 和 12.7%，吉林省机电、高新技术等主要产品出口降幅都超过50%；受俄罗斯市场需求萎缩影响，黑龙江省对俄出口订单持续减少，保持外贸稳定增长面临较大压力。面对这些，东北地区及时采取了有力的措施积极缓解其负面影响。所以，"十二五" 初期，东北地区进出口总额占全国比重将会呈现增长态势，但增长速度缓慢；而到 "十二五" 中、后期，如果东北老工业基地等能真正实现振兴，产品的国际竞争力得到明显提高，那么进出口总额占全国比重将略有上升。

总之，"十二五" 初期，东部地区进出口总额占全国比重将略微上升，西部地区也呈增长态势，但增长速度不明显，而中部、东北地区占全国比重将略有降低；"十二五" 中、后期，如果区域政策切实执行，并产生预期的效应，中、西部地区进出口总额占全国比重的增长速度将略有上

---

① 2009 年东北地区完成对外贸易进出口总额 909.1 亿元，同比下降 16.5%。其中出口466.2 亿美元，下降 26.7%。

升;东部地区将继续保持增长趋势,但增长幅度减缓;而东北地区则取决于老工业企业的转型速度、转型后的经营状况及产品的国际竞争力。"十二五"时期,东部地区进出口占全国比重依然处于绝对优势地位,区域差距有可能缩小,但缩小幅度不太显著。

(五) 小结

中国地区经济既存在条件收敛性,又存在促使地区差距继续扩大的因素(许召元,李善同,2006)。因此,"十二五"初期,我国各区域将基本保持"十一五"期间的发展格局,东部地区依然处于优势地位;在相关区域政策的积极推动下,"十二五"后期,中、西部和东北地区的发展速度将会略有加快,地区差距继续向趋缓方向发展(李宪,刘勇,2008),区域经济发展总体态势是继续缓慢地走向协调(刘勇,李宪,2008)。

1. 东部地区逐渐克服经济危机的影响,综合实力逐渐提升

东部地区的经济总量占全国比重在各区域中将会依然位居第一,但处于波动之中,随着中、西部和东北地区的快速发展,经济总量占全国比重的增长速度将会逐渐降低;东部地区实际利用外资占全国比重的降幅将会逐年小幅缩小;固定资产投资占全国比重,在"十二五"初期下降速度将会减缓,在"十二五"中、后期占全国比重将继续降低,且降低幅度大于初期阶段;对外贸易将会逐渐摆脱金融危机的不利影响,占全国比重为上升趋势,且依然处于绝对优势。

2. 中部地区在全国地位略有上升,上升速度先降低后上升

中部地区经济增长速度将会加快,但由于东部经济发展基础及发展水平的恢复,以及促进中部崛起政策的时滞性,中部地区经济总量占全国比重在"十二五"初期变化不显著,中、后期增长速度将缓慢增快;实际利用外资总额将会出现正增长的压力较大,即使出现,增长速度也不明显,在中、后期阶段,占全国比重将会呈正增长态势,但增速较缓慢;"十二五"初期,固定资产投资占全国比重的增长幅度将比2009年有所减缓,中、后期占全国比重将会保持增长态势,但提高幅度较小;"十二五"初期,进出口总额占全国比重也保持降低态势,但降低速度放缓,

中、后期如果促进中部崛起的政策落实到位,则中部地区的进出口增长速度将加快,占全国比重逐渐由降低转化为增长态势。

3. 西部地区将会在波动中继续保持增长态势

"十二五"时期,随着西部大开发政策的落实,以及开发力度的加大,西部地区金融的可持续发展,生态环境的改善和资源型城市的转型,西部地区的经济将会获得更快的发展,经济总量占全国比重也会稳步上升,但上升幅度比较平缓;"十二五"初期和中期,实际利用外资占全国比重上升幅度将会相对放缓,后期阶段,将会出现增长态势;"十二五"初期阶段,西部地区固定资产投资占全国比重将会继续保持增长态势,但增长速度会低于2009年,中、后期占全国比重的增长速度比初期阶段有所提高,但幅度较小;"十二五"初期,西部地区进出口总额占全国比重也将保持增长态势,但增长速度放缓,中、后期的增长速度将略有上升。

4. 经济危机对东北的影响可能加深,综合实力发展速度趋缓

经济危机对东北地区经济增长的影响可能会加深,经济总量占全国比重难以继续保持增长态势,到"十二五"后期,可能出现略微上涨;"十二五"初期和中期,实际利用外资占全国比重将会降低,如果促进东北振兴的政策得到真正的实施,到"十二五"后期,东北实际利用外资占全国比重将会出现略微上涨;在"十二五"初期,固定资产投资占全国比重的增速放缓,在"十二五"中、后期,将会保持增长态势,且增长速度较缓慢;"十二五"初期,进出口总额占全国比重将逐渐缓慢回升,中、后期增长速度的快慢则取决于老工业企业的转型速度、转型后的经营状况及产品的国际竞争力。

五、"十二五"时期我国区域政策调整的方向和重点

(一)"十二五"时期我国区域政策调整方向

"十二五"时期,要在区域政策规范化的基础上建立健全区域政策体

系，实施更加具有针对性的差别化区域政策，着力解决关键问题，重视区域自我发展能力的培育，扶持问题区域发展，构建良好的区域利益协调机制，以形成分工合理、良性互动的区域协调发展新格局。

1. 进一步规范区域政策调控手段，建立健全区域政策体系

（1）进一步完善区域政策调控手段。目前，我国区域政策调控手段仍以行政手段和经济手段为主，法律手段相对很少，而法律调控手段在促进经济发展方面有明显优势。应加快区域协调发展条例的研究制定工作（国家发展改革委地区经济司，2009），尽快出台相关法规，促进我国区域政策的科学性、连续性、高效性和透明性，为区域政策的制定和实施提供良好的制度环境，以保证区域政策的正常执行和监督评价，提高资源配置效率。

（2）进一步规范转移支付。目前我国的转移支付以专项转移支付为主，透明度有待提高，使得"跑部钱进"现象非常严重，转移支付的对象、范围、力度随意性很大，大大降低了转移支付的效率。应着力改变这种局面，提高转移支付的效率，由以专项转移支付为主、一般转移支付为辅转变为以一般转移支付为主、专项转移支付为辅。

（3）明确中央和地方政府的职责分工。中央政府与省级政府各司其职，各有各自的管辖范围。明确中央政府与地方政府及各开发区域的事权与财权。中央政府应主要考虑不同区域间的利益，而地方政府主要考虑在本区域中各主体间的利益。制定中央与地方政府分工明确、责权对等的资金投入政策。

（4）尽快制定《问题区域援助法》。构建规范、合理的问题区域识别标准。我国至少有六类问题区域：发展落后的贫困地区；结构单一的资源型地区；处于衰退中的老工业基地；财政包袱沉重的粮食主产区；各种矛盾交融的边境地区；库区。除贫困地区以外，我国基本还没有对其他问题区域的划分框架，由此导致对问题区域援助的不规范。要尽快制定《问题区域援助法》，建立规范化的识别标准与援助机制，按区域问题的性质和严重性合理划分问题区域，以此作为国家援助和支持的地域单元，并按照规范化的援助机制实施相应的援助政策。

2. 着力解决区域关键问题，促进区域健康发展

（1）加快已有政策的落实力度。我国目前的大多数区域政策仍然停留在战略层次，政策的可操作性不足（张可云，2009）。"十二五"时期，应注重将区域政策具体化，由战略层面进入操作层面，着重解决操作层面的问题，增加政策的针对性与可操作性。对于真正关乎全局的、已批复并涉及多省（区）的规划中央层面要切实执行，并给予政策上的优先考虑与倾斜，搞好规划实施的动态监测、定期评估、规划方案修订等配套工作；而对于那些仅有局部意义的规划，则由各省（区）负责落实。

（2）大力促进人口与产业空间分布的适度均衡。自改革开放以来，我国的经济生产活动持续向东部地区集中，但四大区域人口分布却保持相对稳定。由此形成两个不协调——工业生产与能源、原材料产地脱节；就业岗位与人口分布不协调。造成了大规模的农民工流动和大规模的资源调动，加剧运力紧张状况。2008年初的雪灾及其产生的严重影响就是很好的证明。为此，必须积极调整国家产业布局战略，适当控制东部地区的开发强度，提高承接国际产业转移和城市化的质量，加快促进产业升级步伐；提高中西部地区的产业配套能力，积极引导国外及沿海企业和资金在中西部和东北地区创造更多的就业机会；加快户籍制度和社会保障制度改革，使各地区产业布局与要素禀赋相互基本协调，改变人口的空间分布结构，以达到人口和产业在空间上的适度均衡。

（3）构建良好的区域利益协调机制与实现途径。现实大量的经济活动表明，决策者原来制定的区域政策在实践中往往并不能完全按其设想进行，相当部分的政策要么根本难以实施，要么与预期目标有较大差距，其主要症结之一就是区域利益的客观存在与忽视不同区域主体对区域利益追求的动机和途径的差异性。在某种程度上讲，区域利益的协调机制与实现途径在相当大的程度上决定了一项区域政策实施的效果。要构建良好的包括协调目标、协调内容、协调主体（政府、居民、企业与非政府组织）、协调手段与途径（财政政策、投资政策、产业政策等）、协调程序的完整的区域利益协调机制与实现途径（安树伟等，2009），促进区域协调发展。

（4）重视区域自我发展能力的培育。区域发展受多种因素影响，单纯依靠国家的扶持政策不足以支撑区域的长期健康发展，必须提高区域自我发展能力。"十二五"时期，应切实提升各区域在硬环境、软环境、产业配套能力以及自身财力等方面的实力。东部发达地区要加大提升综合环境实力，培育创新思维，加强创新型区域建设。在中西部地区，进一步提升公共服务水平，增强应对重大自然灾害及突发公共事件的能力，鼓励在不损害经济社会发展积极性的前提下设法增加落后地区财政收入，增强落后地区的自我发展能力。

（5）进一步提升重点区域发展水平，积极培育区域经济新增长极。2010 年中国城市化水平达到 47.5%，已处于以都市区化带动城市化、进而带动经济发展的新阶段。东部地区已经形成了几个较为成熟的城市群，长三角、珠三角和京津冀三大都市区已经进入了多个大都市区的空间联合阶段。中西部和东北的经济增长速度明显高于东部地区的事实表明，在中西部地区和东北，有可能形成一批支撑中国经济持续高速增长的新的主导地区，区域经济格局将由"牵引和被牵引时代"向"动车组时代"过渡。各地要加快发展，必须充分发挥重点经济区的带动作用，培育区域经济增长极，促进区域经济的快速协调发展。

（6）提高东部和东北的城市化质量，加快中西部地区城市化发展。2009 年东部的城市化水平为 56.7%，东北为 56.9%，这两个区域已经进入城市化发展的中期阶段和基本实现现代化的阶段；中部的城市化水平为 42.3%，西部为 39.4%，这两个区域刚刚进入城市化加速发展阶段。因此，对于东部和东北而言，城市化战略的重点是以现代化为主要内容的城市化，强化城市功能（洪银兴，刘志彪，范从来，2002），建设现代化的城市设施支撑体系，提高城市质量，建设中心区与郊区之间的快速公共交通通道，推进城乡整体的现代化；对于中西部地区而言，在大力提高城市化进程的同时，要突出城市成为市场中心、信息中心、服务中心、文化教育中心的内涵，提高中心城市的经济能量和对整个区域的辐射和带动作用。

（7）高度重视资源环境问题。改革开放 30 多年来是中国获取资源环境红利与付出资源环境代价并存的一个过程。发达国家近百年分阶段出现的污染问题，在中国改革开放的 30 年时间里集中爆发。全国生态环境由基本良好转化到总体恶化，发展规模的扩大使得资源利用效率提高的贡献被抵消，资源环境承受的压力日益增强（中国 21 世纪议程管理中心可持续发展战略研究组，2009）。当前我国整体上正处于工业化中期阶段，工业经济运行正处在企稳回升的关键时期，在努力实现"保增长"的过程中，要把大力推动产业结构调整放到更加重要的位置（工业和信息化部运行监测协调局,中国社科院工业经济研究所课题组,2009)。受经济危机的影响,东部地区向中西部产业转移的步伐进一步加快,中西部地区经济发展缓慢、技术相对落后、生态环境脆弱,在承接产业转移的过程中,要防止高耗能、高污染企业转移,以免加剧生态环境恶化。

3. 实施更加具有针对性的差别化政策

(1)对不同的问题区域区别对待。在使用规范化的识别标准对问题区域进行识别的基础上,按照规范化的援助机制,针对不同的问题区域,实行有差别的国家援助政策,并据此调整和完善国家区域政策体系。完善相关的财政、投资、产业、土地、人口管理、环境保护、区域补偿政策、绩效评价和政绩考核体系。

(2)对处于不同发展阶段和承担不同主体功能的区域"分类指导,区别对待"。国家制定的经济政策[①]是作用于经济运行过程本身的,对所有社会成员和地区是一致的,有可能无力解决甚至会加剧社会问题和区域问题,如区域差距长期存在或扩大、困难地区的发展与生存条件恶化等(张可云,2005)。从规范国土空间开发秩序角度来看,不同的区域承担着不同的主体功能,同时,目前我国不同区域所处发展阶段也不完全相同。应改变以往国家宏观调控上对不同地区的"一刀切"现象,实行因地制宜和分类管理,可以考虑对处于不同发展阶段的区域和承担不同主体功能的区域"分类指导,区别对待",实行差别化的政策。"十二五"时期应高度重视东部发达地区大都市区膨胀病问题,及早预防和治理(安树伟,2009);在中西部地区加快城市化步伐,促进大中小城市和小城镇协调发展。

(3)重视调节四大区域内部的发展差距问题。目前我国区域支持政策"泛化",区域政策对四大区域内各省份具有普适性。而区域内各地区的状况千差万别,同样的政策作用于不同情况的地区,可能会影响政策的执行效果。国家实行的支持政策应该较好地体现这种差别性,在区域内部实行有差别化的区域政策,改变目前的普惠制,使政策更有针对性。重视对区域内低收入省份的扶持力度,增强区域内省际间发展的协调性。

---

① 包括微观经济政策和宏观经济政策。

（二）"十二五" 时期我国区域政策调整重点

1. 切实提升东部地区国际竞争力

东部地区要率先提高自主创新能力，率先实现经济结构优化升级和增长方式转变，率先完善社会主义市场经济体制，在率先发展和改革中带动帮助中西部地区发展。加快政府职能转变和管理创新，构建服务型政府。加快推进先进制造业和生产性服务业的发展。着力引导企业提高自主创新能力，加大研发投入，加强关键技术、核心技术攻关，加快形成更多拥有自主知识产权的技术和产品。加强创新型区域建设，率先建成全国创新型区域。注重提高外资利用的质量和效益，提升在全球产业分工中的层次和地位，增强产业国际竞争力。要加快大都市区治理的法制化进程，完善城市规划编制、执行、监督和民主管理体制，强化政府的公共服务职能，加强城镇密集地区的整体协调，以解决东部大都市区的膨胀病（安树伟，2009）。加强对约束性指标的监控与绩效评价。加强土地需求调控，创新产业用地模式，合理控制土地开发强度，提高资源节约集约利用水平。切实加强环境保护和生态建设，大力发展低碳经济，增强区域可持续发展能力，率先建立资源节约型和环境友好型社会。加快海洋经济发展步伐（国家发展改革委地区经济司，2009）；支持海南国际旅游岛建设，继续深化农村综合改革，提高公共服务水平和层次，推进城乡统筹综合配套改革试验，建立以工促农、以城带乡的长效机制。加强地区内区域合作力度，加大对东部地区落后省份的扶持力度。

2. 大力促进中部地区崛起

统筹城乡发展，大力推进城市化进程，突出城市群对区域经济的带动作用。加快工业化进程，尽快形成沿长江、陇海、京广和京九"两横两纵"特色经济带。积极推进武汉城市圈、长株潭地区、中原城市群、环鄱阳湖生态经济区、皖江城市群等重点区域率先发展，加强统筹规划和协调，促进大中小城市和小城镇协调发展。加强基础设施建设，加快现代物流业的发展。提升政府服务水平，加快软环境的建设。提升产业配套能力，抓好承接产业转移示范区建设，积极有效承接产业转移。大力推进农业产业化经营，加强农业农村基础设施建设，以加强粮食生产基地建设为重点，积极发展现代农业，推进新农村建设。加强能源原材料基地和现代装备制造及高技术产业基地建设。拓宽融资渠道，努力发展循环经济，推进工业结构优化升级，提高资源节约和综合利用水平。加快建立和完善资源开发补偿机制和衰退产业援助机制。对重点资源枯竭型企业关闭破产、分离办社会职能、职工安置、沉陷区居民搬迁给予支持。加强开展煤炭工业可持续发展政策措施试点工作，探索实现煤炭工业可持续发展的有效途径。推进老工业基地振兴和资源型城市转型，发展县域经济。加快武汉城市圈、长株潭城市群"两型社会"改革试验区建设步伐，促进中部崛起的示范性基地建设。优先发展教育，切实增强基本医疗和公共卫生服务能力。鼓励中部地区与毗邻的沿海地区推进区域经济一体化建设。支持中部地区与东、西部地区在粮食、能源、原材料等方面建立长期稳定的合作关系。

3. 进一步深入推进西部大开发

积极推进成渝、关中—天水、广西北部湾等重点区域率先发展，加强统筹规划和协调，大力推进城市化，积极培育呼包鄂城市群、沿黄城市群、滇中城市群等一批新的增长极，促进大中小城市和小城镇协调发展。继续完善基础设施，围绕建立贯通国内外的大枢纽和大通道，加快构建现代化基础设施体系。加大生态环境保护和建设力度，积极推动清洁发展、循环发展、安全发展。促进生产型服务业特别是物流产业的发展，提高西部地区产业配套能力，积极承接东部地区产业转移。加快特色农业及农产品深加工、能源开发及高耗能产业、重要矿产资源开发及加工、装备制造业、高新技术产业、旅游产业等特色优势产业发展，加快用高新技术改造提升传统产业，积极推进园区化进程。进一步加大中央财政转移支付力度，加快发展以改善民生为重点的社会事业，切实解决教育、医疗卫生、就业、社会保障领域存在的突出矛盾，努力提高政府公共服务水平，切实推进基本公共服务均等化。积极推进资源税改革，建立与完善区域生态补偿政策。加大对西部地区落后省份的扶持力度，实行更加具有针对性的政策。加强成渝统筹城乡配套改革试点工作，探索统筹城乡协调发展新路径，着力缩小城乡差别，促进西部地区城乡经济社会一体化。推进实施生态脆弱地区生态移民工程，使西部地区人口分布、产业布局与资源环境承载能力相协调（魏后凯，蔡翼飞，2009）。

4. 全面振兴东北等老工业基地

切实转变发展机制，提高老工业基地振兴政策的执行效果。积极发展现代农业，强化粮食基地建设，积极发展与之相关的现代物流等现代服务业，推进农业规模化、标准化、机械化和产业化经营，提高商品率和附加值。加强农村基础设施建设。进一步深化体制改革，建立和完善现代企业制度与产权制度，推进国有经济战略性调整，积极培育和发展非公有制经济（安树伟，任媛，2009）。着力提高自主创新能力，进一步推进产业结构优化升级，做大做强装备制造、钢铁、石化、汽车等传统优势产业，做大高技术产业，积极培育新兴潜力型产业（国家发展改革委东北振兴司综合处，2009）；提高城市化质量，引导辽宁沿海等重点城市群（带）集聚发展；加快发展现代服务业，积极发展生产性服务业。扶持重点产业集聚区，推动辽宁沿海经济带、沈阳经济区、哈大齐工业走廊、长吉图经济区加快发展，打造东北振兴的主要载体。着力增加政府研究与开发资金投入，积极鼓励企业加大研发力度，鼓励优秀人才到老工业基地创业。继续支持资源型城市经济转型，建立多元化的投融资体制，拓宽融资渠道，推进建立和完善资源开发补偿机制与衰退产业援助机制，积极发展接续替代产业（安树伟，任媛，2009）。支持东北地区城市棚户区改造，加大城镇廉租房、经济适用房建设规模和国有林区棚户区、国有垦区危房、农村危房、危旧校舍改造力度（国家发展改革委东北振兴司综合处，2009）。多方面积极完善社会保障体系，多途径加强就业服务和就业管理。重视对老工业基地的工业遗产进行保护和再利用。充分发挥地区优势，加快区域合作进程，加快推进东北三省与蒙东地区的产业对接和合理分工。继续支持其他地区老工业基地的振兴。

5. 积极支持问题区域发展

积极制定、完善支持革命老区、民族地区、边疆地区、贫困地区、三峡库区、生态屏障地区等各种问题区域发展的专项规划。加大财政转移支付力度和财政性投资力度，改善基础设施条件，积极支持革命老区发展；积极发展民族教育事业，支持民族特色产业发展；扩大对外开放，促进边疆地区社会事业发展；提高贫困线标准，完善扶贫机制；统筹解决遗留问题，推动三峡库区的后续发展；完善生态补偿机制，促进具有重要生态功能的生态屏障地区的健康发展。

6. 加强区域合作，建立健全区域协调机制

从区域利益补偿机制、利益相关者的信息沟通与协商机制、激励与约束机制、合作机制、合理的绩效评估和政绩考核机制等方面入手构建区域协调机制。加强对区域一体化发展的支持。在政策鼓励上中央政府可以给予相关区域在组织编制和实施合作规划、设立区域发展资金等方面更多先行先试的机会和权力（国家发展改革委宏观经济研究院课题组，2009）。按照公共服务均等化原则，加大国家对欠发达地区的支持力度。

参考文献：

1. 2009 年 11 区域发展规划上升为国家战略 由粗放转为细分。http：//www.cnsb.cn/html/news/408/show_408734.html，2010 - 1 - 7.

2. 艾洪山：《基本公共服务均等化是扩内需促增长的新动力》，载《光明日报》，2010 年 1 月 5 日。

3. 安格斯·麦迪森：《中国经济的长期表现（公元 960 ~ 2030 年)》（第二版），上海人民出版社 2008 年版。

4. 安树伟：《中国大都市区膨胀病的产生与社会影响》，载《广东社会科学》2009 年第 4 期。

5. 安树伟：《中国大都市区膨胀病的国家治理政策》，载《改革与战略》2009 年第 3 期。

6. 安树伟等：《主体功能区建设中区域利益的协调机制与实现途径研究》，国家发展改革委国土整治事业费项目研究报告，2009 年。

7. 安树伟、任媛：《"十一五"以来我国区域经济发展的新态势与新特点》，载《发展研究》2009 年第 9 期。

8. 安树伟、王思薇：《西部大开发十年政策效应评价》，载姚慧琴、任宗哲：《西部蓝皮书：中国西部经济发展报告（2009)》，社会科学文献出版社 2009 年版。

9. 安树伟、郁鹏：《"十一五"以来我国区域经济运行态势及未来政策取向》，载《西南民族大学学报》（社会科学版）2008 年第 10 期。

10. 陈飞、高铁梅：《中国区域经济的结构变化及差异分析》，载《财经问题研究》2008 年第 6 期。

11. 符永康：《〈2007 年世界投资报告〉指中国和印度最具吸引力》，载《中国新闻网》，2007 年 10 月 16 日。

12. 工业和信息化部运行监测协调局、中国社会科学院工业经济研究所：《2009 年中国工业经济运行夏季报告》，http：//news. hexun. com/120820030. html，2009 - 08 - 27.

13. 国际货币基金组织：《国际货币基金组织 2007 年 10 月世界经济展望报告》。http：//www. forex. com. cn/html/2007 - 10/740853. htm. 2007 - 10 - 18.

14. 国家发展改革委：《珠江三角洲地区改革发展规划纲要（2008 ~ 2020 年)》，2008 年。

15. 国家发展改革委、国务院振兴东北地区等老工业基地领导小组办公室：《东北地区振兴规划》，2007 年。

16. 国家发展改革委地区经济司：《"十二五" 时期促进区域协调发展的基本思路与政策建议》，载《中国经贸导刊》2009 年第 19 期。

17. 国家发展改革委地区经济司：《我国区域协调发展 "十二五" 思路建议》，http：//www. sndrc. gov. cn/view. jsp？ID = 13389，2009 - 12 - 15.

18. 国家发展改革委东北振兴司综合处：《东北地区 2009 年上半年经济形势分析》，http：//dbzxs. ndrc. gov. cn/zxjb/t20090724_292431. htm，2009 - 07 - 24.

19. 国家发展改革委东北振兴司：《东北三省 2010 年上半年经济形势分析》。http://dbzxs. ndrc. gov. cn/zxjb/t20090724_292431. htm，2010 - 07 - 30.

20. 国家发展改革委发展规划司：《"十一五" 规划实施进展情况、面临的主要问题和应对措施》，载《宏观经济管理》2009 年第 3 期。

21. 国家发展改革委宏观经济研究院课题组：《推动区域协调发展的管理体制及机制研究》，载《宏观经济研究》2009 年第 7 期。

22. 国家环境保护部：《2008 年中国环境状况公报》，2009 年。

23. 国家统计局监测报告：《中国向小康社会又迈一步》，载《人民日报》（海外版），2009 年 12 月 28 日。

24. 洪银兴、刘志彪、范从来：《转轨时期中国经济运行与发展》，经济科学出版社 2002 年版。

25. 蒋枫：《从四大经济板块的比较看中国区域经济协调发展思路》，载《新疆农垦经济》2007 年第 10 期。

26. 李宪、刘勇：《我国区域经济发展态势分析与展望》，载《开放导报》2008 年第 6 期。

27. 廉思：《蚁族——大学毕业生聚居村实录》，广西师范大学出版社 2009 年版。

28. 刘奇葆：《关于产业转移和承接产业转移的调查》，http：//www. sznews. com，

2009 – 12 – 1.

29. 刘晓蓉、安树伟：《"十二五"时期我国区域经济发展环境分析》，载《西安财经学院学报》2010 年第 3 期。

30. 刘勇、李宪：《我国区域经济发展态势分析》，载《学习与实践》2008 年第 1 期。

31. 钱纳里：《发展的格局：1950～1970》，中国财政经济出版社 1989 年版。

32. 钱纳里：《工业化与经济增长的比较研究》，上海三联书店 1989 年版。

33. 孙新雷、郭鸿雁：《河南省工业化与城市化协调发展研究》，载《经济经纬》2003 年第 5 期。

34. 魏后凯：《金融危机对中国区域经济的影响及应对策略》，载《经济与管理研究》2009 年第 4 期。

35. 魏后凯、蔡翼飞：《西部大开发的成效与展望》，载《中国发展观察》2009 年第 10 期。

36. 《西部大开发》编辑部：《金融危机对西部地区经济冲击不可低估》，载《西部大开发》2009 年第 5 期（上）。

37. 肖明、顾敏：《高铁改变中国经济版图》，载《21 世纪经济报道》，2009 年 11 月 24 日。

38. 许召元、李善同：《近年来中国地区差距的变动趋势》，载《经济研究》2006 年第 7 期。

39. 张可云：《区域经济政策》，商务印书馆 2005 年版。

40. 张可云：《中国区域政策研究与实践缺陷和未来方向》，载《湖湘论坛》2009 年第 3 期。

41. 赵红岩：《产业链整合的演进与中国企业的发展》，载《当代财经》2008 年第 9 期。

42. 中国 21 世纪议程管理中心可持续发展战略研究组：《繁荣与代价——对改革开放 30 年中国发展的解读》，社会科学文献出版社 2009 年版。

第四章 "十二五"时期我国四大区域发展研究

一、"十二五"时期东部地区发展研究

"十一五"以来，东部地区受国际经济危机影响严重，在全国地位继续下降。其中，外向型经济发达，近期受经济危机影响较大；经济总量在全国仍占绝对优势，结构进一步优化；固定资产投资占全国比重继续下降；城乡居民收入增加，消费水平继续提高；地方财政收支增速回落（安树伟，任媛，2009）。下文在对"十一五"时期东部核心区发展情况分析的基础上，对"十二五"时期东部地区的发展重点及相关政策调整进行研究。

（一）"十一五"以来东部核心地区发展态势

1. 珠江三角洲

珠江三角洲是我国开放最早、市场经济发育最成熟、经济增长最快最活跃的地区，包括广州、深圳、珠海、佛山、江门、东莞、中山、惠州、肇庆9市。2008年虽然受金融危机影响较大，但"十一五"时期依然保持高速增长态势。2008年珠三角GDP达到29745.58亿元，占全国的9.8%。2009年1月，国务院发布的《珠江三角洲地区改革发展规划纲要（2008~2020）》指出：到2012年，珠江三角洲地区率先建成全面小康社会，人均地区生产总值达到80000元；到2020年，率先

基本实现现代化,人均地区生产总值达到 135000 元,超过现在台湾地区水平,实现从上中等收入水平向高收入国家和地区水平迈进的目标。①

"十一五"时期珠江三角洲核心城市之一深圳发展成果显著。2009 年深圳 GDP 达到 8201.0 亿元,居国内大中城市第四位;人均 GDP 达到 67321 元,居国内大中城市第一位。由于深圳经济具有高度外向型特征,国际经济危机的蔓延对深圳冲击巨大,进出口明显放缓,2009 年进出口总额下降了 9.9%。随着金融危机对我国经济的影响日益显现,正处于转型升级阶段的深圳面临的发展环境将更为复杂和困难。

"十一五"时期,深圳产业结构升级和经济发展方式转变步伐加快。2009 年,深圳第三产业增加值比重达到 53.3%,首次超过第二产业,呈现出"三、二、一"的产业结构。深圳把自主创新战略确立为城市发展的主导战略,作为深圳市第一支柱产业的高新技术产业发展迅速,2008 年深圳高新技术产品产值 8710.95 亿元,比上年增长 14.6%;高新技术产品增加值 2525.18 亿元,占全市 GDP 比重为 32.3%,位居国内各大城市首位。2008 年高新技术产品产值中,具有自主知识产权的产品产值达到 5148.17 亿元,占全部高新技术产品产值的比重为 59.1%。企业创新能力不断提高,2008 年全市专利申请量 36249 个。

2. 长江三角洲

2005 年长三角地区(包括江苏、浙江和上海)国内生产总值 40874.1 亿元,占全国比重为 22.3%,比 2000 年上升了 0.5 个百分点;2005～2007 年,经济持续稳定增长,2009 年国内生产总值达到 72494.1 亿元,占全国的比重为 21.3%,比 2005 年下降了 1.0 个百分点。2005 年长三角人均地区生产总值 34564 元,是全国平均水平的 146%;2005～2009 年,增长速度有所放缓,2009 年人均地区生产总值 48897.0 元,比全国平均水平高 91.0%(见表 4-1)。

① 国家发展和改革委员会:《珠江三角洲地区改革发展规划纲要(2008～2020 年)》,2008 年。

表 4-1　　　　　　　2000～2009 年长江三角洲发展情况

项目	年份	2000	2005	2006	2007	2008	2009
GDP	绝对数（亿元）	19494.9	40874.1	47657.2	56529.4	65497.7	72494.1
	占全国比重(%)	21.8	22.3	22.6	22.7	21.8	21.3
人均 GDP	绝对数（元）	18287	34564	39418	45822	51653	48897.0
	是全国的倍数	2.58	2.46	2.45	2.42	2.28	1.91
对外贸易总额	绝对数（亿美元）	1281.8	5217.0	6506.4	8095.0	9255.2	8041.8
	占全国比重(%)	27.0	36.7	37.0	37.2	36.1	36.4
固定资产投资	绝对数（亿元）	7132.3	18978.5	21582.4	25147.1	29212.9	34735.9
	占全国比重(%)	21.7	21.4	19.6	18.3	16.9	15.5
社会消费品零售总额	绝对数（亿元）	7023.0	13034.6	15308.9	17899.9	21640.3	29131.9
	占全国比重(%)	20.6	19.4	20.0	20.1	19.9	22.0
城镇居民人均可支配收入	绝对数（元）	9265.7	15752.7	17672.4	20191.7	22694	24666.8
	是全国的倍数	1.48	1.50	1.50	1.46	1.44	1.44
农村居民人均纯收入	绝对数（元）	4471.4	6759.3	7543.7	8349.3	9333.3	10164.3
	是全国的倍数	1.98	2.08	2.08	2.02	1.96	1.97
地方财政收入	绝对数（亿元）	1342.0	3823.2	4555.3	5989.8	7047.1	7911.6
	占全国比重(%)	20.9	25.3	24.9	25.4	24.6	24.3
地方财政支出	绝对数（亿元）	1076.9	4578.7	5273.3	6515.1	8073.8	9660.4
	占全国比重(%)	10.4	18.2	17.3	17.0	16.4	15.8

资料来源：根据国家统计局：《中国统计年鉴》（相关年份）整理。

　　长三角地区的中心城市上海，是亚洲重要的经济中心，在我国改革开放进程中起着重要的先导作用。2005 年 6 月，国务院正式批准上海浦东新区进行综合配套改革试点，核心内容是着力转变政府职能，转变经济运行方式，改变二元经济与社会结构，在浦东新区率先建立起完善的社会主义市场经济体制，为推动全国改革起示范作用。"十一五"时期，上海稳步推进综合配套改革试点工作，将综合配套改革试点与上海国际经济中心、金融中心、贸易中心、航运中心"四个中心"的建设紧密结合，进一步加快经济结构调整步伐（戚本超，景体华，2008），同时赋予浦东更大的自主发展权和自主改革权。

2008 年 6 月,《2008~2010 年浦东综合配套改革三年行动计划框架》发布,浦东新区继续在体制机制改革、扩大开放等方面发挥示范带头作用。2009 年地区生产总值达到 4001.39 亿元,比上年增长 10.5%(见表 4-2)。陆家嘴功能区域金融机构加速集聚,至 2009 年末已有 135 家跨国公司地区总部入驻浦东。全年外高桥保税区完成集装箱吞吐量 1353.8 万国际标准箱,比上年下降 12%。物流企业实现营业收入 2313.6 亿元,比上年下降 1%。张江高科技园区电子信息产品制造业完成工业总产值194.91 亿元,比上年下降 21%;生物医药制造业完成工业总产值 109.53亿元,增长 26.5%。金桥出口加工区完成工业总产值 2486.36 亿元,比上年增长 4.9%。

表 4-2   2009 年上海浦东新区主要经济指标

指标	数量	比上年增长(%)
增加值(亿元)	4001.39	10.5
工业总产值(亿元)	7038.19	6.7
固定资产投资总额(亿元)	1420.77	16.2
社会消费品零售总额(亿元)	859.63	14.4
外贸出口总额(亿美元)	576.50	-16.9
外商直接投资合同金额(亿美元)	55.29	0.3
外商直接投资实际到位金额(亿美元)	39.08	0.9

资料来源:上海市统计局:《2009 年上海市国民经济和社会发展统计公报》,2010 年。

3. 京津冀地区

京津冀地区是我国政治、文化、科教中心和重要的经济中心,国家重要的创新基地,我国北方沿海发展的战略支撑。"十一五"期间完成的《京津冀都市圈区域综合规划》,是我国"十一五"规划中先行启动的区域规划试点。成为继珠三角、长三角之后中国的第三个经济增长点。2009年京津冀地区生产总值 36910.36 亿元,占全国的 10.8%。

作为国家北方重要的新经济增长点,天津滨海新区发展势头强劲,辐射能力进一步增强,已成为环渤海地区经济发展的重要引擎。按照批复的《滨海新区综合配套改革方案》,滨海新区启动了 3 年实施计划综合配套改革试验已进入全面实施、全面推进的新阶段。

2009年天津滨海新区地区生产总值3810.67亿元，按可比价格计算，比上年增长23.5%（见图4-1）。主要经济指标保持较快增长，2009年完成工业总产值8223.99亿元，增长11.6%；固定资产投资完成2052.66亿元，增长49.2%；社会消费品零售总额451.24亿元，增长31.8%。天津经济技术开发区保持较快增长，总体指标继续在全国53个国家级经济技术开发区中位居第一。

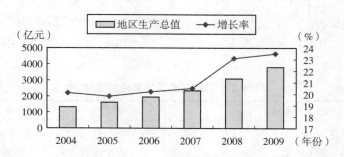

图4-1　2004～2009年天津滨海新区地区生产总值及增长速度

资料来源：天津市统计局：《2010年天津市国民经济和社会发展统计公报》，2010年。

4. 海峡西岸经济区

海峡西岸经济区以福建省为主体，由福建、赣东、浙南和粤东四个部分构成，覆盖了4个省30个市，是台商投资相对集中的地区。由于海西与台湾经济上有着很大的相似性，承接台湾的资金、技术和产业转移，通过跨省区域合作逐渐形成以厦门为龙头，以福州为重心，区域、城乡经济社会一体化发展的新格局。2008年在海峡两岸的"大三通"和全球经济危机的背景下，两岸的产业整合进程进一步加快。

国家"十一五"规划纲要明确指出，支持海峡西岸和其他台商投资相对集中地区的经济发展。"十一五"时期海峡两岸经济区取得了巨大的发展。2004～2009年，福建地区生产总值平均每年增加1000亿元，2009年达到17949.5亿元，居全国第12位，处于全国中上游水平；人均地区生产总值33051元，相当于全国平均水平的1.31倍，居全国第10位。

(二)"十一五"时期东部经济发展存在的问题

1. 经济增长过度依赖于投资,消费、出口对经济增长拉动不足

从总体来看,东部地区拉动经济增长的仍然是以投资为主。2009 年除北京、上海、浙江、广东四省市消费贡献率超过投资以外,其余各省市经济的增长均为投资主导型,其中天津投资贡献率超过消费 34.4 个百分点(见表 4-3)。

表 4-3　　　　2009 年东部地区三大需求对国内生产总值增长的贡献

地区	最终消费率		资本形成率		货物和服务净出口	
	贡献率(%)	拉动经济增长(%)	贡献率(%)	拉动经济增长(%)	贡献率(%)	拉动经济增长(%)
北京	55.6	8.83	43.2	6.86	1.2	0.19
天津	38.2	7.02	72.6	13.34	-10.8	-1.98
河北	41.9	2.71	53.8	3.48	4.3	0.28
山东	40	3.64	53.4	4.85	6.6	0.60
上海	51.3	5.05	45	4.43	3.7	0.36
江苏	41.7	5.70	51	6.97	7.3	1.00
浙江	46.4	3.25	46.1	3.23	7.5	0.52
福建	42.8	5.59	54.1	7.07	3.1	0.40
广东	47.1	5.00	37.9	4.02	15	1.59
海南	48.9	6.53	55.3	7.39	-4.2	-0.56

资料来源:根据国家统计局:《中国统计年鉴(2010)》,中国统计出版社 2010 年版整理。

与投资、消费对经济增长的带动作用相比,外贸对经济增长的贡献率和拉动作用均处于较低水平。"十一五"后期受金融危机影响,外贸的作用更为弱化。2006～2009 年,全国外贸净出口对经济增长贡献率由19.3%下降到 6.8%,拉动经济增长由 2.2 个百分点下降到 0.7 个百分点。从东部地区来看,外贸作用存在着明显的差异性。广东、江苏、山东外贸拉动作用较大,其余地区作用不明显。从东部整体而言,外贸对经济增长的带动作用仍然有待提高。

从长期来看,经济增长主要依赖于技术进步。从我国的实际来看,投资主导地位的形成有着特殊的背景。我国正处于工业化、城市化加快发展的阶段,需要充分发挥政府投资的重要作用以保持经济的持续稳定发展。一方面,企业和政府储蓄率的上升使我国储蓄率一直保持较高水平,为投资提供了经济来源;另一方面,我国经济增长属于外延扩张为主的粗放型经济发展方式,发展经济主要依靠增加投入,追求数量扩张,在以高投入、高消耗为主要特征的粗放型经济发展方式下,投资效率不高进一步加剧了投资规模膨胀,导致投资率保持较高水平。① 在金融危机大背景下,中国出口放缓,美国、欧元区、日本等经济体经济低迷,投资已成为中国经济增长最大的支柱。在适度宽松的货币政策和积极的财政政策的支持下,投资规模进一步扩大。我国出台了不少扩内需保增长的政策措施,尤其是4万亿元投资的拉动效应,对我国经济保持较快增长、扭转下滑趋势,发挥了重要的积极作用。

投资主导型经济发展方式从短期来看对我国经济增长是有帮助的,但是从中长期来看,消费才是拉动经济整体增长的最终动力,中国经济的长期稳定增长也应依赖于消费的增长。对于东部沿海地区投资主导型的省市而言,随着国家投资主要向农村地区、中西部倾斜,如何从投资主导型向消费主导型转变,如何在外需萎缩、内需不足的情况下保持经济的稳定发展,是目前面临的亟待解决的问题之一。

2. 外贸形势不容乐观

2008年之前,东部地区对外贸易增长迅速,拉动了整个东部地区经济的增长,增加了财税收入和就业,为东部经济增长作出了巨大贡献。由于东部地区经济外向度较高②,2008年以来,尤其是2009年受金融危机影响较大,外部需求下降,加上贸易保护主义抬头,出口增幅较上年明显回落(见表4-4)。

---

① 国家发展和改革委员会固定资产投资司:《投资与 GDP 增长关系的分析及政策建议》。http://www.sdpc.gov.cn/zjgx/t20050804_38749.htm.
② 2009 年东部地区外贸依存度为 67.6%,全国为 44.3%。

表4-4　　　　**2009年东部部分省（市）出口总额、占全国比重及增速**

地　区	进出口总额（亿美元）	占全国比重（%）	2009年增速（%）	2008年增速（%）
北　京	21473305	9.73	-0.21	17.2
天　津	6383123.4	2.89	-0.21	9.4
河　北	2962725.2	1.34	-0.23	16.9
上　海	27771361	12.58	-0.14	17.6
江　苏	33873970	15.34	-0.14	20.3
浙　江	18773086	8.50	-0.11	23.9
江　西	1277878.2	0.58	-0.06	17.2
山　东	13905337	6.30	-0.12	9.4
广　东	61109405	27.68	-0.11	16.9
海　南	488163.3	0.22	0.08	17.6

资料来源：根据各省统计局网站资料整理。

（1）对外贸易过于集中。东部地区主要贸易伙伴以欧美发达国家为主。以2009年我国进出口总额居全国前两位的广东和上海为例，2009年上海与欧盟、美国、日本三大主要经济体的贸易总额占到全省进出口总额的60.1%；广东对欧盟、美国和香港三个市场的出口总额占全省进出口总额的一半以上。由于全球性经济危机对发达经济体冲击巨大，外部市场需求严重萎缩，外贸出口增幅大幅下降，给东部沿海地区经济发展带来很大压力。虽然2009年下半年主要发达国家经济增长结束了下降趋势，经济开始复苏，但经济增长内在动力仍然不足，许多深层次矛盾和问题尚未根本解决，短期内难以明显恢复。2009年世界经济下降0.6%，是"二战"以来的最低水平。其中，美国、法国、德国和日本分别下降2.4%、3.5%、4.9%和5.2%。对外贸易过分集中于欧美发达国家使东部地区出口增长仍然面临诸多困难。

（2）外商投资企业成为对外贸易主力军，降低了经济抗风险的能力。在我国进出口贸易总额中，外商投资企业成为主力军，2009年其进出口总额占全国比重达到55%，在东南沿海地区这一比重更高。除浙江外，东南沿海地区外商投资企业进出口总额占进出口贸易总额比重均在55%以上，其中江苏高达76.7%，天津70.3%，对外资的较高依赖降低了经济抗风险的能力（见表4-5）。

表 4–5 2009 年东部各省（市）外商投资企业进出口额占进出口贸易总额比重

	北京	天津	河北	山东	江苏	浙江	上海	福建	广东	海南
比重（%）	24.8	70.3	45.3	54.4	76.7	36.9	67.2	55.0	62.6	61.7

资料来源：根据各省（市）2010 年统计年鉴计算得出。

"十一五"期间，东部地区高新技术产品出口稳步增长。2009 年上半年广东省出口高新技术产品 564.7 亿美元，其中外商投资企业出口高新技术产品 420.9 亿美元，占出口总值的 74.5%，但缺少自有品牌和自主知识产权的产品，高新技术的本土拥有率很低。

（3）外贸质量和水平偏低。我国对外贸易的一个重要特色是以加工贸易为主，有相当一部分是劳动密集型产品。2009 年加工贸易出口额占外贸总出口额的 48.8%，东部一些省市这一比例更高，广东 62.6%，江苏 61.5%，上海 57.4%。全球价值链体系（设计、制造、销售）中呈现两头高中间低的"U 型曲线"结构①，产品设计和品牌销售高居于两端，汲取了整个价值链中的绝大部分附加价值；而处于中间的制造环节获得的附加值最低，受到金融危机的冲击最强，产品出口的增值空间有限。

3. "都市膨胀病"开始出现

大都市区是世界城市化进程中的普遍现象，2010 年我国城市化水平达到 47.5%，已处于以都市区化带动城市化的新阶段。随着经济发展阶段的变化，东部沿海发达地区将陆续达到中等发达国家的水平。从发展阶段来看，东部部分发达城市的经济实力已经达到了中等发达水平。这也意味着膨胀问题可能会在一些较发达地区的城市出现。

4. 产业结构趋同

环渤海地区已遍布石油化工加工产业，千万吨级大炼油项目就有多个，大连、天津、青岛同为大炼油所在地。环渤海沿线的炼油规模已接近甚至超过 1 亿吨水平，且多为产业链上游的石油加工。环渤海地区产业同构现象十分严重，部分产业产能过剩，使得这一地区环境承载力不足

---

① 江苏省统计局：《危中有机　前景广阔——2008 年江苏高新技术产业发展简述》，http://www.jssb.gov.cn/jstj/fxxx/tjfx/200907/t20090702_109623.htm。

（郝寿义，2009）。

在长三角16个城市的产业规划中，有11个城市把汽车产业选为主导产业，有12个城市选择通信行业，选择石化产业的城市也达到8个。苏南的苏（州）、（无）锡、常（州）三市排名前5位的产业几乎一致。

根据中山大学城市与区域研究中心的调查，珠三角9个城市中工业结构相似系数超过90%的有5对，其中珠海与东莞、东莞与深圳相似系数分别达到95.83%和97.02%；9个城市的工业产值47%以上集中在食品、纺织、机械、电气、电子及通信设备5个行业（李龙，2009）。产业同构不仅使区域内各城市之间的无序竞争愈演愈烈，同时还造成了城市间的重复建设和资源浪费。

5. 港口分工不明确，港口之间存在过度竞争

东部各大区域港口密集，彼此之间的竞争呈异常激烈之势。缺乏分工、重复投资导致港口功能、产业结构趋同。港口功能趋于重叠，港口城市趋于向集装箱运输方向强化。各地港口之间缺乏合理分工、重复投资，导致港航产业结构、职能同化现象较为突出，港口结构性矛盾突出，使各区域港口整体效应发挥受到抑制。

由于受行政区划分割体制的影响，港口之间缺乏有效的合作，港口功能定位不明确，在货源争夺上恶性竞争。各区域内的港口由于拥有交叉的经济腹地，因此拥有相同的货源、相同的客户，甚至拥有相近的设施条件和相同的经营手段，彼此之间差异性小。在重复建设的情况下，港口争夺货源唯一的手段就是降价。这样，一方面装卸费用不断下降，另一方面对服务水平的不断提高而导致成本不断上升，从而使港口巨大的投入只换回很低的回报（王晓琳，2008）。

（三）"十二五"时期东部地区面临的发展环境

1. 国际环境

（1）世界经济进入调整期。"十一五"前期全球经济快速发展，后期受金融危机影响增速放缓，主要发达国家甚至出现负增长。2009年经济危机影响继续，全球经济进入调整期。我国东部地区面临的发展环境仍然

严峻，这一形势将会持续到"十二五"前期。

东部地区经济外向度高，受国际金融危机影响较大，各主要经济指标同比增速大幅降低。2008年，东、中、西部和东北地区GDP增速同比分别回落了3.3、2.1、2.1和0.7个百分点，东部地区降幅最大；进出口贸易总额同比分别增长16.2%、33.6%、35.8%和24.8%，增幅同比分别回落6.2、4.1、0.5和1.1个百分点，东部地区回落最大（国家发展改革委地区经济司，2009）。从短期来看，由于各主要经济发达体经济走势不乐观，对外贸易依存度较高的东部地区在未来几年发展将有所放缓，在全国的地位将呈不断下降的趋势。国家4万亿元投资计划中有相当一部分是投向中西部，中西部在全国的地位也将逐步上升。中西部受金融危机的影响小于东部，如果能抓住机遇，将会进一步缩小与东部地区的相对差距。

（2）贸易保护主义有所抬头。国际经济危机爆发后，许多国家在恢复金融体系的同时，陆续出台了各种贸易限制和保护措施，贸易壁垒的门槛也越来越高，以优先解决本国就业、产业发展等问题。这对我国出口构成了不小的冲击。如欧盟出台了新的玩具安全指令，以提高玩具的质量、安全性为由限制进口我国玩具；美国宣布对我国输美床用内置弹簧组产品征反倾销税；此外还有美国的轮胎特保案、欧盟对我国征收的无缝钢管反倾销税等；2009年2月，美国通过的8380亿美元经济刺激计划中规定必须使用本国制造的产品。贸易保护主义的盛行加剧了各国间的贸易摩擦。我国东部地区经济外向度较高，面临的对外贸易环境日趋恶化，出口增长的压力增大。

（3）低碳经济时代到来。2009年12月，联合国气候变化大会在哥本哈根召开，发展低碳经济成为全球共识。我国政府也提出了"开展低碳经济试点，努力控制温室气体排放。"在此背景下，我国将面临着调整能源结构的挑战，企业也同样面临着节能减排的压力。

2. 国内环境

（1）国家区域协调发展战略趋于完善。1995年中共十四届五中全会将"坚持区域经济协调发展，逐步缩小地区发展差距"作为我国区域发展的9条重要方针之一。1999年西部大开发战略开始实施；2003年发布了《中共中央、国务院关于实施东北地区等老工业基地振兴战略的若干意见》；

2006 年发布了《中共中央、国务院关于促进中部地区崛起的若干意见》；2009 年国务院批复了 7 个区域规划，我国新的区域经济版图逐渐成型。

与此同时，东部高速发展带来的另一突出问题表现在资源短缺、环境恶化现象严重。国家"十一五"规划纲要及中共十七大报告均把社会发展和环境保护纳入区域发展战略框架，丰富和发展了区域协调发展总体战略。

从"十五"后期开始，东部地区与其他区域之间经济增长速度的差距呈逐步缩小趋势。在经济总量上，东部地区国内生产总值占全国的比重在 2006 年达到最高点（55.7%）之后，占全国比重呈下降趋势。2009 年受国际金融危机的影响，东部地区国内生产总值占全国的 53.8%，比 2008 年下降 0.5 个百分点，而中、西部和东北地区在全国地位逐步提高。

（2）国家高度重视科学发展与和谐社会建设。坚持科学发展观，构建社会主义和谐社会，不仅是当前我国统领经济社会发展全局的重要指导思想，而且也是实现全面建设小康社会和建设社会主义现代化国家必须长期坚持的重要指导思想。在"十二五"时期，包括东部地区在内的我国区域发展政策都要以坚持科学发展观为根本原则，以构建和谐社会为目标。

（3）区域内部合作加强使区域外部竞争更加激烈。"十一五"时期，东部三大经济区域珠三角、长三角以及京津冀地区内部区域一体化进程进一步加快，合作机制不断完善，都市圈正在形成。随着区域内部合作的加强，各区域之间的竞争也越来越激烈。如何协调三大区域之间的关系，是"十二五"东部区域政策调整应重点考虑的内容。

（4）大部分地区进入工业化中期向后期转变阶段。一般来说，一个国家或地区的人均 GDP 达到 10000 美元，处于上中等收入经济阶段和工业化后期，人均 GDP 达到 12000 美元，将进入到高收入经济阶段和后工业化阶段。按汇率计算，2009 年深圳人均 GDP 已达到 13474 美元，广州 16827 美元，上海 15734 美元，宁波 11099 美元，北京 14278 美元，天津 11236 美元，整个东部地区达到 5973 美元，表明我国东部大部分地区进入了工业化中期向后期转变阶段。

（5）人口老龄化的到来。2009 年我国 65 岁以上人口占总人口的 8.5%，表明已经进入老龄化社会。老龄化社会意味着劳动力的供给不足，市场需求减少，社会服务和医疗卫生产品的需求越来越大，影响经济社会发展。"十二五"时期我国将仍然处于加速老龄化时期,经济发展面临巨大挑战。

(四)"十二五"时期东部地区的发展方向

东部地区的率先发展是区域协调发展的前提和基础,中国经济的快速发展离不开东部地区的示范、辐射和带动作用(韩慈,2009)。如果东部地区经济出现停滞或倒退,带来的负面影响将更大。在国际金融危机背景下,这一要求显得更为迫切。因此,"十二五"时期东部地区仍然要以切实提高产业国际竞争力为主线,提高工业化质量,形成以高端技术制造业为主,具有强大辐射能力的产业集群;大力发展循环经济、低碳经济,改善生态环境,提高人民生活质量;加快发展生产性现代服务业,提高第三产业在经济中的比重;鼓励产学研相结合,加快人才高地建设,构建自主创新体系;在加快东部地区产业向中西部地区进行转移的同时,积极承接国际产业转移,提高承接国际产业转移的质量;解决大都市区膨胀病,妥善处理新旧发展空间的关系;以构建利益协调机制为切入点,形成整个东部地区区域一体化发展的共赢格局。

(五)"十二五"时期东部地区加快发展的政策建议

1. 促进产业结构调整升级

充分发挥高新技术人员相对集中、技术水平高、产业配套好的优势,优先发展高新技术产业和具有比较优势的先进制造业和现代服务业,努力发展精深加工以及高端服务和产品,主动引导劳动密集型和一般低附加值产业向中西部地区转移。全球性经济危机也是全球产业重组和企业并购活动的活跃期,东部地区要抓住时机全面提升外向型经济水平。在利用外资方面继续引进国外先进技术和管理经验,提高外资利用的质量和效益,提升在全球产业分工中的地位,增强国际竞争力。

2. 加快转变经济发展方式

东部地区土地资源相对紧张,资源环境承载力较弱,更应该注重节约利用资源和保护环境,提高资源、能源的利用效率。要加大执法力度,降低主要污染物排放和能耗指标,切实加强生态环境保护,遏制耕地过度消耗和环境污染加剧的趋势,改善人居环境。完善环境标准,提高环保和能耗门槛,引导转移占地多、消耗高的加工业和劳动密集型产业,提高经济增长质量和效益。

3. 继续鼓励自主创新

东部地区解决诸多问题的根本出路在于提高自主创新能力,创造出有自主知识产权的国产品牌,增强核心竞争力。只有东部创新水平提高了,才能带动我国整体创新能力的提高。加快自主创新步伐,继续深化改革,重视企业在技术创新中的重要作用,为企业创造良好的创新环境。要引导企业增加 R&D 投入,使企业成为研究开发的主体,推动企业尤其是大企业建立研究开发机构,促进企业、高等院校、科研机构之间的知识交流和技术转移,努力提高东部地区的自主创新能力。

4. 提高消费对经济增长的贡献率

东部地区基础设施已经较为完善,和中西部地区相比投资需求较小;随着西部大开发、中部崛起、振兴东北等政策的继续实施,在国家缩小地区差距、促进区域协调发展的方针指引下,投资将主要向中西部和东北等欠发达地区倾斜。在投资规模比例相对缩小的情况下,未来东部地区的经济增长要尽快转向以消费拉动为主。扩大内需首先要提高城乡居民尤其是中低收入者的收入水平,使收入分配结构由财产、权力分配转向包含劳动在内的各种生产要素之间的平衡分配,缩小收入差距;采取措施促进农村消费需求,把开拓农村市场作为扩大内需的重要内容;完善社会保障制度,建立相对完备的养老、医疗、失业等机制,尤其要保障下岗失业人员基本生活;积极培育旅游、社会养老等新的消费增长点。

5. 调整外贸结构,努力扩大出口

加快企业自主创新步伐,积极推动高新技术产品研发,提高高附加值产品、核心技术产品以及自主品牌产品的出口比重,优化出口产品结构。使劳动密集型产品出口向技术知识型产品出口转变、资源性产品出口向高附加值型产品出口转变、加工生产型出口向品牌创新型出口转变。

积极拓展欧美等经济发达国家以外的出口市场,如拉美、非洲以及东南亚等周边国家,通过外贸市场的多元化减少国际经济危机的冲击,提高抗击风险能力。

6. 加快区域产业转移步伐,积极承接国际产业转移

东部地区各地发展水平不一,即使在同一区域内也存在着不同发展水平的地区,因此在向中西部地区进行产业转移的同时,也要加快东部各区域内部之间的产业转移,如北京、天津对河北省的产业转移。应有选择地承接国际产业转移,不仅要关注吸纳 FDI 的规模,更应将国际产业转移纳入到自身经济发展的规划和体系中,提高承接国际产业转移的质量。

虽然市场机制在产业转移过程中起主要作用,但政府间的合作和沟通往往对区域间产业转移有着重要影响,政府行为如对企业的税收优惠、制定严格的环境保护措施等可以促进或制约产业转移在区域间的进行。因此,需要加强政府间的合作和沟通,以协调区域间的产业转移。

7. 积极治理"都市膨胀病"

完善城市规划编制、执行、监督和民主管理体制;制定科学合理的城市领导政绩考核制度和考核体系,对城市领导的政绩考核,要对城市在经营、管理、规划城市的发展中所做的工作业绩进行全面考核和评估,要全面地将环境保护、资源节约、社会发展、人文指标列入领导干部政绩考核体系中;改善都市区发展环境,加强城镇密集地区的整体协调,要按照互惠互利、优势互补、共同发展的原则,在尊重和兼顾都市区内各方利益的基础上,加强协调和协作;采取各种手段解决大都市圈的交通拥堵问题,如构筑一体化的大都市区交通圈,优先发展公共交通,在大都市区范围内建立以步行交通为主的次中心,利用经济杠杆限制和引导家用汽车的使用,采用先进技术有效疏导交通等;通过经济手段切实解决城市环境污染问题等(安树伟,2009)。

二、"十二五"时期中部地区发展研究

中部地区位于我国内陆腹地,包括山西、安徽、江西、河南、湖北、

湖南 6 省，2009 年总人口 35603.5 万人，具有承东启西、连南通北的区位优势，在我国经济社会发展中具有重要地位。实施中部崛起战略，是国家层面一项重大战略决策。"十一五"时期，中部崛起政策效果明显，经济社会发展取得巨大成就，投资环境进一步优化，人民生活水平不断提高。"十二五"时期，是我国实现全面建设小康社会奋斗目标承上启下的关键时期，是深入贯彻落实科学发展观、构建社会主义和谐社会的重要时期，是深化重要领域和关键环节改革的攻坚时期。在国内外发展环境错综复杂、不确定因素增多的背景下，"十二五"期间对中部地区的发展重点及相关政策调整进行研究，对于中部地区在新形势下的崛起具有重大意义。

（一）"十一五"以来促进中部崛起政策效果明显

"十一五"以来，中部地区经济总量持续增加，在全国地位呈上升趋势；固定资产投资快速增长，在全国的比重不断攀升；地方财政收支快速增长，主要工农业产品产量稳步增长[①]；对外贸易快速增长，在全国地位有所上升（安树伟，任媛，2009）。

中部地区"综合交通枢纽"的地位进一步凸显。中部地区承东启西、连南通北的区位优势明显，郑州、武汉等历来是我国重要的综合交通枢纽城市。近年来，高速铁路、高速公路的规划、建设和运营，进一步彰显了中部地区的这一优势，中部地区综合交通枢纽地位进一步凸显。2008 年以来，石（家庄）太（原）、武（汉）广（州）、郑（州）西（安）等客运专线相继通车运营，有效地改善了中部地区交通状况，极大缩短了与周边省份的时间距离。

2005 ~ 2009 年，中部地区高速公路发展迅速，高速公路通车里程由 10476 公里增长到 17545 公里，增长了 67.5%，占全国高速公路总里程的比重由 25.5% 提高到 27.0%。2009 年河南省高速公路达 4861 公里，位居全国第一；湖北省高速公路总里程达到 3283 公里，安徽省 2810 公里，高

---

① 2009 年中部地区原煤、原油、粗钢产量和发电量分别为 10.6 亿吨、555.4 万吨、11855 万吨和 8628.4 亿千瓦/时，占全国的比重分别为 35.9%、2.9%、20.7% 和 23.2%。2005 ~ 2009 年，中部地区原煤产量增长了 15.1%，占全国的比重下降了 5.9 个百分点；原油产量下降了 5.1%，占全国的比重下降了 0.3 个百分点；粗钢产量增长了 58.0%，占全国的比重下降了 0.5 个百分点；发电量增长了 51.8%，占全国的比重上升了 0.5 个百分点。

速公路通车里程进入全国前十位；江西省达到 2401 公里，湖南省为 2226 公里，通车里程也大幅增长。

（二）中部地区发展中面临的突出问题

1. 城市化水平偏低，滞后于工业化

2000～2005 年，中部地区城市化水平由 29.7% 上升到 36.5%，提高了 6.8 个百分点，但仍低于全国平均水平 6.5 个百分点。2009 年中部地区城市化水平为 42.3%，仍然低于全国 4.3 个百分点，与全国的差距呈现缩小的趋势，但与全国其他区域相比，中部地区的城市化水平仅略高于西部，与东部和东北有较大差距。

实践证明，工业化与城市化必须协调均衡发展，国民经济才能全面协调可持续发展。长期以来，中部地区城市化滞后于工业化。改革开放以来，中部地区工业化和城市化水平的差距一度呈现扩大趋势，1990 年年末到 2002 年，二者的差距呈现缩小的趋势，大约稳定在 11%。但 2005 年以来，工业化水平和城市化水平的差距又明显扩大（见图 4-2）。

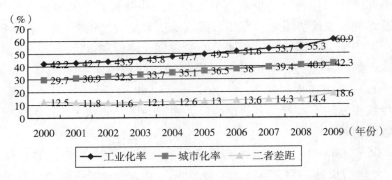

图 4-2 2000～2009 年中部地区工业化率和城市化率变化趋势

注：工业化率＝非农就业人员/全部就业人员；城市化率＝年末城镇人口/总人口。
资料来源：国家统计局：《中国统计年鉴》（2000～2010），中国统计出版社；国家统计局国民经济综合统计司：《新中国五十五年统计资料汇编》，中国统计出版社 2005 年版。

中部地区城市化和工业化不协调表现为低成本的工业化进程和高成本的城市化进程的不协调（完世伟，2008）。中部地区中心城市辐射带动作用还不强，武汉城市圈、中原城市群、长株潭城市群以及皖江城市带等尚

未成为真正意义上的区域经济增长极。

2. 经济结构层次低，优化升级缓慢

产业结构水平低。2005 年，中部地区三次产业结构为 16.7∶46.8∶36.5，第一产业高于同期全国平均水平 4.1 个百分点，第二产业和第三产业分别低于同期全国平均水平 0.7 和 3.4 个百分点。2009 年中部地区三次产业结构为 13.6∶50.4∶36.0，与 2005 年相比，第一产业下降了 3.1 个百分点，第二产业上升了 3.6 个百分点，第三产业下降 0.5 个百分点（见图 4－3）。与同期全国平均水平相比，第一产业仍然偏高 3.3 个百分点，第二产业偏高 4.1 个百分点，第三产业偏低 7.4 个百分点。总体来说，中部地区第二产业比重的快速上升主要得益于能源和原材料工业的发展，第三产业发展徘徊不前，严重制约区域经济的整体快速发展。值得一提的是，中部地区内部产业结构趋同现象非常严重（刘洋等，2009）。

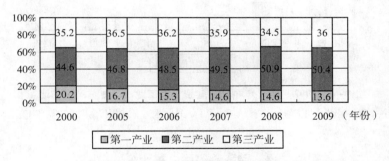

图 4－3 2000～2009 年中部地区三次产业结构变化趋势

资料来源：国家统计局：《中国统计年鉴》（2000～2010）整理。

失业率较高。2005 年以来，中部地区城镇登记失业率一直徘徊在 3.8% 左右。2009 年年末，中部地区城镇登记失业人员 220.6 万人，其中湖北、湖南城镇登记失业率分别为 4.2%、4.1%，与全国其他省份相比，这一比例是比较高的。这验证了结构升级和创造就业之间的某种反向关系，也为未来中部实现崛起提出了新的要求。

3. 资源型城市转型任务艰巨

中部地区山西、河南和安徽资源型产业比重比较高。中部在能源禀

赋上具有比较优势，既是能源资源大省同时也是能源浪费大省，经济发展方式的粗放型特征十分明显（张平，张赟，2006）。1997～2007年，中部地区资源型工业占工业总产值的比重持续上升，资源型产业内部以自然资源为原料的加工业比重也明显上升，资源型产业内部结构升级趋势不明显（见图4-4）。以山西省为例，长期以来煤炭产业"一业独大"，经济发展对资源的依赖性很强，资源型经济的特征十分明显。煤炭经营方式粗放，生态环境破坏严重，煤炭企业负担沉重，社会问题突出，城市基础设施落后，历史欠账很大，面对资源的枯竭，发展非煤产业难度很大。

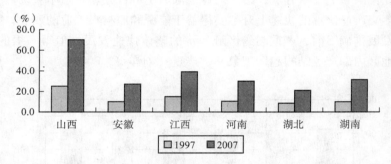

图4-4 1997～2007年中部各省资源型工业占工业总产值的比重

资料来源：《金融危机下的我国资源型产业结构调整问题》，载中国传动网，2009年12月18日。

4. "三农"问题严重，制约区域经济整体发展

2009年中部地区总人口占全国的27.0%，其中农村人口2.056亿人，占全国28.8%，农村人口比重为57.7%[①]，农民工规模大，农村剩余劳动力数量大。中部地区劳动力结构和增加值结构之间有较大反差，表明第一产业中存在大量的剩余劳动力（张占东，2006）。2004年，农村剩余劳动力占全国的比例接近60%（严清华，周江洪，2009）。目前，中部地区农业生产中面临着自然资源支撑能力、农业产量产出能力下降等诸多现实问题，尚未提到保障国家粮食安全的高度来定位和推进中部地区现代农业的发展（刘彦随，彭留英，2008）。

---

① 高于全国农村人口比重4.3个百分点。

中部地区城乡二元结构明显,居民收入差距较大(见表4-6)。中部地区一方面面临人地矛盾的压力,另一方面还要实现传统农业向现代农业的转变,稳定粮食生产,切实保证国家粮食供给安全。"三农"问题的妥善解决,对中部崛起具有战略性意义。

表4-6   2009年中部各省城乡居民收入比较

省 份	城乡居民收入之比
山 西	3.30:1
河 南	2.99:1
湖 北	2.85:1
湖 南	3.07:1
江 西	2.76:1
安 徽	3.13:1
全 国	3.33:1

资料来源:同表4-3。

5. "两型社会"建设尚处于起步阶段,任重道远

2007年12月国家批准武汉城市圈与长株潭城市群为全国"资源节约型和环境友好型"社会建设综合配套改革试验区以来,两个城市群围绕"两型社会"建设的总体要求,出台了"两型社会"建设统计监测评价方案,构建了"两型社会"统计指标评价体系。两年来,武汉城市圈和长株潭城市群经济快速发展,产业结构趋于优化,装备制造业、高新技术等产业发展迅猛,城乡居民消费和地方财政收入平稳增长,"两型社会"建设初见成效。

"两型社会"建设旨在发挥武汉城市圈和长株潭城市群"先行先试"作用,探索一条不同于传统模式的工业化、城市化新路,需要协调好经济、政治、社会、文化以及生态环境各方面的关系,推进各领域的改革。目前,武汉城市圈和长株潭城市群内部城市发展布局不平衡、产业结构雷同、集聚度低、经济发展外向度偏低、发展方式粗放以及受行政分割等影响,尤其是领导机制、协调机制和中介参与机制尚不完善(江国文,李永刚,汤纲,2009),能源资源节约和生态环境保护的体制机制的尽快形成面临困难,全面建设"两型社会"任重道远。

此外，中部地区自我发展能力较低。2005～2009年，中部地区地方财政收入占地方财政支出的比重由48.0%下降到了40.4%。

（三）未来中部发展面临的国际国内环境

1. 国际环境

2008年以来，我国沿海地区"外向型"经济遭受了国际经济危机的严重影响。经济危机对我国的影响在空间上呈现出东中西梯度递减的趋势，由东南沿海向北部和中西部地区转移扩散，其影响程度在不断加深。从短期看，由于中西部地区贸易依存度比较小，世界经济危机的影响是间接的和传导性的，有一定的滞后期；但从长期看，由于中西部地区企业规模小、盈利水平低，抵御风险能力和自我恢复能力都比较弱，以及受东部产业升级换代后的竞争影响，经济危机对中西部的冲击不容低估。

中部区域经济竞争力依然较弱，一方面要顺应区域多元化竞争的趋势，另一方面，要把握新一轮国际产业空间转移的机遇，以期加速中部地区多增长极引领区域经济发展格局的形成。

2. 国内环境

从国内来看，我国总体上已进入工业化中期阶段，中央政府财政收入逐年大幅度增加，具备了支撑区域政策的财力保障；国内产业转移步伐加快；但也存在以下问题：人口与经济活动分布严重不协调；就业压力加剧；主体功能区建设所需的差别化政策制定和成效保障面临一定挑战；促进区域协调发展的"市场机制、合作机制、互助机制、扶持机制"需要进一步完善；重大自然灾害对区域经济的影响日益明显。

2008年以来，我国经受了特大自然灾害和国际金融危机的双重冲击。中央政府全面实施了应对国际金融危机的一揽子计划，以期避免经济的严重衰退，维护金融体系的稳健运行。我国将扩大内需提高到前所未有的高度，希望通过发展中西部地区和欠发达地区来拉动庞大的国内消费市场。

经济发展将更加注重经济、社会、环境的协调发展与平衡，突出社会与生态环境的协调，由过去主要强调供给向关注需求转变。区域格局亦发生重大转变，区域不平衡增长向相对均衡增长转变。中央政府将继续坚定不移地推进区域协调发展。2009年国家发改委发布了《珠江三角洲地区改革发展规划纲要（2008～2020年)》，国务院先后发布或批复了《关于支持福建省加快建设海峡西岸经济区的若干意见》、《关中—天水经济区发展规划》、《江苏沿海地区发展规划》、《横琴总体发展规划》、《辽宁沿海经济带发展规划》、《促进中部地区崛起规划》和《中国图们江区域合作开发规划纲要》等规划。①

我们的判断是，多极带动的区域经济格局正在形成。在中西部地区和东北有可能形成一批支撑中国经济持续高速增长的新主导地区，区域经济格局将由"牵引和被牵引时代"向"动车组时代"过渡。当前，中部地区经济社会发展势头良好；但长期积累的结构性、体制性问题还很突出。

（四）"十二五"时期中部经济发展的总体思路和发展重点

1. 总体思路

面对新形势、新任务，"十二五"时期，中部地区需要促进产业结构、城乡结构和需求结构的全方位调整。坚持把改革开放和科技进步作为动力，着力增强自主创新能力、优化产业结构、转变发展方式、切实提高城市化水平、保护生态环境；坚持深化改革和扩大对内对外开放，在更大范围、更广领域、更高层次上提高对外开放水平；走新型工业化道路；充分发挥比较优势，巩固提高粮食、能源、原材料、制造业等优势产业，稳步推进城市群的发展，增强对全国发展的支撑能力；促进人与自然资源之间的和谐，加快形成节约能源资源和保护生态的发展方式和消费模式；提高城乡经济与社会、人与自然和谐发展，坚持立足现有基础，国家给予必要的支持，着力增强自我发展能力，在实现"三个基地，一个枢纽"中崛起。

2. 发展重点

（1）大力加快城市化进程。积极推进城市化进程，统筹城乡发展，

---

① 《中国谋划新经济版图 一年连批7个经济区》，http://news.163.com/09/1125/06/5OUQ3 HC40001124J.html.

重视发挥核心城市群在区域经济发展中的带动作用。以建设和谐社会为目标，促进经济、社会、环境协调发展；推进产业转型升级，促进工业化和城市化互动协调发展。

（2）搞好承接产业转移示范性基地建设。近年来，国际国内产业转移步伐明显加快。中部地区要抓住这一难得机遇，以皖江城市带承接产业转移示范区建设为突破口，立足经济发展实际，积极承接国际国内产业转移，促进经济结构的优化升级。围绕"三个基地，一个枢纽"的定位，依托中心城市（群），推动形成一批承接产业转移的示范性基地，使其成为推进区域经济结构优化升级的中坚力量。

（3）全面推进"两型社会"建设。立足"两型社会"建设现状，进一步发挥武汉城市圈和长株潭城市群"两型社会"建设中的"先行先试"作用，协调好经济社会、人口、资源环境等关系，推进各个领域的改革，尽快形成有利于能源资源节约和生态环境保护的体制机制。在新型城市化、新型工业化、农业现代化及体制机制改革中取得重大突破，全面推进"两型社会"建设。

（4）推进"两横两纵"特色产业带加快发展。进一步细化《促进中部崛起规划》，紧紧围绕"三个基地，一个枢纽"的建设，在产业发展的重点领域，重点支持具有优势的特色农副产品精深加工、能矿资源开发及高载能产业、高新技术产业、装备制造业及物流业等产业的快速发展，进而加快形成沿长江、陇海、京广和京九"两横两纵"四条特色产业带。

（5）促进经济空间布局优化。首先，要围绕以省会城市为核心的城市群，依据其经济发展所处的阶段，做好规划及落实，进一步夯实经济发展基础，发挥比较优势，培养竞争优势，最终形成以武汉城市圈、长株潭城市群、中原城市群、环鄱阳湖生态经济区、皖江城市群以及"大太原"经济圈等在区域经济发展中辐射带动强，具有全国意义的区域经济增长极，促进形成多极带动的区域经济发展格局；其次，要依托沿长江、陇海、京广和京九"两横两纵"为轴线，积极培育充满活力的城市群；推进老工业基地振兴和资源型城市转型，发展县域经济，加快革命老区、民族地区和贫困地区发展；最后，推动城镇基础设施向农村延伸，使得新农村建设取得实效，加快形成中部地区城乡建设和谐局面，从而切实推进中部地区经济空间布局的优化。

（五）"十二五"期间促进中部崛起的政策建议

1. 完善国家区域政策体系，切实提高区域政策的实施效果

"十二五"期间，国家层面要进一步完善区域政策体系。一是要以立法的形式推进落实《促进中部崛起规划》，在区域管理立法框架下落实区域政策，确保区域政策的实施取得实效。

二是国家区域政策的出台和实施要体现"区别对待、分类指导"的原则。中部地区地处我国内陆腹地，经济区位、经济结构具有一定的相似性，但不同省份的资源禀赋、经济发展阶段、发展特点等又具有鲜明的差异性，因此，要实行有针对性的差别化国家支持政策。具体而言，"十二五"期间，要进一步细化《促进中部崛起规划》，切实推进山西省开展煤炭工业可持续发展政策措施的试点工作，稳步推进资源型城市转型；进一步推进武汉城市圈和长株潭城市群"两型社会"建设进程；加紧实施《鄱阳湖生态经济规划》和《皖江城市带承接产业转移示范区规划》，尽快形成中部地区重要区域增长极。

2. 大力推进中心城市带动的城市化发展战略

（1）积极推进产业结构优化升级。中心城市要立足比较优势，培养竞争优势，大力发展高新技术产业和服务业，利用高新技术改造传统产业，切实推进产业结构的优化升级，不断提高城市化水平和质量。

（2）大力发展第三产业。一方面，可以大量吸纳第一产业转移出来的劳动力，有效解决中部地区农村剩余劳动力规模大的问题；另一方面，还可以接收一部分工业部门的剩余劳动力，从而推进工业化和城市化的协调发展。

（3）逐步改革户籍制度，建立和完善城乡统一的劳动力市场。户籍制度的全面改革，不仅可以缓解中部地区城乡二元结构的矛盾，加速城乡融合、一体化发展，而且为农村剩余劳动力有序向城市转移提高制度保障。具体而言，一方面，借鉴东部发达地区的做法，鼓励城市有固定职业、固定收入的务工人员，以购买不动产等形式取得城市户口；另一方面，弱化城乡户籍限制，不断提高农村剩余劳动力的素质，增强自我发展能力，建立和完善城乡统一的劳动力市场，实现城乡劳动力双向流动。

（4）优先发展大城市。要优先发展大城市，进一步夯实中心城市和区域经济的竞争力。密切中心城市与周边地区的联系，积极发展小城镇，促进城市群内部大中小城市的协调发展，城镇体系趋于合理化。

3. 以加强粮食生产基地建设为重点，积极发展现代农业

（1）加强粮食生产基地建设。河南、湖北、湖南、安徽和江西都是我国重要的粮食生产基地，承担着重要的商品粮供应任务。国家要加大对粮食主产区的扶持力度，确保粮食直补、良种补贴、农机具补贴等各项惠农政策取得实效。中部粮食产区要继续大力发展粮食生产，加大对农业综合开发、农田保护、中低产田改造、大型商品粮生产基地建设及旱作农业的投入。在加强和巩固商品粮基地地位的同时，进一步挖掘粮食生产能力，调整粮食生产结构，不断提高农业综合生产能力。

（2）积极发展现代农业。加快农业结构调整，大力推进农业产业化经营，因地制宜地选择不同的农业产业化经营模式。构建农工贸一体化的产业组织形式，进而实现农业集约化、规模化经营、机械化生产等，引导商业银行加大对农业产业化、农村公共服务设施等领域的金融服务力度，切实加强农业农村基础设施建设，持续增加农民收入，切实改变农村面貌。

4. 统筹城乡基础设施建设投入，促进城乡协调发展

以促进城乡协调发展为目标，统筹规划城乡基础设施建设，对于如水、电、路、暖、通讯、学生校舍和乡镇医院改造等外部性很强的基础设施，政府部门要给予大力支持，引导基层严格执行规划，切实增加农村基础设施投入，不断改善农村生产生活条件。具体而言，一方面，要做好中部粮食主产区农业生产和生活基础设施的建设，逐步建立起保障农田水利建设健康发展的长效机构。另一方面，加强农村劳动力的培训，大力推进中部地区农村劳动力职业技能培训力度，增强农民转产转岗就业的能力。加强对农民外出就业的管理和服务，切实增强农村的自我发展能力。发挥农村劳动力资源丰富的优势，引导富余劳动力向沿海地区等有序转移。

5. 稳步推进资源型城市转型

中部地区要稳步推进资源型城市和资源型企业加快转型，避免区域经

济发展的大起大落,保持经济平稳发展。具体而言,首先要巩固和提升重要能源原材料基地地位,推进大型煤矿建设,加快电力和电网建设,大力发展原材料精深加工。

其次,利用高新技术改造传统产业,发展循环经济和接续产业。发展资源型高新技术产业,通过高科技作用于资源开发和多层次加工并获得高附加值;用高新技术改造传统产业;率先进入高科技产业中劳动力使用比较密集的区域(昝国江,王瑞娟,安树伟,2007)。

最后,要加快构建和完善资源开发补偿机制和衰退产业援助机制,对重点资源枯竭型企业关闭破产、分离办社会职能、职工安置、沉陷区居民搬迁给予扶持。

6. 积极承接国际国内产业转移,促进中部快速崛起

积极承接国际国内产业转移,推进承接产业转移示范性基地建设,是促进中部崛起的有效途径。首先,尽快编制《中部地区吸纳国际国内产业转移规划》,明确中部吸纳国际国内产业转移的目标、基本思路、承接产业的重点领域,提出国家支持中部地区吸纳产业转移的重大政策措施。

其次,进一步改善区域投资环境。一要不断完善交通、通讯和物流等基础设施网络,强化中部地区"综合交通枢纽"地位;二要完善招商引资的法律法规体系;三要继续推进政府职能转变,加快服务型政府建设进程,切实提高行政效率。

最后,以国家及省级开发区为载体,积极引导外资流向重点行业和领域。各级各类开发区要创新思路,做好产业发展规划,充分考虑中部的资源和市场优势,积极引导外资流向有利于强化中部地区"三个基地、一个枢纽"建设的重点行业和领域。鼓励"飞地模式"的区际合作,在承接产业转移的过程中形成自身的产业链条,不断增强承接产业转移的能力,尽快形成中部地区顺利承接产业转移的示范性基地。

三、"十二五"时期西部地区发展研究

西部地区幅员辽阔,人口众多,资源富集,与周边 14 个国家接壤,

发展潜力巨大。国家实施西部大开发战略,对于改变西部地区落后面貌、实现全面建设小康目标,对于优化国土开发格局、促进区域协调发展,扩大对内对外开放、培育新的经济增长地带,具有十分重要的战略意义。"十一五"时期,西部地区生态环境建设取得显著成效,经济社会发展取得巨大成就,投资环境进一步优化,人民生活水平不断提高。"十二五"时期,是我国实现全面建设小康社会奋斗目标承上启下的关键时期,在国内外发展环境错综复杂、不确定因素增多的背景下,对"十二五"时期国家西部大开发政策调整进行研究,对于积极适应发展形势的新变化,提高政策的针对性和执行效果,促进区域协调发展,进一步完善国家区域政策具有十分重要的意义。

(一) 西部大开发战略实施以来西部地区发展成效显著

西部大开发 10 年来,中央政府在规划指导、政策扶持、资金投入、项目安排、人才交流等方面不断加大对西部地区的支持力度。西部地区特色优势产业获得快速发展,综合经济实力大幅提升,自我发展能力显著增强;重点地区开发开放进程明显加快,区域发展协调性进一步增强;生态环境得到明显改善,基础设施不断完善;经济社会发展取得重大成就,人民生活水平显著提高。

1. 地区经济呈高速增长态势,综合经济实力大幅提升

2000~2009 年,西部地区生产总值从 1.66 万亿元增加到 6.70 万亿元,名义年均增长率达到 16.8%。增长速度连续 9 年逐年加快,自 1999 年的 7.3% 提高到 2007 年的 14.5%,2008 年受全球性经济危机的影响,增速有所回落,但仍高达 12.4%,分别比全国和东部平均水平高 0.5 和 1.1 个百分点;2009 年以来增速逐渐得以恢复,2010 年第一季度 GDP 为 1.52 万亿元,同比增长 16.4%,高于东部 1.7 个百分点。从西部各省(区、市)的情况看,内蒙古、新疆、陕西、广西等省(区)经济增长速度已居全国前列。其中,2002 年以来内蒙古连续七年增速居全国第一,创造了"内蒙古现象";四川省经济总量也于 2007 年突破万亿元大关。

2001~2005 年,西部地区全社会固定资产投资年均增长 25.3%,比全国平均增速高 1.0 个百分点。2006～2009 年，西部地区全社会固定资产投资年均增长 31.2%，比全国平均增速高 4.3 个百分点，比东部地区高 9.7 个百分点。农业、交通、水利等基础领域的投资比重不断提升，由 1999 年的 20.39% 提高到 2009 年的 21.6%。

产业结构进一步优化，工业化进程加速推进。1999～2009 年，西部地区第一产业增加值比重和就业比重都在不断下降，增加值比重从 23.8% 下降到 13.7%，下降了 10.1 个百分点①，第二产业增加值比重提高了 6.5 个百分点，也大大高于东部地区和全国提升的幅度；其中工业增加值占地区生产总值的比重由 32.9% 增加到 39.7%，提高了 6.8 个百分点，而同期东部、中部和东北地区仅分别提高 1.7、5.1 和 0.7 个百分点，这表明西部地区工业化正在加速推进。

西部地区地方财政收入亦得到改善。2000～2009 年，地方财政收入从 1127.0 亿元增加到 6056.4 亿元，年均增长 20.5%。

2. 生态环境得到较明显改善，基础设施不断完善

西部开发 10 年来，西部地区生态环境得到明显改善。退耕还林、退牧还草、天然林保护、京津风沙源治理、三峡库区国土整治及水污染治理、三江源保护等重点生态工程得到实施，环境综合治理初见成效，一批循环经济试点积极推进。基础设施建设取得重大突破，青藏铁路、西气东输、西电东送等标志性工程相继建成投入运营，重大水利、能源、通讯设施建设全面推进。新增公路通车里程 88.8 万公里，其中高速公路 1.39 万公里；铁路营业里程 8000 多公里；民用机场达到 79 个，占全国机场总数的 49.4%。

3. 特色优势产业快速发展，投入产出效益稳步提升

西部大开发战略的实施为西部地区经济发展提供了前所未有的机遇。能源及化学工业、优势矿产资源开采及加工业、特色农牧产品加工业、装备制造业、高技术产业、旅游产业发展势头良好，涌现出一批具有较强竞争力的名优品牌和企业集团。在这些行业的带动下，西部地区工业投入产

---

① 同期全国、东部地区第一产业增加值比重分别下降 6.4 个和 5.7 个百分点。

出效益得到了明显提高。1999 年，西部地区工业各项经济效益指标大都低于全国平均水平，但到 2008 年，各项指标均超过了全国和东部地区的水平。其中，规模以上工业企业平均总资产贡献率已达到 13.8%，超过东部地区 0.5 个百分点①；2009 年工业成本费用利润率②达到 9.0%，分别超过全国和东部地区平均水平 2.1 和 1.9 个百分点。

4. 社会发展水平显著提高，居民生活水平明显改善

经过十年的开发，西部地区经济社会发展水平显著提高，教育、医疗、文化、就业和社会保障事业全面发展，综合发展能力不断增强，人民生活水平得到明显改善。1999～2009 年，西部地区人均地区生产总值由 4283 元迅速提高到 18286 元，其相对水平③则由 60.7% 提高到 71.5%。城乡居民人均收入获得了较快增长，1999～2009 年，西部农民人均纯收入由 1662 元提高到 3816 元，增长了 1.30 倍；城镇居民人均可支配收入则由 5431 元提高到 14213 元，增长了 1.62 倍。其中，2004～2009 年，西部地区农民人均纯收入年均增长率达到 11.7%，超过东部地区 2.9 个百分点。2009 年西部贫困人口减少了 2373 万人，贫困发生率下降到 8.3%，比 2000 年降低了 12.1 个百分点。

5. 与东部相对差距趋于缩小

改革开放以来，我国东西发展差距的变化经历了一个先扩大后缩小的过程，尤其在近年来，我国区域经济发展格局发生了重大转变，开始由不平衡增长逐步转变为相对均衡增长。2003 年以来，尽管东西部地区间人均地区生产总值绝对差距仍在扩大，但其相对差距已呈现逐步缩小的态势。2003 年，西部地区人均地区生产总值比东部地区低 63.0%，2005 年低 60.7%，2007 年低 58.9%，2008 年低 56.9%，2009 年低 55.2%。与此同时，2007 年之后，东西部地区间城乡居民收入的相对差距也开始趋于缩小。

---

① 2009 年在经济危机的影响下降低到 11.3%，低于东部地区 0.9 个百分点。
② 总资产贡献率以及成本费用利润率数据是全国和西部各省（市、区）数据的算术平均值。
③ 以各地区平均为 100。

6. 改革开放深入推进，对外开放水平显著提高

西部大开发以来，在发展开放型经济方面已取得初步成效，对外开放水平得到较明显提高。2009 年，西部地区进出口总额达到 916.7 亿美元，占全国的 4.2%，比 1999 年提高 0.05 个百分点。2000～2009 年，西部地区出口额年均增长 20.2%，在全国四大区域中最高，比全国平均增速高 1.1 个百分点。2009 年，西部地区出口额占全国的比重达到 4.3%，分别比 1999 年和 2004 年提高 0.3 和 0.8 个百分点。新疆、甘肃进出口总额年均增速超过了 30%，内蒙古、广西、贵州、四川等省（区）进出口增长速度均超过全国平均水平。1999～2009 年，西部地区实际利用外商直接投资由 17.73 亿美元增加到 71.00 亿美元，年均增长 14.9%。改革开放深入推进，国有企业改革取得积极进展，非公有制经济加快发展。十年来，已有近 20 万家东部企业到西部地区投资创业，投资总额超过 2.2 万亿元。

（二）进一步深入推进西部大开发面临的突出问题

1. 基础设施依然薄弱，投资环境有待改善

西部地区尤其是农村地区、贫困地区、偏远山区和边境地区，交通、通信、医疗卫生、文化、自来水、垃圾处理等基础设施仍然十分薄弱，尤其是信息化基础设施与东部的差距有扩大的趋势。例如，西部地区长途自动交换机容量、本地电话局用交换机容量、移动电话交换机容量、长途光缆线路的密度、每千人互联网宽带接入端口等都远远低于东部和全国平均水平；2009 年西部地区铁路营业里程密度为 47.7 公里/万平方公里、公路里程密度为 2191 公里/万平方公里、高速公路密度为 27.1 公里/万平方公里，分别为全国平均水平的 53.5%、54.5% 和 40.02%，与东部及东北地区的差距更大。

目前，西部地区国有经济比重高，市场化程度仍然较低（见图 4 – 5），如要素市场尤其是资本市场发育不完善，使得西部地区资金对政策的依赖性大，间接融资比重高，农村金融市场落后，外向型经济发展水平还比较低；政府规模庞大，行政办事效率低，审批环节繁琐，服务意识较差等。

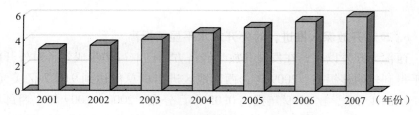

图4-5　2001~2007年西部地区市场化指数

注：西部地区的市场化指数为西部各省（市、区）的算数平均值。

资料来源：樊纲等：《中国市场化指数：各地区市场化相对进程2009年报告》，经济科学出版社2010年版。

2. 产业层次低，配套不完善

西部地区采掘和原料工业所占比重大，产业链条短，加工深度和综合利用程度低。2007年，西部地区高技术产业增加值仅占规模以上工业增加值的5.6%，比东部地区低7.8个百分点。同时，西部生产者服务业发展滞后，物流成本较高，产业配套不完善。西部地区的物流效率明显低于东部地区，单位货运量产生的地区生产总值和第二产业增加值只有东部地区的50%左右。此外，西部中小企业融资难，企业税负较重，经营环境偏紧。西部企业特别是中小型内资企业融资困难，可获得银行贷款比例大大低于东部地区，不得不通过非银行机构来获取企业发展所需资金。西部地区高税行业多，增值税比重高，所得税比重低，中央通过增值税从西部拿走的税赋较多，而通过所得税等税种分成留在西部的税赋较少，加上国家对西部的税收优惠主要是企业所得税，导致西部地区税收负担较重。

3. 对中央支持政策依赖性强，自我发展能力有待提高

中央的政策倾斜对西部地区经济发展起着非常积极的作用，然而巨大的投资力度，也增强了西部地区对中央政策的依赖性。在西部地区固定资产投资资金来源中，国家预算内资金、国内贷款比重明显高于全国平均水平，而利用外资、自筹和其他资金比重低于全国平均水平；西部地区间接融资比例很大，对国家预算内资金依赖性很强。因此，各地区都试图争取更大的中央政策扶持力度，地方财力薄弱，公共服务能力低，不能充分发挥市场机制的作用，自我发展能力有待继续提高。

西部地区的地方财政实力、人均可支配财力和公共服务能力均远低于

东部地区。2009 年西部地区平均每个省（市、区）地方财政收入 504.7 亿元，仅相当于东部地区的 27.0%；西部地区人均地方财政本级收入为 1649 元，仅相当于全国平均水平的 67.5%，东部地区的 42.5%，上海市的 12.5%。目前，西部地方政府尤其是县乡政府公共服务能力明显不足，地区公共服务水平较低，离中央要求的实现基本公共服务均等化目标仍有很大差距（魏后凯，蔡翼飞，2009）。

同时，西部地区财政支出效率较低，财政支出对经济增长和人民生活水平提高的带动作用远小于东部地区。1999 ~ 2009 年，西部地区生产总值增长率与财政支出增长率之比仅有 0.8，即财政支出增长 1 个百分点，仅能带动地区生产总值增长 0.8 个百分点；人均地区生产总值增长率与人均财政收入增长率之比为 0.82，低于全国平均水平的 1.14。相应地，西部地区人力资本水平亦比较低，教育、科技投入相对不足，而且西部内部区域差异很大。

4. 城市化滞后，城乡二元结构明显

西部大开发以来，西部地区的工业化进程明显加快，与东部地区的差距在逐渐缩小。但是城市化水平却比较低，发展滞后，而且近年来与东部地区的差距不断扩大。2009 年，西部地区城市化水平仅有 39.4%，比全国平均水平低 7.2 个百分点，比东部地区低 17.3 个百分点。2000 ~ 2009 年，西部与东部地区间城市化水平差距由 7.2 个百分点扩大到 17.3 个百分点。同时，西部地区城乡居民收入差距较大，二元结构明显，中心城市的带动作用不强。2009 年，西部 12 个省（市、区）中有 8 个省（区）城镇居民人均可支配收入与农村居民人均纯收入之比超过 3.5∶1①，其中云南和贵州均为 4.28∶1、陕西 4.11∶1、甘肃 4.00∶1。

5. 多极增长格局尚未形成，地区内部发展不平衡加剧

"十一五"时期，西部着力培育成渝、关中—天水和广西北部湾经济区。成渝经济区对西南地区的发展有较强的带动作用；广西北部湾经济区正处于蓄积力量阶段，极化效应大于扩散效应，加速了周边资源向核心地

---

① 2009 年全国为 3.33∶1。

区集中；关中—天水经济区内部整合进程缓慢，目前更难承担带动西北地区发展的重任。在东西相对差距缩小的背景下，西部地区内部省际差距却在急剧扩大，内蒙古、四川、重庆等地区发展迅速，贵州、西藏、青海等地发展则相对缓慢（吉新峰，安树伟，2010）。

6. 资源开发效率低下，环境保护任务依然严峻

西部地区拥有丰富的资源，矿产、水能、草场、林业、旅游等独具优势。受资源禀赋、产业基础和发展阶段的影响，近年来西部地区重化工业和原料工业规模迅速扩张，但开发效率低下。2009 年西部地区每万元GDP[①] 能耗为 1.71 吨标准煤，分别比全国、东部、中部、东北高 33.6% 、96.6% 、30.5% 和 32.6% ；西部地区工业废水排放总量 528247.8 万吨，工业废气排放总量 113639.47 亿标立方米，工业固体废物产生量 59600 万吨，化学需氧量 372.1 万吨，分别占全国的 22.5% 、26.1% 、29.2% 和29.1% ，而同期西部地区生产总值仅占全国的 18.3% 。资源的不合理利用使西部地区环境保护任务日益严峻，未来应设法促进西部地区资源开发向高效率、低排放的模式转变。

（三）"十二五" 时期西部地区经济发展面临的国内外环境

1. 金融危机冲击下的中国经济

2008 年以来，西部地区经受了汶川地震和国际经济危机的双重冲击。为了避免经济的严重衰退，维护金融体系的稳健运行，中央政府全面实施了应对国际金融危机的一揽子计划，继续坚定不移地深入推进西部大开发。中央扩大内需投资 43% 以上投向西部地区民生工程、基础设施、生态环境、产业振兴、技术创新和灾后重建等领域，并且带动了地方和社会资金投入西部大开发。

目前，中国经济进入一个拐点时期，今后一个时期中国经济很难再维持 2003～2007 年那种年均 10% 以上的高增长，经济增长面临新的挑战；中国长期以来社会发展滞后局面未得到根本性改变，社会和谐面临新的课

---

① GDP 为 2005 年价格。

题；中国改革的环境、改革的动力发生了很大变化，深化改革面临新的矛盾；政府支持的经济增长向企业、居民和市场支持的经济增长的转变尚未完成，在保持经济平稳较快增长的过程当中，面临的结构调整压力将非常巨大；在新的国际国内形势下，中国扩大开放面临新的考验，全球经济已渐渐步入复苏，但是贸易保护主义的抬头给中国制造业带来严重威胁。

当前，西部地区经济社会发展继续保持良好势头。但长期积累的结构性、体制性问题还很突出，国际金融危机的影响日益显现。"十二五"时期要进一步加大对西部大开发的支持力度，充分发挥西部地区的后发优势，培育自我发展能力，实现国民经济健康、持续、稳定发展。

2. 未来中国区域经济发展的趋势

后危机时代中国经济的新走势，将更加注重经济、社会、环境的协调发展与平衡，由过去主要关注供给向关注需求转变。区域格局亦发生重大转变，区域不平衡增长向相对均衡增长转变[①]，区域发展的协调性增强，产业布局得到优化，东西部之间的相对差距由扩大向缩小方向转变。

区域经济实力显著增强。2005 年全国 GDP 超过 1 万亿元的省份有 6 个，2009 年达到 14 个，要素、产业的空间转移加快，以城市群为核心的区域发展格局基本形成，新一轮城市化高潮开始显现，城市群成为引领区域发展的强大引擎。区域发展新空间得到拓展，中国经济增长的区域驱动由京津冀、长三角、珠三角向多极驱动方向转变，区域多元化竞争格局初步形成。

（四）"十二五"时期西部开发的总体思路及发展重点

1. 总体思路

面对新形势、新课题、新矛盾和新问题，"十二五"时期要进一步调整相关政策，以增强西部地区经济发展的自生性、稳定性、协调性和可持续性为目标，推动产业结构、城乡结构和需求结构的全方位调整。按照"全面推进、科学发展、开放开发、加速转型、分类支持"的总体思路，

---

① 2007 年西部经济增长速度高于全国平均水平及东部的增长速度。

坚定不移地进一步深入推进西部大开发，把全面提高西部地区开发开放水平放在更加突出的战略地位，努力把西部地区建设成为特色优势产业发展的重要基地、统筹城乡改革与发展的示范区域、生态文明建设的先行区域，实现西部地区经济社会的全面协调可持续发展。

西部地区作为国家全面建设小康社会的重点区域，要以促进和谐社会建设为目标，把社会发展摆在更加突出的位置，推进公共服务均等化，缩小收入差距，保障社会公平正义。加快城市化进程。坚持市场化改革方向，消除不利于市场基础性作用发挥、不利于发展方式转变、不利于社会和谐稳定的体制机制障碍；更加注重扩大市场需求，启动民间投资。丰富开放的内涵，提高开放的质量，在更大范围、更广领域、更高层次上提高对外开放水平。促进人与自然和谐发展，把经济效益、社会效益、生态效益放在同等重要的地位，加快形成节约能源资源和保护生态环境的发展方式和消费模式。注重提高经济运行的质量，提高自主创新能力，加快经济结构转型升级，大力发展生产性服务业，促进制造业与现代服务业的有机融合。

2. 发展重点

（1）加快城市化步伐。西部地区地域辽阔、区域差异巨大，城市化总体水平较低，城镇分布的空间结构也不合理。"十二五"时期，城市化将在西部拓展区域经济发展新空间中扮演重要角色，应统筹城乡发展，大力推进城市化进程，遵循城市经济发展规律，突出城市群对区域经济的带动作用，重视资源型城市的可持续发展，推进产业转型升级，使城市化和工业化互促共进，推动形成多极带动的西部地区国土开发空间格局。围绕促进区域协调发展，以省会城市为核心，完善基础设施条件，发展特色产业体系，形成若干有较强带动作用的地区性增长极。

（2）进一步加快特色优势产业发展。支撑西部地区当前和未来经济发展的关键，在于相关产业的发展。未来区域政策应更多地从经济结构调整、提升产业竞争力和经济增长的内生性着手。继续大力推进各地的特色优势产业发展，加快用高新技术改造提升传统产业，进一步发展壮大能源及化学工业、重要矿产开发及加工业、特色农牧业及加工业等资源型特色优势产业，扶持装备制造业和高新技术产业等非资源型现代优势产业，积极承接国际及东部地区产业转移，培育发展新兴特色优势产业，大力推进旅游、现代物流等现代服务业发展。同时，要积极培育产业链经济，延长产业链条，提高加工深度和综合利用程度，完善产业配套体系，推动建立一批具有国际竞争力的特色优势产业基地和产业园区，促进特色优势产业向规模化、集群化方向发展，为西部大开发提供坚实的产业支撑。

政府投资应从铁路、公路、机场等方面转向关注教育、公共卫生等国计民生方面，继续加大对高排放、高污染、高耗能、产能过剩项目的限制。

（3）积极承接东部地区产业转移。西部地区承接产业转移的关键是提高产业配套能力，这也是西部地区提升区域竞争力的战略选择。提高产业配套能力就是要依托区位优势和资源优势，推进产业集聚，优化产业布局，延长产业链条，打造产业集群，形成相互关联和支撑的产业配套优势，大力推进产业的集聚式发展。把高新区和经济技术开发区作为提高产业配套能力的突破口和重要载体，完善园区产业规划，挖掘园区产业特色，推动园区产业的适当集中和集群发展。

（4）加快新农村建设。全面建设小康社会，最艰巨、最繁重的任务在农村，推进西部地区社会主义新农村建设是西部地区现代化进程中的重大历史任务。加强农村基础设施建设，改善社会主义新农村建设的物质条件。加强西部地区农村现代流通体系建设，推进农业结构调整，积极发展特色农业、绿色食品和生态农业，实行产业化经营，强化新农村建设的产业支撑。切实转变乡镇政府职能，加大农村体制改革的力度，努力构建服务型政府和法治政府。实行有利于农业发展的税收政策，不断增加对农业农村发展的投入。解决好乡村债务问题，优先化解农村义务教育、基础设施建设、公益事业发展等方面的债务。因地制宜，针对西北地区干旱少雨的实际情况，发展节水灌溉农业，不断加强西北地区的农田基本建设，增强农业综合生产能力。

（5）继续推进基本公共服务均等化。改革财政转移支付制度，加大中央财政转移支付力度，增加均等化转移支付的比重，增强西部地方政府公共服务能力，提高西部地区公共服务水平，加快实现基本公共服务均等化。优化西部教育资源配置，进一步夯实"普九"工作，加快发展职业教育和技能培训，全面提高高等教育质量，着力提高全民素质。进一步加强西部科技创新能力建设，提高公共文化和体育服务水平，建立健全公共卫生和基本医疗服务体系，完善社会应急救援体系和救助体系。

（6）进一步推进西部地区市场化进程。加快政府职能转变，改革和规范行政审批制度，减少对企业的行政干预，更多地发挥市场机制的作用。政府部门应以产业政策为导向，为各类市场主体提供良好的服务，实行有效的市场监管，营造公平竞争的氛围。推进垄断行业改革，有步骤地放开行业准入限制，促进不同所有者公平竞争，为民间资本投资创业创造宽松的投资和经营环境。

（7）保护生态环境，建设资源节约型和环境友好型社会。西部大开发要遵循自然规律，加大生态环境保护和建设力度，建立生态补偿机制，共同维护生态环境，促进建设资源节约型和环境友好型社会。继续推进重点生态工程建设，强化环境综合治理。积极推动清洁发展、循环发展、安全发展，建设以低碳排放为特征的工业、建筑、交通体系。深化第二批国家循环经济示范试点，支持建设一批循环经济重点项目，加快淘汰和关闭浪费资源、污染严重和不具备安全生产条件的企业，防止落后产能向西部地区转移。加强地质灾害防治，积极推进矿山地质环境恢复治理和重点地区土地开发与复垦。

（五）统筹西部区域协调发展

大力推进空间布局优化，加快城市化步伐，构建以城带乡、城乡互动、融合发展的新型发展格局。积极推进成渝、关中—天水、广西北部湾等重点经济区成为引领和带动西部大开发的战略高地。加快重庆、成都统筹城乡综合配套改革步伐，推动关中—天水经济区率先构建创新型区域，推动广西北部湾地区开发开放。在此基础上，积极培育一批新的增长极，包括呼包鄂城市群、沿黄城市群、滇中城市群等。进一步解决好西部民族地区经济发展和社会安定，加大对贫困地区和革命老区的扶持，增强自我发展能力。加大户籍制度改革力度，促进人口与产业向城镇特别是城市群地区集聚，推进实施生态脆弱地区生态移民工程，使西部地区人口分布、产业布局与资源环境承载能力相协调。

按照"区别对待、分类指导"的原则，对西部中心城市、资源富集区、老工业基地、贫困地区、边境地区等不同类型区域,实行有针对性的差别化国家支持政策,切实提高区域政策的实施效果。

1. 继续推进三大重点经济区建设

(1)成渝经济区。成渝经济区包括四川省 15 个市和重庆 31 个区县,区域面积 20.6 万平方公里。经济区将发挥重庆长江上游经济中心功能,加强重庆与成都的职能分工与合作,建成以两大都市为中心的双核城市群,成为西部最具经济实力和科技开发能力的产业基地。成渝经济区先后被定位为国家统筹城乡综合配套改革试验区、国家主体功能区规划的重点开发区、国家重要的经济增长极。

成渝经济区在西部三大重点经济区中一体化程度最高,基础也较好,带动了整个区域的发展。但是也存在着很多制约因素,经济区属于典型的内陆型经济,基础设施建设滞后,市场发育不够完善,开放水平不高,结构性矛盾较突出,要素流动不畅,一体化进程缓慢等。未来要加快推进统筹城乡综合配套改革,逐步形成城乡全域覆盖的规划体系,三次产业联动互促协调发展机制、配套衔接的城乡基础设施体系、健全完善城乡统一的劳动就业和社会保障制度、平等共享的城乡基本公共服务制度、城乡一体的社会管理体制,探索创新农村产权制度、现代农村金融制度、城乡人口有序流动机制,构建城乡经济社会发展一体化新格局。

(2)关中—天水经济区。关中—天水经济区包括陕西省西安、铜川、宝鸡、咸阳、渭南、杨凌、商洛部分区县和甘肃省天水所辖行政区域,面积 7.98 万平方公里,是我国西部地区经济基础好、自然条件优越、人文历史深厚、发展潜力较大的地区。

当前,关中—天水经济区仍处于规划阶段,企业市场竞争力不强,产业集聚度不高,一体化程度比较低,体制机制创新活力不足,非公有制经济发展相对滞后,总体经济实力还有待进一步提升(国家发展改革委,2009)。与周边地区和国际市场的联系不够紧密,对内对外开放力度需要进一步加大,经济区的辐射带动作用尚未体现,推动西北经济振兴任重道远。未来经济区的发展要进一步深化体制机制创新,优化对外开放格局,创新区域合作机制,拓展对外开放空间,提升对外开放水平,为统筹科技资源改革探索新路径、提供新经验,积极承接国际及东部地区产业转移。

（3）广西北部湾经济区。广西北部湾经济区由南宁、北海、钦州、防城港四市组成，陆地国土面积4.25万平方公里。功能定位是立足北部湾、服务"三南"①、沟通东中西、面向东南亚，充分发挥连接多区域的重要通道、交流桥梁和合作平台作用，以开放合作促开发建设，努力建成中国—东盟开放合作的物流基地、商贸基地、加工制造基地和信息交流中心，成为带动、支撑西部大开发的战略高地和开放度高、辐射力强、经济繁荣、社会和谐、生态良好的重要国际区域经济合作区（国家发展改革委，2008）。

目前广西北部湾经济区正处于发展的初期阶段，一体化程度比较低，影响其区域整体的带动作用，发展效果不如预期显著。应充分利用沿海港口优势，加快形成临海先进制造业基地和现代物流基地。加快淘汰落后产能，积极推进企业兼并重组，进一步调整产业结构，加强与周边地区铁路、高速公路、航空等基础设施的对接和共建，增强城市群要素的集聚，形成连接多区域的重要交通枢纽。

2. 引导资源富集区可持续发展

在资源富集地区，积极探索资源节约型生产方式，努力实现资源价值最大化和环境损失最小化。提高企业装备水平，实现对资源的高效开采，减少资源浪费；拉长产业链条，向资源的精深加工延伸，提高资源的利用效率；大力发展循环经济，实现对资源的最大限度综合利用；优化产业结构，推进产业多元化，减少对资源的依赖，构筑多元支撑的现代化产业体系。抓紧在青海柴达木、内蒙古鄂尔多斯、四川攀枝花、新疆准噶尔、贵州六盘水等资源富集区开展循环经济区试点，推进资源有序开发。加大矿产资源勘探力度，形成一批能源、矿产资源重要接替区。

加快甘肃白银、宁夏石嘴山、云南个旧、陕西铜川、重庆万盛区等资源枯竭城市转型。建立健全资源型城市可持续发展的长效机制，加大对资源型城市的转移支付力度，增强其基本公共服务保障能力，重点用于完善社会保障、教育卫生、环境保护、公共基础设施建设和专项贷款贴息等方面。改革资源税制度，完善资源税计税依据，调整资源税负水平，加强资源税的征收管理，增加资源开采地的财政收入。加快资源价格改革步伐，

---

① 指西南、华南和中南。

逐步形成能够反映资源稀缺程度、市场供求关系、环境治理与生态修复成本的资源性产品价格形成机制。建立资源开发补偿机制和衰退产业援助机制,大力培育发展接续替代产业。

3. 解决好西部民族地区的经济发展和社会安定

高度重视西部的民族团结和社会安定,采取灵活措施,加强内地与民族地区的经济文化交流,不断推进民族地区的开放开发,增强民族地区的自我发展能力。加大对人口较少民族地区发展的扶持力度,扶持一批特困人口集中的民族自治县发展县域经济;支持发达地区与少数民族地区开展劳务输出对口支援工作;认真落实党中央、国务院关于支持西藏、新疆、宁夏以及青海等省藏区经济社会发展的政策措施。针对西藏、新疆两个特殊区域,在财政转移支付、项目布局、特色产业培育等方面实行更加灵活的优惠政策,促进这两个地区的持续稳定发展。

4. 加大对贫困地区和革命老区的扶持

西部地区还存在大面积的贫困落后地区,这些地区的发展是国家实现全面建设小康社会的关键。以实现基本公共服务均等化为目标,将西部落后地区作为公共资源配置的重点关注区域,加大财政转移支付力度,根据不同地区的贫困特点和致贫原因,有针对性地制定区域性的扶贫开发规划,因地制宜地推进革命老区、少数民族地区、边疆地区等特殊类型贫困地区的扶贫开发工作。加大扶贫开发力度,优化扶贫资金使用结构,提高扶贫资金的使用效益,提升产业化扶贫水平,积极稳妥地推进移民扶贫工作,提高农村贫困人口的自我发展能力。重点解决好革命老区的交通、水利、教育、卫生等突出问题,鼓励依托能源、矿产、农业、红色旅游等优势,发展特色优势产业。

5. 积极推动三峡库区的后续发展

从1993年三峡工程开工建设并随即开展移民工作以来,经过十余年的移民搬迁安置工作,三峡库区移民"搬得出"的任务已基本完成,但是离"稳得住,逐步能致富"还尚有一段距离。库区产业发展后劲不足,后续发展面临不少困难和问题,如地质灾害、关闭破产搬迁企业职工安置、农村困难移民生活问题等。三峡库区作为西部重要的特色优势产业带、长江流域重要的生态屏障区、长江上游生态文明示范区、三峡工程安全运行和充分发挥效益的关键保障区,"十二五"时期要继续推进生态环境建设与保护工作,切实解决库区生态环境问题,实行最严格的环境保护制度,培育和发展库区环保产业,切实解决地质灾害。积极推进产业结构的战略性调整,加快发展库区特色经济,积极促进库区的发展。大力发展生态型工业、旅游经济,适当承接沿海产业转移。继续把维护移民稳定摆在突出位置,进一步提高移民安置质量,推进库区移民社会保障体系建设,加大对困难移民的帮扶救助力度,解决移民生产生活中的突出问题,实现移民安稳致富。

6. 推动重点边境城镇跨越式发展

进一步推进兴边富民行动计划,组织编制边境地区开放开发规划。加快重点边境口岸城镇建设步伐,完善边境经济合作区功能,扩大边境互市贸易规模,提高出口加工水平。积极推动广西东兴、云南瑞丽、新疆伊宁、内蒙古满洲里进一步扩大开放,加强与周边国家和地区的资源能源开发利用合作,建成沿边开放的桥头堡。

(六)"十二五"时期进一步深入推进西部大开发的措施

1. 深化改革开放,构建对内对外开放新格局

继续深化改革开放,推进体制机制改革,强化社会公共管理和服务,构建责任型政府和服务型政府。切实转变政府职能,减少和规范行政审批,提高行政效率。加快非公有制经济发展,优化发展环境,提高其在国民经济中的比重。加强与东中部地区互动发展,促进各类生产要素合理流动,推动西部地区同国内外的交流合作向更广领域、更大规模、更高层次迈进。

积极开展全方位多层次的区域合作,支持西部有条件地区加大承接国际产业转移力度,积极探索承接国际及东部产业转移的成功模式。建立多种类型、不同层次的区域合作组织,发挥区域合作组织在解决公共产品、规划、区域重点问题解决等领域的组织协调作用,形成政府、企业、社会团体等共同参与、协作互动的推进区域合作的立体网络,逐步消除影响要

素合理配置的体制机制障碍。

2. 进一步发展和完善西部地区的社会基础设施

加强社会性基础设施建设，就是要更加重视西部地区社会事业的发展，尤其是基础教育和医疗卫生事业的发展，为西部地区的可持续发展积累丰富的人力资源基础。这既是改善西部地区人民生活条件的最基本的要求，也是进一步完善西部地区投资和发展环境的配套措施。努力提高政府公共服务水平，切实解决就业、医疗卫生、社会保障领域存在的突出矛盾，使到西部地区投资创业的企业和个人解除后顾之忧。

3. 转变政府职能，推进市场体系建设

由于国有经济成分较高，西北地区政府还有相当多的工作在于管理国有企业和协调国有企业的改革，政府职能还没有根本转变，政资、政事、政企不分以及政府管理越位、缺位、错位现象不同程度地存在；在经济活动中以批代管的现象比较普遍；机构设置随意性较大，法律规范不够，组织体系仍不合理等。西部地区要改善投资环境，推进市场体系建设，顺利承接产业转移，加快政府职能的转变是一个关键因素。政府职能不能转变，将直接提高创业和产业转移的社会成本，包括政府的各种审批时间以及企业的谈判成本等，影响微观经济效率。同时，应进一步提高应急管理能力，如防灾减灾、突发性事件等。

4. 完善产业配套体系，积极承接产业转移

要完善西部区域产业配套体系，以支柱产业和现有大企业为配套基础，以中小民营企业为主要配套对象，加强企业协作，延伸产业链条，优化产业组织结构，提高产业配套能力，为大规模承接产业转移创造条件。以产业园区建设引导产业集群发展，在促进工业企业聚集的同时，积极引进和培育相关配套服务业，推进先进制造业和现代服务业的互动发展，形成各行业有序、协调的分工体系。保持政策的连续稳定，增强沿海地区企业转移的信心，使他们能够植根西部地区发展。

5. 建立市场化的城市发展机制

建立市场化的城市发展机制和科学合理的组织调控体系，实现城市化

过程中的人口、资源、资金、技术等要素的合理流动和优化配置。营造良好的市场环境，为市场机制在城市化进程中发挥基础性作用提供制度保障，建立和完善城市发展的内在调节机制。加快生产要素的市场化进程，培育和发展城乡要素合理流动的统一市场，通过市场体系的发展促进城市建设和城镇体系的完善。政府要转变职能，坚持科学发展，加强公共服务和公共管理的职能，按照建设资源节约型、环境友好型社会的要求，把推进城市化进程与资源合理利用、环境保护有机协调起来，以体制、机制和科技创新为基础，主要运用经济和法律的手段，提高资源利用效率，推动内涵增长的集约型城市化（盛广耀，2009）。

6. 充分发挥政府、企业和居民的积极性

西部地区经济振兴的任务最终要依靠当地政府、企业和居民的力量去完成，应逐步地赋予西部地区更大的发展权限，使每个地区根据需要制定相应的促进发展的政策，让地方政府在法律允许的范围内放开手脚发展本地经济。同时，对地区层面而言，经济发展主要靠企业的创新活力，政府应营造良好的经济发展环境，尽量减少对企业自主经营的束缚。充分调动民间的积极性，遵循市场自身的规律，不断增强西部地区自我发展能力。

7. 实施就业和经济增长战略，加强对中小企业的扶持

西部大开发以来，国有企业扮演了非常重要的角色，在新阶段则应更加重视中小企业的发展。中小企业是未来西部地区实现经济持续增长的重要因素，也是吸纳就业人口的主要源泉。要采取各种措施鼓励民营经济和中小企业的发展，开展对西部地区企业家的培训计划，鼓励个人投资建立企业，培植企业家精神，给民营中小企业以充分的发展机会。同时，中央政府通过和各种行业组织、金融机构及地方政府合作，有效引导发展具有巨大增长潜力的产业，从而使西部地区的产业发展符合当地经济增长的需要。①

---

① 国务院：《国务院关于进一步促进中小企业发展的若干意见》，国发〔2009〕36号，2009–9–19.

8. 继续推进金融体制改革创新，提高金融服务水平

根据西部大开发金融服务的需要，大力推进金融机构改革，构建一个功能完善、有竞争力、能提供良好金融服务的金融组织体系。进一步改善西部地区金融生态，培育良好的市场经济环境，留住和吸引更多的金融资源，充分发挥好市场配置金融资源的基础性作用。积极推进地方金融机构改革，鼓励社会资金参与地方金融机构的重组改造，建立自我约束、自我发展的新机制，保证地方金融的健康发展，增强其为地方经济发展提供金融服务的能力。建立健全良好的法律和执法体系，营造良好的法治环境，严格保护金融机构债权，改善信用环境，建立良性互动的银企关系和社会信用体系。加快形成吸引金融资源的比较优势，为西部地区产业发展、结构调整提供可持续的资金支持。

9. 加强环境规划与监管，构筑生态安全屏障

从开发、建设源头控制生态破坏，完善环境监管体系，提高环境监管能力，为实现西部地区工程建设与生态建设协调发展提供制度保障。加强环保基础设施建设，进一步加大资源开发的生态保护监管力度，推动各地建立矿山环境治理恢复保证金制度。推进生物多样性和生物物种资源保护，开展生物多样性评价试点。尝试建立地区间环境保护的补偿机制，通过补偿机制解决不同主体间的利益协调，构建西部地区生态安全的长效机制。

四、"十二五" 时期东北地区发展研究

（一）"十一五" 时期东北经济发展状况

1. 经济发展水平

（1）经济总量进一步提高，占全国的比重开始回升。"十一五"以来，东北地区经济发展相对平稳，发展速度与全国平均水平基本相同，经

济总量占全国的比重基本保持在 8.5% ~8.6% 之间。2008 年东北 GDP 达到 28195.6 亿元，占全国的比重为 8.6%，2000 年以来占全国比重首次有所上升，达到了 2005 年的水平（安树伟，任媛，2009）。2009 年经济危机的负面影响蔓延到东北，GDP 达到 31078.2 亿元，占全国的比重降低为 8.5%，2010 年应对金融危机的各项政策效应显现，2010 年上半年 GDP 为 15607 亿元，占全国比重上升为 9.0%。

（2）经济速度增长加快，逐步赶上国内平均增长水平。1994 年以来，东北地区经济增长速度多数年份低于全国平均水平。"十一五"以来，经济增长速度不断提高，2006 年名义 GDP 增长率为 15.02%，接近于全国平均水平（15.67%）；2007 年名义 GDP 增长率为 18.55%，超过全国平均水平 0.76 个百分点；2008 年名义 GDP 增长率为 20.88%，比全国平均水平高 4.03 个百分点；2009 年低于全国 3.02 个百分点；2010 年上半年为 14.7%，高于全国 3.6 个百分点。

（3）东北地区与东部地区人均 GDP 相对差距呈现出缩小趋势。2005 年，东部和东北的人均 GDP 分别为 23699 元和 15797 元；2009 年分别为 40800 元和 28566 元。二者的相对差距由 1.50：1 缩小到 1.43：1。

（4）三省经济增长速度存在一定差异。辽宁省经济总量一直居东北首位，2005 年以来所占比重有增长的趋势；吉林省经济总量最小，但在东北三省的位置提升最快；黑龙江省经济总量居中，经济增长速度落后于辽宁和吉林（见图 4-6）。

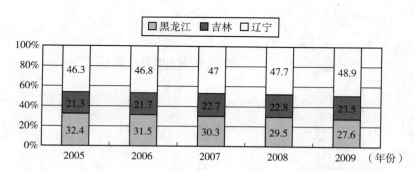

图 4-6 2005~2009 年东北三省 GDP 占东北经济总量变化

资料来源：同表 4-1。

（5）产业结构不断优化。2005～2009年，东北第一产业增加值由2133.1亿元增加到3549.8亿元，占全国的比例由9.51%增加到10.1%；第二产业增加值由8482.73亿元增加到15509.0亿元，占全国比例由9.71%降低到8.6%；第三产业增加值由6514.09亿元增加到12019.5亿元，占全国比例由8.87%减少到8.0%。①

产业结构在不断优化。2005～2009年，三次产业比重由12.79∶49.62∶37.59调整到11.4∶49.9∶38.7，第一产业比重减少，第二、三产业显著增加，说明东北的工业化程度和第三产业提高较快。

（6）财政收支状况波动明显。2000年东北一般预算收入为584.8亿元，2005年达到1200.6亿元，2009年达到2720.2亿元。2005～2009年，东北财政一般预算收入年均增长速度为22.7%。

2000年东北一般预算支出为1160.6亿元，2005年增长到2623.3亿元，2009年达到6039.3亿元。2005～2009年，东北财政一般预算支出年均增长速度为23.2%。

2005～2008年，东北财政一般预算收入占财政一般预算支出的比例由45.8%提高到48.4%，地方财政收支状况有一定改善。但2009年该比例又降低到45.0%，财政收支有所恶化。

（7）对外贸易增长依然缓慢。2005年东北进出口总额571.12亿美元，占全国的比重为4.0%。"十一五"以来，东北地区外贸发展受金融危机影响较小，但依然缓慢。2006～2009年，东北地区进出口总额年均增长9.5%，高于全国平均水平1.7个百分点。2008年东北地区进出口总额1086.76亿美元，占全国的比重为4.2%，比2007年提高0.2个百分点（安树伟，任媛，2009）。2009年受金融危机的影响显著，进出口总额909.1亿美元，占全国的比重为4.1%，比2008年降低0.1个百分点。2010年上半年上升为4.3%，比2009年提高了0.2个百分点。

（8）城乡居民收入差距不断缩小。2000～2009年，东北城乡居民收入差距一直小于全国平均水平。2005年，东北地区城镇居民人均可支配收入为8690元，农村居民人均纯收入为3392元，城乡居民收入差距为

---

① 全国一、二、三产业增加值为国家统计局公布的数据，非各省（市、区）的累加数。

2.56∶1；2009年，东北城镇居民人均可支配收入为14324元，农村居民人均纯收入为5457元，城乡居民收入差距比为2.62∶1，而同期全国城乡居民收入差距由3.22∶1扩大为3.33∶1。

2. 经济发展空间

东北地区经济发展中，以其丰富的自然资源条件为基础，以科技创新能力为支撑，以城市为空间载体，以交通线为联结，形成了众多大小各异、行业广布的产业带。

（1）出现了多层次的产业带。东北的产业带，既有跨省区的巨型产业带，又有省级的产业带，还有多个县组成的产业带，现已形成了一个以哈大线为主轴的巨型产业带。此外，还有以松嫩平原、三江平原为重点的粮食产业带。

哈大产业带，包括黑龙江的哈大齐产业带、吉林省的长吉产业带、辽宁省的辽中南城市群产业带，以大连、沈阳、长春、哈尔滨四大城市为核心，以重大装备制造、汽车、石化、钢铁、高新技术、农产品加工、现代服务等产业为重点，是东北地区经济发展的核心地带，经济发展水平也最高。该产业带属于全国经济比较发达地区之列，是位居长三角、珠三角、环渤海之后的第四大经济增长区。在哈大经济带中，辽中南经济带实力最强，哈大齐经济带次之，长吉经济带再次之。

（2）产业带规划居多，建设缓慢。"十一五"期间，东北各省提出了一系列产业带建设目标，但目前更多地停留在规划层面，实际产业带的建设还在进行中。

按照最初设想，哈大齐工业走廊包括22个园区，规划面积921平方公里，分三步以15年为期限完成整个走廊的建设。计划到2010年哈大齐建设面积要完成255平方公里，然而截至2009年9月底，哈大齐走廊累计开发面积为105.79平方公里。另外，走廊建设资金短缺和贷款难问题也比较突出。公共基础设施建设滞后、公共服务不到位以及支撑大项目建设的资金短缺等问题，已经成为哈大齐工业走廊发展的瓶颈。东北其他产业带的建设也存在类似的问题。

（3）产业带规划趋同。辽宁省"十一五"规划纲要提出，要"大力加强两大基地、发展三大产业。"两大基地是指，以交通运输制造业、基础设备与成套设备制造业、军事装备制造业为主的装备制造业基地，以石化、钢铁、建材为主的原材料工业基地。三大产业是指高新技术产业、农产品加工业和现代服务业。

吉林省"十一五"规划纲要提出，"加快建设五大产业基地，改造提升冶金等产业，培育旅游等优势产业。"五大基地是指，国家级汽车产业基地、石油化工产业基地、农产品加工业基地、现代中药和生物制药基地、高新技术产业基地。改造提升冶金产业，重点发展精品钢产品，积极培育旅游产业等优势产业，促进各产业群体性发展。

黑龙江省"十一五"规划纲要提出，"发展六大产业群，建设六大基地，建设旅游强省。"六大基地是指，现代化重大装备制造业基地、国家一流的石化基地、东北地区煤电基地、全国最大世界知名的绿色特色食品生产加工基地、我国重要的"北药"基地、我国重要的林产品加工基地。

总之，东北三省都在发展装备制造业、石化、医药产业、现代农业和原材料工业基地，忽视了省区间的分工与协作，弱化了区域资源整合。

3. 城市化

2005～2009年，全国城市化水平从43.0%上升到46.6%，① 东北地区的城市化水平从55.1%提高到56.9%，一直高于全国平均水平，但增长速度较慢。辽宁省的城市化水平从58.7%上升到60.4%，吉林省从52.5%上升到53.3%，黑龙江从53.1%上升到55.5%（见表4-7）。

表4-7　　　　2005～2009年东北和全国城市化水平变化　　单位：%

年份	辽宁	吉林	黑龙江	东北	全国
2005	58.7	52.5	53.1	55.1	43.0
2006	59.0	53.0	53.5	55.5	43.9
2007	59.2	53.2	53.9	55.8	44.9
2008	60.1	53.2	55.4	56.7	45.7
2009	60.4	53.3	55.5	56.9	46.6

资料来源：同表4-1。

① 2010年上升到47.5%。

从城市化发展阶段看,东北地区已进入城市化的中期阶段,距离城市化的后期阶段①尚有一定差距。如果按照 2005~2009 年城市化进程推算,则需要 29 年左右的时间。

(二) 全球性经济危机对东北的影响不容忽视

1. 工业增速经历了先降低后上升的过程

2008 年以来,东北三省工业经济整体处于下行状态,历月工业增加值增速不断减少。2008 年 2~12 月,黑龙江工业增加值月增速从 18.2% 下降到 8.9%;吉林从 23.6% 下降到 9.0% (见图 4-7)。2008 年 11 月,国家为应对国际性经济危机,实施了 4 万亿元的经济刺激计划,东北工业经济在 2009 年开始停止下跌并缓慢回升,在 2009 年 10 月工业增加值月增速回升到危机前水平,2009 年工业增加值为 1.35 万亿元。

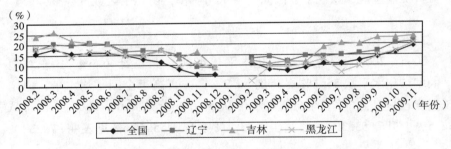

图 4-7　2008 年 2~2009 年 11 月东北三省
工业增加值 (可比价) 增速变化
资料来源:根据各省统计局网站公布数据整理计算得到。

2. 经济危机对贸易的影响要滞后一些

以黑龙江省为例,2008 年 2 月以来,黑龙江省进出口增加值和出口增加值一直在上升,至 2009 年 1 月才开始下降,2009 年 7 月开始缓慢回升,但出口增加值低于 2008 年 (见图 4-8)。

---

① 城市人口比重超过 70%。

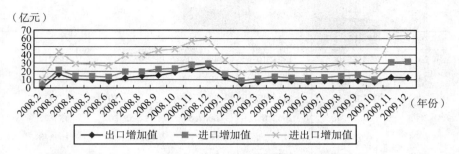

图 4 – 8 2008 年 2 ~ 2009 年 12 月黑龙江省历月进出口情况

资料来源：根据黑龙江经济信息网公布数据整理所得。

（三）东北振兴战略实施效果评价

实施东北地区等老工业基地振兴战略六年来，以国有企业改革为重点的体制机制创新取得重大突破，多种所有制经济蓬勃发展，经济结构进一步优化，自主创新能力显著提升，对外开放水平明显提高，基础设施条件得到改善，重点民生问题逐步解决，城乡面貌发生较大变化。在当前形势下，认真总结振兴经验，进一步充实振兴战略的内涵，及时制定新的政策措施，既是应对国际金融危机、促进全国经济平稳较快发展的需要，也是推进东北地区等老工业基地全面振兴的需要。

1. 东北振兴政策力度

东北振兴战略实施前后，经济总量一直在增加，但经济年增长率略低于全国平均水平（见表 4 – 8）。

表 4 – 8　　　　1993 ~ 2009 年东北三省地区生产总值变化　　　单位：亿元

年份	黑龙江	吉林	辽宁	东北	全国
1993	1203.22	717.95	2010.82	3931.99	35333.9
1994	1618.63	936.78	2461.78	5017.19	48197.9
1995	2014.53	1129.20	2793.37	5937.10	60793.7
1996	2402.58	1337.16	3157.69	6897.43	71176.6
1997	2708.46	1446.91	3490.06	7645.43	78973.0
1998	2832.80	1571.20	3881.70	8285.70	84402.3
1999	2897.41	1660.91	4171.69	8730.01	89677.1

年份	黑龙江	吉林	辽宁	东北	全国
2000	3253.00	1821.19	4669.06	9743.25	99214.6
2001	3561.00	2032.48	5033.08	10626.56	109655.2
2002	3882.16	2246.12	5458.22	11586.50	120332.7
2003	4057.40	2662.08	6002.54	12955.20	135822.8
2004	4750.60	3122.01	6672.00	15133.87	159878.3
2005	5511.50	3620.27	7860.85	17140.78	183217.4
2006	6201.45	4275.12	9214.21	19715.17	211923.5
2007	7065.00	5284.69	11023.49	23373.18	249529.9
2008	8310.00	6424.06	13461.60	28195.66	300670.0
2009	8587.00	7278.75	15212.49	31078.22	340506.9

资料来源：同表 4 - 1。

1993～2003 年，东北 GDP 总量占全国的比重一直呈下降趋势，年均下降 0.15 个百分点；1995～2003 年，年均下降 0.0175 个百分点。利用 1993～2003 年数据，建立一个关于差距速率与时间的计量模型。得到如下拟合函数：

$$Y = -0.001089951358x + 2.276544963 \qquad (4-1)$$

式（4-1）中，Y 表示东北 GDP 比重占全国比例；x 表示时间。模型结果说明，东北 GDP 占全国比重以每年 0.109% 的速度减小。

东北振兴战略实施之后，2008 年东北地区 GDP 占全国比重与 2007 年比提高 0.1 个百分点，结束了 2000 年以来不断下降趋势，但 2009 年由于金融危机的影响比 2008 年降低 0.1 个百分点，2010 年恢复增长态势，上半年 GDP 占全国比重提升为 9.0%；东北地区与东部地区人均 GDP 的相对差距呈现出缩小趋势，2005～2009 年二者的相对差距由 1.50∶1 缩小到 1.43∶1。同时，东北固定资产投资、社会消费品零售总额占全国比重及同比增速都同时保持增长趋势。这充分表明为推动东北地区等老工业基地振兴，国家有关部门所采取的政策开始见效（安树伟，任媛，2009）。也说明东北振兴战略的效果有一定的滞后性、体制、机制以及观念的转变非一日之功（安树伟，郁鹏，2008）。

东北振兴战略的实施是一个渐进的过程，效果的体现也是一个逐步展现的过程,经过初期的基础设施建设、投资环境改善、产业结构调整以后,经济增长速度将出现一个逐步加快的趋势。

2. 东北振兴政策实施效果

区域经济的增长受到三方面影响:一是经济本身发展的内在需求;二是政府的政策;三是国外经济发展。政府制定区域政策就是通过改变区域的经济环境,进而改变区域的经济面貌。如通过基础建设投资,降低区域内部的交通成本、降低税率吸引外部投资、简化行政手续减少企业交易成本、建立集中市场实现集聚经济效益。

鉴于上述经济关系,我们考察区域政策的影响系数。由于一般政府政策的支持可以通过政府投资来体现,经济增长用工业增加值体现。下文选取2008~2009年黑龙江省历月工业增加值和城镇固定资产投资进行分析。对2008年工业增加值与城镇固定资产投资总额进行计量模型分析,得到如下拟合方程:

$$Y = 0.7125192823x + 815.4938338 \qquad (4-2)$$

式(4-2)中,Y为工业增加值;x为城镇固定资产投资总额。式(4-2)表明,城镇固定资产投资总额每增加1个单位,工业增加值总额增加0.71个单位。

固定资产投资可以分为中央政府投资和地方政府投资,二者的投资力度表明中央支持力度和地方支持力度的变化。仍然以黑龙江为例分析,2008~2009年黑龙江省中央政府投资比例为23.58%,地方政府投资比例为76.42%。地方政府投入对工业增加值的影响系数为0.5445,中央政府投入对工业增加值的影响系数为0.168。

3. 政策法规等支撑体系

(1)国家对东北振兴的支撑体系逐步完善。东北振兴战略实施后,中央政府及各部门先后制定了《东北地区扩大增值税抵扣范围若干问题的规定》、《关于落实振兴东北老工业基地企业所得税优惠政策的通知》、《关于促进东北老工业基地进一步扩大对外开放的实施意见》、《东北地区厂办大集体改革试点工作指导意见》、《财政部、税务总局关于豁免东北企业历史欠税通知》、《关于东北地区老工业基地土地和矿产资源若干政策措施》、《国家发展改革委关于振兴东北老工业基地高技术产业发展专项第一批高技术产业化项目的通知》、《东北地区电力工业中长期发展规划》、《关于推进东北地区棚户区改造工作的指导意见》、《财政部、农业部、国家税务总局关于 2004 年降低农业税税率和在部分粮食主产区进行免征农业税改革试点有关问题的通知》、《关于完善城镇社会保障体系的试点方案》、《国务院关于促进资源型城市可持续发展的若干意见》等政策，对东北地区的税收、对外开放、基础设施建设、产业结构调整、社会保障、可持续发展等方面给出了明确政策。

（2）地方政策各有侧重。黑龙江省近年制定了《黑龙江省质量兴省的实施意见》、《黑龙江省人民代表大会常务委员会关于停止执行部分地方性法规涉及的行政许可项目的决定》、《关于外国投资者并购境内企业股权有关税收问题的通知》、《黑龙江省发展中医药条例》、《黑龙江省节约能源条例》、《黑龙江省农村劳动力转移办法》、《黑龙江省石油天然气勘探开发环境保护条例》、《黑龙江省人民政府关于保留和取消行政许可（审批）项目的决定》、《黑龙江省城镇企业职工基本养老保险规定》、《关于进一步加快民营经济发展的若干意见》，从质量安全、减少行政中间环节、节能环保、产业规划、社会保障等不同的方面创造优良的发展环境。

辽宁省制定了《辽宁省促进中小企业发展条例》、《辽宁省地质环境保护条例》、《辽宁省节约能源条例》、《辽宁省环境保护条例》等具体地方性法规。

（四）促进东北地区全面振兴需要解决的问题

虽然实施东北振兴战略以来取得了很大的成绩，但是相对于东北在全国的地位来说，仍然振而未兴。在东部率先、中部崛起、西部开发的大背景下实现东北振兴，迫切需要解决一系列问题。

1. 提供区域经济起飞的原动力

一个经济区域从不发展到发展、从落后到发达，是一个超越的过程，这个过程常常表现为经济加速增长和经济结构调整。经济加速增长和经济结构调整意味着生产要素和产品与服务的流动，区域的繁荣发展过程就是利用区域内的某种或者某几种优势进行累积的过程。这种优势可能是自然资源禀赋优势，也可能是生产要素优势，还可能是生产活动的空间优势。

落后地区之所以落后，是由于缺乏或者尚未发现其绝对优势或比较优势，或者既有的优势丧失。要想赶上和超过先进地区，必须要找到新的经济增长点或者起飞的动力所在。一般来说，区域经济起飞的动力产生有三个来源：一是区域内新的自然资源禀赋和生产要素优势；二是区域内的生产活动的空间优势；三是区域外部突然增加的新需求。

东北地区原来在全国范围内领先，一方面是新中国成立初期中央政府的大量投入，另一方面是资源优势明显。改革开放后，东北部分地区资源枯竭，政府对东北地区投入减少，旧的经济体制不再适应新的形势，东北在全国的经济地位下降了。东北要振兴，依赖于区域外部的新需求可能性较小，自然资源在区域发展的地位也在逐渐下降，因此需要依靠生产要素优势或者生产活动的空间优势。后者优势的建立可以由区域经济本身发展得到，也可以通过政府政策的制定和实施实现。由政府政策产生的区域经济起飞动力会因为政策的持续性不足而消失，而由区域经济本身的优势所产生的经济起飞动力则不会因此而消失。

2. 构建经济持续增长的动力机制

为了促进东北振兴，政府制定了一系列的相关政策，给予了财政、税收、产业、社会保障、进出口等优惠政策，这些可以在短期内迅速推动东北地区的发展。但是，东北长期的经济增长必须依靠持续增长的动力。

维持经济持续增长的动力是由多种经济原动力组成的动力机制。东北需要在经济起飞后不断发现和创造新的动力，形成一个由政策动力出发，由区外需求动力补充，由利用规模经济、集聚经济和新产业集群不断激发的生产要素优势和生产活动优势构成，促进经济持续增长的动力机制。

3. 固化可持续发展的制度保障

维持经济持续增长的动力机制建立后，还需要通过制度把它固化下来，这种制度的实施和改变就是制度变迁。从新制度经济学角度看，东北地区实施的振兴战略实质上就是一场强制性的制度变迁，具有快速性、显著性特点。资源枯竭城市转型、国有企业改造、农村剩余劳动力转移、主导产业培育、城市化推进、特色产业园区建设、吸引外资……，均需要改革现有的金融、户籍、财政、教育、社会保障等制度，只有这些配套的制度环境也改变了，东北地区的经济才能实现真正的振兴。因此，如何能在强制性变迁之后实现东北地区的可持续发展，形成可持续发展的制度保障，是东北振兴迫切需要解决的另外一个问题。

4. 推进区域经济一体化

东北三省地理位置相依，产业结构和自然资源结构既有一定相似性，又有一定差异。从产业经济角度看，东北三省都以装备制造、能源、化工、医药、现代农业等为支柱产业。《东北地区振兴规划》提出："加快区域合作进程。建立区域协调互动机制，打破行政壁垒，加速要素资源合理流动，加强基础设施共建共享，推动区域合作，促进协调发展。"① 但趋同的产业结构必将加剧三省间的竞争，阻碍区域合作的深度和广度。

（五）"十二五"时期东北经济振兴的总体思路

"十二五"时期，东北地区要以科学发展观统领经济社会发展全局，加快构建社会主义和谐社会，促进东北地区全面振兴。加快发展先导产业和产业集群，促进产业结构优化升级，大力发展现代农业，加强重大基础设施建设，加快资源枯竭型城市经济转型，促进资源节约和综合利用（国家发展改革委地区经济司，2009）。

强化东北地区现代农业、工业基地和资源城市转型的物质基础和制度保障，集中实施重大项目建设，建立东北地区长远发展的大框架基础；利用区域优势进行战略布局，立足东北，面向全国和世界，建立全国的高附加值农产品基地和制造业基地；重点发展产业集聚区，推动主体功能区建设，积极发挥以省会城市为重点的中心城市带动作用，促进大中城市和小城镇的协调发展；鼓励科技创新，着力增加政府研究与开发资金投入，逐步以科技创新、技术改进奖励代替资金、税收优惠，鼓励企业加大研发力度，引导企业提高自主创新能力，形成区域持续发展的原动力；继续支持资源型城市经济转型，建立多元化的投融资体制，推进建立和完善资源开

---

① 国家发展和改革委员会、国务院振兴东北地区等老工业基地领导小组办公室：《东北地区振兴规划》，2007 年。

发补偿机制与衰退产业援助机制,积极发展接续替代产业,延长产业链,多方面积极完善社会保障体系,充分发挥地区优势,加快区域合作进程;深入节能减排,发展低碳经济,实现可持续发展。

(六)"十二五"时期东北经济进一步振兴的对策

1. 加大基础设施建设,提高区域比较优势

进行跨区域高速铁路建设,完善和密集铁路路网体系,推进省际高速公路建设,完善城镇密集区快速交通网络,加快小型机场建设和港口建设,减少城市通行时间,形成沿路经济带。加快东北地区信息一体化建设;积极推进电子政务、电子商务、远程教育和远程医疗等信息综合应用系统建设,实施文化信息资源共享工程;推进电信网、广播电视网和计算机互联网三网融合,加快宽带通讯网建设。加大农田水利基础设施建设,加快大型灌区续建配套和节水改造工程建设,降低农业生产成本。

2. 深入推进节能减排,发展低碳经济

完善资源管理体制,推进资源价格改革,提高能源使用效率,发展和利用可再生资源;淘汰落后产能,强化污染防治;按照低投入、低消耗、高产出、高效率、低排放、可循环和可持续的原则发展低碳经济;引进资金和先进的低碳技术,提倡低碳生产和低碳消费,促进低碳经济的健康发展;建立资源节约型、环境友好型社会,建设一个良性的可持续能源生态体系。

3. 进一步调整产业结构,提升产业综合竞争力

以发展生产性服务业、建立大的产业基地产业集群为重点,深入推进产业结构调整。利用传统产业优势,积极推进信息化与工业化融合,用现代信息手段改造传统产业,加快传统产业升级。淘汰落后产业,防止重复建设。提高对东北老工业基地调整改造项目的中央预算内资金支持比例。

支持东北老工业基地优势产业、骨干企业、重点品牌扩大市场份额。大力发展东北地区具有优势的大型铸锻件、核电设备、风电机组、盾构机械、先进船舶和海洋工程装备、大型农业机械、高速动车组、大功率机

车、高档数控机床等市场急需产品及关键配套件。

努力促进汽车产业调整结构，重点发展自主品牌汽车、小排量汽车、新能源汽车及关键零部件。继续调整钢铁工业产品结构，淘汰落后产能，提高市场竞争力，同时加大资源勘探开发和对外合作力度，提高矿石资源的保障水平。优化提升石化产业，抓紧组织实施大型炼油、乙烯项目，提高加工度，发展精细化工、化肥等化学工业。

依托装备制造业整机制造能力强的优势，发展基础配套零部件、加工辅具和特殊原材料等；依托国防军工企业汇集的优势，发展军民两用技术，促进军民融合，增强军工企业的辐射带动作用；依托原材料加工基地的优势，努力发展下游特色轻工产业；依托农林产品商品量大、品质好，畜牧养殖业发达的优势，大力发展农林畜产品精深加工业；依托北方中药材资源优势，发展现代中药产业；依托地处东北亚中心的地缘优势，加强与周边国家的能源和资源开发合作。积极发展航空航天、电子信息、生物医药、新能源、新材料等新兴产业，促进资源枯竭性城市产业转型。鼓励地方政府设立专项扶持资金，支持潜力型产业发展。

加快发展现代服务业。加大对金融、产权交易、现代物流业、软件和服务外包业、文化产业等做出具体的鼓励政策。大力发展旅游业，发展一批特色鲜明、吸引力强的旅游目的地，提高管理服务水平，建立大东北无障碍旅游区。

发展现代农业。加快农业基础设施改造，提高土地流转水平；鼓励农户企业化经营，发展农户合作制，充分利用现代市场保证农民的收益；打造商品粮基地，配套产业和服务体系。

4. 加快区域合作，建立高效共赢的区域合作机制

建立区域公共事务多元化管理机制，完善区域合作的政策协调、利益协调、争议解决、广泛参与机制，进一步推进区域发展的开发层次。解决区域大交通体系规划，加快区域旅游合作。加强生产要素的跨省市流动，加快信息资源的开发利用与共享。建立区域统一行政管理机构，定期研究协调跨省区重大基础设施项目建设、产业布局以及区域协调发展等问题；平等协商，编制和实施区域总体规划。建立区域共同发展基金制度，为扶持落后地区发展、区域共享的公共服务设施、环境设施、基础设施建设等

提供资金和利益补偿。大力推进区域经济一体化,提高城市化质量,使之成为推进区域经济增长的新驱动力。

5. 扶持重点产业聚集区发展,建设重点经济增长极

发挥哈大经济带的带动作用,形成统领东北地区经济发展的主干骨架(国家发展改革委地区经济司,2009)。支持辽宁沿海经济带、沈阳经济区、哈大齐工业走廊、图们江区域合作开发项目建设。充分发挥沈阳、长春、哈尔滨、大连和通化等高技术产业基地的辐射带动作用,形成一批具有核心竞争力的先导产业和产业集群。加快推进东北地区符合条件的国家经济技术开发区扩区和重点省级开发区升级工作。通过东北地区的几个重点增长极的大力建设,带动东北地区的整体振兴。

6. 完善社会保障体系,为区域发展提供制度支撑

加快改革开放步伐,深化体制改革,改革户籍、医疗、社会保险制度,促进劳动力转移;完善新型农村合作医疗和农村医疗救助制度,健全农村最低生活保障制度和农村养老保险制度;促进国有企业转制,采用多种途径解决国有企业历史遗留问题,深化国有企业改革,完善现代企业产权制度,健全公司法人治理结构。推进国有金融企业股份制改革,加快股份制商业银行改革。

7. 转变政府管理理念

建立服务型政府管理理念,推行政企分开、政资分开、政事分开、政府与市场中介组织分开,减少和规范行政审批;全面推进依法行政,营造公正透明的法制环境;进一步整顿和规范市场秩序,加快建设社会信用体系。调整和优化财政支出结构,加快公共财政体系建设。深化部门预算、国库集中收付、政府采购、收支两条线和乡村财政财务管理方式改革,提高财政管理水平;完善转移支付制度,落实各项税收改革政策,促进经济加快发展;强化审计监督,提高财政资金使用效益。加大财政支出力度,增强区域经济增长自我启动能力。

8. 健全和完善科技创新体系,提高自主创新能力

坚持技术创新和体制创新相结合、市场导向和政府调控相结合,建立

和完善以企业为主体的技术创新体系。激励企业自主创新，增强企业开发实力；逐步以科研奖励和技术改造奖励替代税收优惠；建设和完善以高等院校和科研机构为主体的知识创新体系，建设和完善以科技成果转化为重点的创新服务体系。加强中试基地、行业技术开发基地、高新技术开发区建设，加快发展面向中小企业的生产力促进中心、科技信息网、科技创新服务中心、大学科技园及多种类型的孵化器，培育为企业提供创新服务的中介机构，促进科技成果向现实生产力转化。加强重点实验室等科技基础设施建设，支撑科学技术创新。

9. 推进老工业基地振兴政策的法制化

借鉴国外经验，只有先解决老工业基地振兴的法律地位，才能从根本上保证政策的稳定性和实施效果，形成政策保障的长效机制，推动老工业基地振兴走上法制化、制度化的轨道。为此，必须尽快制定出台《老工业基地振兴法》，以法律的形式确立老工业基地振兴的地位，并保障各项政策措施的实施，尤其要保障振兴资金的稳定来源及其使用效果（魏后凯，蒋媛媛，邬晓霞，2010）。

参考文献：

1. 安树伟：《中国大都市区膨胀病的国家治理政策》，载《改革与战略》2009 年第 3 期。

2. 安树伟、任媛：《"十一五"以来我国区域经济发展的新态势与新特点》，载《发展研究》2009 年第 9 期。

3. 安树伟、郁鹏：《"十一五"以来我国区域经济运行态势及未来政策取向》，载《西南民族大学学报》（社会科学版）2008 年第 10 期。

4. 樊纲等：《中国市场化指数：各地区市场化相对进程 2009 年报告》，经济科学出版社 2010 年版。

5. 高江虹：《铁路建设跃进路线图：三年计划投资 2 万亿》，载《21 世纪经济报道》，2009 年 8 月 14 日。

6. 国家发展改革委：《关中—天水经济区发展规划》，2009 年。

7. 国家发展改革委：《广西北部湾经济区发展规划》，2008 年。

8. 国家发展改革委、国务院振兴东北地区等老工业基地领导小组办公室：《东北地区振兴规划》，2007 年。

9. 国家发展改革委：《珠江三角洲地区改革发展规划纲要》（2008～2020 年），

2008年。

10. 国家发展改革委地区经济司：《"十二五"时期促进区域协调发展的基本思路与政策建议》，载《中国经贸导刊》2009年第19期。

11. 国家发展改革委地区经济司：《我国区域协调发展"十二五"思路建议》，http://www.sndrc.gov.cn/view.jsp? ID=13389，2009-12-15.

12. 国家发展改革委固定资产投资司：《投资与GDP增长关系的分析及政策建议》，http://www.sdpc.gov.cn/zjgx/t20050804_38749.htm.

13. 国务院：《国务院关于进一步促进中小企业发展的若干意见》. 国发〔2009〕36号，2009年9月19日。

14. 韩慈：《论中国区域协调发展总体战略的形成与实施》，载《中国石油大学学报》2009年第2期。

15. 郝寿义：《环渤海沿海经济带发展趋向及政策建议》，载《2009全国港口物流与区域发展研讨会暨2009年中国区域经济学学年会论文集》，2009年。

16. 吉新峰、安树伟：《西部大开发以来我国西部地区经济格局变动研究》，载《西南大学学报》（社会科学版）2010年第1期。

17. 江国文、李永刚、汤纲：《武汉城市圈"两型社会"建设协调推进体制机制研究》，载《学习与实践》2009年第2期。

18. 江苏省统计局：《危中有机 前景广阔——2008年江苏高新技术产业发展简述》。http://www.jssb.gov.cn/jstj/fxxx/tjfx/200907/t20090702_109623.htm.

19. 江宜航、童彤：《结构调整升级：下阶段政策重点》，载《中国经济时报》，2009年10月29日。

20. 李龙：《珠三角：以错位发展破解产业同构化》，载《中国高新技术产业导报》，2009年3月30日。

21. 刘彦随、彭留英：《我国中部地区农业发展定位与战略》，载《经济地理》2008年第7期。

22. 刘洋等：《中部地区经济协调发展问题研究》，载《经济地理》2009年第5期。

23. 戚本超、景体华：《区域蓝皮书：中国区域经济发展报告》（2007~2008），社会科学文献出版社2008年版。

24. 戚本超、景体华：《区域蓝皮书：中国区域经济发展报告》（2008~2009），社会科学文献出版社2009年版。

25. 盛广耀：《中国特色城镇化道路的内涵解读》，载《中国经济时报》，2009年12月16日。

26. 宋建军：《世界资源形势和资源战略》，载《前线》2005年第11期。

27. 完世伟:《中部地区工业化与城市化协调发展研究》,载《中州学刊》2008年第9期。

28. 汪阳红等:《"十二五"促进区域协调发展的思路》,载《中国投资》2009年第9期。

29. 王晓琳:《基于博弈论的港口过度竞争》,载《中国水运》2008年第11期。

30. 魏后凯、蔡翼飞:《西部大开发的成效与展望》,载《中国发展观察》2009年第10期。

31. 魏后凯、蒋媛媛、邬晓霞:《我国老工业基地政策评价与调整思路》,载白永秀:《区域经济论丛(十)》,中国经济出版社2010年版。

32. 严清华、周江洪:《中部"三农"问题解决对策研究》,载《学习与实践》2009年第6期。

33. 昝国江、王瑞娟、安树伟:《山西煤炭资源型城市产业转型的科技支撑研究》,载《山西师范大学学报》(自然科学版)2007年第1期。

34. 张平、张赟:《中部地区能源发展:现状与政策》,载《武汉大学学报》(哲学社会科学版)2006年第4期。

35. 张占东:《基于中部崛起的中部六省产业结构调整探析》,载《湖北社会科学》2006年第2期。

第五章　区域政策手段比较及我国区域政策手段完善方向

一、区域政策手段效果比较

区域经济政策，简称区域政策，是政府干预区域经济的重要工具之一，它通过政府的集中安排，有目的地对某些类型的问题区域实行倾斜，以改变由市场机制作用所形成的一些空间结果，促使区域经济发展与区域格局协调并保持区域分配合理（张可云，2005）。由于区域政策是政府宏观政策的组成部分，因而它所能运用的政策手段与其他政策一样，通常分为经济手段、行政手段和法律手段（见表5-1）。

表5-1　　　　　　　　区域政策手段对比

类别	法律手段	经济手段	行政手段
执行主体	立法机关、司法机关和行政机关	立法机关和行政机关	行政机关
表现形式	法律条文	货币政策、财政税收政策等	行政命令、行政文件、行政会议等
特点	规范性、强制性、稳定性	利益性、间接性、多样性	权威性、强制性

经济手段不仅包括利用价格、税收、利率等杠杆间接调节地区关系，而且也包括直接制定财政、投资、金融等方面的区域差别政策和倾斜政策。行政手段主要以政府的行政命令、行政文件、行政会议等方式出现，如中央政府通过行政指令动员发达地区对欠发达地区实施"对口帮扶"、

实行人口迁移计划、制止地方保护主义和重复建设；通过召开各地区行政领导会议，解决地区间一系列不协调问题；通过政府所属机构的迁移、政府采购等活动来引导要素资源合理流动或均衡分配。法律手段就是通过立法形式对区域经济活动实施强制调控，如颁布地区开发法、地区（国土）整治法、工业布局法（魏后凯，2006）。

在经济调控中，运用调控政策手段和工具必须从一定的客观依据出发，对调控政策手段和工具的选择应尽可能符合功效性、效率性、可操作性、社会可行性、公众参与度，并且手段的使用要考虑到社会成本的承担以及实施效果的大小。区域政策的三种手段在使用上差别较大（见表5－2）。

表5－2 区域政策手段实施效果比较

效 果	法律手段	经济手段	行政手段
时效性	弱	较强	强
稳定性	强	较弱	弱
公众参与程度	高	较高	低
短期成本	高	较低	低
长期成本	低	较高	高
实施效果	好	较好	差

（一）时效性

行政手段由行政机关直接做出，措施颁布简便灵活，见事早，反应快，措施出台迅速，直接作用于调节对象，因此可以较快地达到预期效果。

经济手段一般不是直接作用于调节对象，措施要通过市场机制起作用，调节措施的提出较迅速，但是实施效果的出现却需要相当长时间才能体现，而且结果不一定符合预期。

法律手段在相关法律的制定时需要相当长的时间，执行主体包括了立法、执法和行政机关集体参与。法律的起草、颁布到正式实施需要很长的讨论商议时间，甚至等到针对相关问题的法律颁布出来已时空转换，时滞太长，造成政策调整效果不佳。

（二）稳定性

行政手段由政府"红头文件"形式出现，由于政策制定者本身也是社会中的一个特定利益群体，政府的自由裁量权过大，随着市场环境的变化以及决策者本身的有限理性，最容易"朝令夕改"，即稳定性最差。

经济手段的执行主体决定了也具有一定的不稳定性。行政手段与经济手段都容易造成市场参与主体的预期不稳定，造成人们短期性决策行为的发生。

法律手段则在法律颁布之后相当长时间内不会发生改变，作为一种行为规范形式存在，政策的稳定性最好。

（三）公众参与程度

行政手段采取命令等的方式提出，在市场化程度、人们法治意识不断提高以及舆论、网络等飞速发展的情况下，行政手段越来越多地引起公众的思考与讨论。政府机构臃肿、管理链条过长，造成信息传递不畅，甚至失真，横向沟通困难等引发交易效率的低下。而且用公民的税收供养的公务员的行为在人民主权意识不断提高的今天更多地引起了公众的关注和质疑。

经济手段通过物质利益诱导的方式间接地对市场主体的生产经营产生影响，是市场化的调节手段，公众参与度最高。

法律手段则在其规范性上为公众广泛接受和认可，法律就是在限制人的某项自由的基础上给人的行为以最大的自由。通过立法工作，确定区域主体经济利益准则和利益关系。此外，企业和居民的地位及民主权利也要通过法律制度来保障。

（四）成本的承担

1. 短期成本

行政手段以行政机关直接命令形式出现，具有反应迅速、简便灵活的特性,"拍板定案",短期内不需要很大的成本投入。

经济手段的执行主体是立法机关与行政机关,以物质利益为基础,通过国家对经济活动的间接干预实现其职能,从而间接影响市场主体经济行为的选择,通过货币政策、财政税收政策等,明确向市场主体传达信息,短期内投入的成本比行政手段高。

法律手段由行政机关、立法机关和司法机关三者执行,短期内相关法律的起草、颁布与实施需要投入很大的成本,而且由于法律的出台总是基于一定的经济现象出现之后才加以规范,时间成本最大。

2. 长期成本

行政手段由决策者根据及时观察到的有限的信息做出判断。虽然可以迅速达到短期预期目标,但是长远来看效果不一定好,经常出现为了解决眼前的问题,而产生若干年后比眼前的问题还要更严重的问题。而且不加规范的行政行为有可能只是行政官员"拍脑袋"的结果,却让社会承担所有成本。产生的原因主要有两方面:一是政策制定者不能完全获取所有信息,且具有有限理性;二是决策不科学及官员偏好所致。由此导致,在区域政策三种手段中,行政手段的长期成本最高。

经济手段通过经济政策间接调节,体现了市场经济的作用方式,但是它的制定也是政府相机抉择的结果,善变和随意风险较大。

法律手段则稳定规范,一旦某项相关法律制定之后,它的实施则就是依照固定规范、明确标准进行衡量和调整,长期边际成本几近于零。

(五) 实施效果

行政手段可以迅速达到预定目标,短期效果显著,然而由于地方领导是"对领导负责"而不是真正"对公众负责",可能给长期的经济社会发展带来较多负面作用。如某些地区政府官员为了完成招商引资指标,推出"零地价"政策,使生产要素成本大大扭曲,造成资源大量浪费,地区产业布局不合理。

经济手段以物质利益为基础,能够有效地调动积极性、主动性,它的效果显现需要一个较长时间的机制转换,作用领域主要限于经济领域,不能解决社会需求和精神问题。

法律手段可以有效规范区域市场主体行为，实施效果稳定、连续，有利于形成稳定预期，维系市场经济健康运行。

二、国内外区域政策手段使用状况

（一）欧盟

欧盟的发展进程是一个经济和法律互动的进程。欧盟作为当今世界仅次于美国的经济实体，其发展轨迹中掩盖不了"法律"的作用，无论是其各个基础性条约，还是其数以千计的各种"规则"、"指令"、"决定"与"建议和意见"，欧盟的各个领域的政策都是以法律为基础的。因此，对于欧盟来说，"政策"一词与"法律"无异。对于区域经济协调发展领域，欧盟通过相对稳定的宪法性条约《欧洲联盟条约》制定了"经济和社会协调一致"的发展战略，也为其制定区域经济协调发展法律奠定了宪法性基础。在"宪法"的授权下，欧盟理事会和议会作为其主要的立法机构，制定了《欧盟地区发展基金规则》（1080/2006）、《欧洲社会基金规则》（1081/2006）、《欧盟领土合作组织规则》（1082/2006）、《欧盟地区发展基金、欧洲社会基金和聚合基金一般规则》（1083/2006）、《建立聚合基金规则》（1084/2006）和《入盟前援助规则》（1085/2006）。同时，委员会作为欧盟的执行机构为实施这些规则也制定了《委员会为实施1083/2006号规则的实施细则》（1828/2006）。这些法律规范将欧盟区域政策以法律的形式固定下来，提高了政策的严肃性，也有利于政策保持稳定。这些规范涉及到欧盟区域政策的方方面面，从目标、工具、规划、实施到监督和评估，涵盖了区域政策执行的各个阶段，使得任何一种政策性行为都不会存在"脱法"的状态。正是这些规则构筑了欧盟区域经济协调发展的法律体系，在为欧盟的区域经济发展提供了法律保障的同时，也体现了欧盟高度的法治文明程度（李克歆，2008）。

（二）英国

英国的区域政策始于1934年颁布实施的《特别地区法》，1945年的《工业配置法》奠定了 1945～1960 年英国区域政策的基础，政府于 1958 年制定了新的《工业配置法》，并授权财政部对这些地区进行援助。1966 年政府又发布了《工业发展法》，1967 年政府又制定了《特别地区开发方案》，继而于 1970 年制定了《地区就业法》，对于开发地区与繁荣地区之间的中间区域予以一定的补助。1972 年英国颁布了《工业法》，奠定了英国 70 年代以后相当长一段时间内区域政策的基础。政府采取区域发展赠与金制度，对不同地区发展规定不同的补助标准以有重点地促进区域经济发展。之后英国又对其法规进行了调整和完善，对区域经济的快速协调发展发挥了巨大作用（李兴江，李阳，2008）。

另外，英国政府在区域经济管理中采取强制性竞争招标制，则是应用行政手段的成功案例。

（三）美国

美国在 20 世纪 60 年代颁布了《地区再开发法案》、《加速公共工程法案》、《阿巴拉契亚区域开发法案》等，政府把援助不发达地区经济发展置于严格的立法、执法和司法的过程中。各级政府在区域发展上的责和权都是依法明确和履行的，以促进区域经济发展。半个世纪以来，美国的区域政策取得了很大的成就。原来经济比较落后的西部和南部经济发展速度超过了原来经济实力雄厚的东北部；田纳西和阿巴拉契亚等贫困地区的面貌迅速改观（魏后凯，2006）。

（四）中国

改革开放至 20 世纪 90 年代初，我国区域政策以不平衡发展为主；90 年代中期至今，实施了非均衡协调发展战略。在三种区域政策手段中，除采取部分经济手段外，法律手段近乎于零，[①] 大多数采用的是行政手段，均以通知、意见、纲要、决定、建议、规划等形式提出（见表 5－3）。

---

① 法律手段中，只有 2003 年开始实施的《退耕还林条例》，一些法律虽纳入立法计划，但迟迟不见出台，如《西部开发促进法》。

表 5 - 3　　　　　　　　2000 年以来我国实施的主要区域政策

年　份	主要政策
2000	《国务院关于实施西部大开发若干政策措施的通知》
2001	《国务院西部开发办关于西部大开发若干政策措施的实施意见》
2002	《"十五"西部开发总体规划》
2003	《中共中央国务院关于实施东北地区等老工业基地振兴战略的若干意见》
2004	《国务院关于进一步推进西部大开发的若干意见》
2005	《国务院办公厅关于促进东北老工业基地进一步扩大对外开放的实施意见》
2006	《中共中央国务院关于促进中部地区崛起的若干意见》、《国务院关于推进天津滨海新区开发开放有关问题的意见》、《国务院西部开发办关于促进西部地区特色优势产业发展的意见》
2007	《东北地区振兴规划》、《国务院办公厅关于中部六省比照实施振兴东北地区等老工业基地和西部大开发有关政策范围的通知》、国家发改委等六部委《关于加强东西互动深入推进西部大开发的意见》、《西部大开发"十一五"规划》、《兴边富民行动"十一五"规划》、《国务院关于促进资源型城市可持续发展的若干意见》、《国务院关于进一步促进新疆经济社会发展的若干意见》
2008	《国务院关于进一步推进长江三角洲地区改革开放和经济社会发展的指导意见》、《珠江三角洲地区改革发展规划纲要（2008～2020）》、《广西北部湾经济区发展规划》、《国务院关于进一步促进宁夏经济社会发展的若干意见》、《国务院关于支持青海等省藏区经济社会发展的若干意见》
2009	《关中一天水经济区发展规划》、《国务院关于推进上海加快发展现代服务业和先进制造业建设国际金融中心和国际航运中心的意见》、《国务院关于推进重庆市统筹城乡改革和发展的若干意见》、《国务院关于支持福建省加快建设海峡西岸经济区的若干意见》、《国务院关于进一步实施东北地区等老工业基地振兴战略的若干意见》、《国务院办公厅关于应对国际金融危机保持西部地区平稳较快发展的意见》、《江苏沿海地区发展规划》、《横琴总体发展规划》、《辽宁沿海经济带发展规划》、《促进中部地区崛起规划》、《中国图们江区域合作开发规划纲要》、《鄱阳湖生态经济区规划》、《国务院关于推进海南国际旅游岛建设发展的若干意见》

资料来源：根据相关资料整理。

　　以上分析可以看出，发达国家区域政策的实施主要是建立在法律基础之上的，权责明确，稳定预期，明细规则，有效减少了交易成本，促进了经济永续健康发展。我国则主要采取行政手段，法律手段少之甚少。

三、我国区域政策偏重行政手段的原因分析

（一）法治建设还很不完善

改革开放 30 多年来，我国的法治建设发生了巨大的变化，但是在区域经济发展方面的法律颁布却未见起色，政府决策没有相应的法律依据作为支撑和规范，造成政府官员的自由裁量权巨大。国外十分重视区域规划立法和依靠相关法规推动区域发展，而我国目前既没有关于区域发展的主体法规，也没有区域规划的相关立法。要使区域规划起到有效的引导和约束作用，必须依法确立区域规划的地位。

（二）公众参与程度落后

公民参与政策制定是克服政策腐败现象，促进政策合理化、法制化、民主化的重要途径。然而，我国政策制定的公众参与程度却远远不足，公众参与意识弱，政策制定信息不完全公开。参与制度安排的缺失、参与程序的非规范化、社会利益结构的分化、公众自身状况及现代物质技术手段引发的参与无序等，使当前我国公众参与政策过程面临一系列困境。

（三）传统治理方式的传承

我国政府对种种问题进行"批示治理"是惯常做法，先是问题一级一级往上报，再是治理的办法一级一级往下批，"批治"甚至近乎一种"路径依赖"。中国在区域层面的改革同样秉承了"摸着石头过河"的渐进道路，应该说，正是这种渐进性导致了中国区域政策手段的选择依赖：一系列政策的实施进一步强化了政府在区域发展中的主导作用。

（四）政府"经济人"追求利益最大化动机

虽然行政手段有很多的缺点，但多数执行成本都是由地方政府和企业、居民承担，中央政府作为一个"经济人"自然会多运用行政手段。并且行政手段简单灵活、时效性强，在面对突发问题时更有其自身的优

势。如 2008 年汶川大地震后的灾后重建项目的启动实施，行政手段就发挥了很大的作用。法治建设的不健全，政府官员委托—代理关系中常见的道德风险问题不可避免。回顾中国改革开放 30 年，不难发现，中央的区域政策在相当大程度上主导了中国区域的经济发展轨迹。各区域在发展过程中就形成了依赖中央政府的各种政策支持，而不是注重形成自我发展能力。所以就有了中国独特的"跑部进京"现象，以及各区域之间的以邻为壑和明争暗斗的现象。

（五）官员的任期及升迁导致的行政短期行为

首先，政府官员在某一特定岗位的任期一般为 5～10 年，而在这段时间内要出政绩最便捷的途径就是权威式的强制快速行政手段，至于副作用则是下任领导的事了，这在相当大的程度上可以解释我们经常为了解决一个问题，而产生若干年后比眼前问题还要更加严重的问题。而且我国区域政策"事后评估"很少，因为这会涉及到现任领导对上任领导的评价。其次，中国特色的政府官员任命制即只有原位不动和升迁，这促使官员们积极营造"政绩工程"，短期迅速见效。

（六）经济发展还处于较低阶段

市场经济发展的初级阶段，市场化程度不高，公众市场意识不强，需要政府引导进行资源的合理配置。法律手段的效果时滞太长，而区域问题又是处于不断变化之中。并且，目前我国民众的法律意识还很淡薄，执法力度还不够，司法不独立，即使有健全的法律，也很难保证其实施结果与预期结果相符。在这个阶段，需要行政手段快刀斩乱麻。

四、我国区域政策手段完善的方向

各种区域政策手段的比较分析以及国内外的比较可以看出，法律手段在促进经济发展方面具有的绝对优势。而且经济的快速发展，全球化及市场化程度的不断提高，要求我们重视对法治的建设与完善。我国区域政策手段应由行政手段为主尽快过渡到以法律手段和经济手段为主，以保证我国区域政策的科学性、连续性、高效性和透明性。

（一）建立一个"有限"、"有效"的政府，合理界定政府边界

改革我国"全能政府"，明确倡导政府"掌舵"而非"划桨"的职能，政府应少做具体的事务和作业，多做监督者、倡导者和执法者（安树伟，2007）。市场经济"市场"是主角，政府应该退居其次，扮演一个服务性机构，减少行政手段的使用，加强经济手段及法律手段的完善和使用。转变及完善政府官员绩效考核制度，让官员脱离唯 GDP 考核困境，紧跟市场变化，及时出台相关法律及政策，减少新型违法行为出现时的法律空白状况。培育和鼓励第三方监督，随时收集公众反映的信息及相关政策执行的监督信息，进行政策完善和矫正。立法机关要对立法进行价值选择和定位，实现经济法律制度价值的合理性。要适时、主动、科学地做好法律的"立、改、废"工作。确立和构建与经济发展相匹配的新的经济法律制定规则。经济立法要坚持科学预见、超前立法原则，兼顾各方利益。

（二）建立行政行为合法性说明制度

行政行为应该依据一定的法律做出，具有合法性，即相关法律依据以书面形式进行说明，以保证公众对该行为的知情权并能有效进行监督。

（三）由区域管理向区域管治转变

与传统的以控制和命令手段为主、由国家分配资源的治理方式不同，管治是指通过多种集团的对话、协调、合作以达到最大程度动员资源的统治方式，以补充市场交换和政府自上而下调控之不足，最终达到"双赢"的综合的社会治理方式（张京祥，庄林德，2000）。由区域管理转变为区域管治，是我国区域政策手段由行政手段向法律手段和经济手段转变的重要途径之一。改变区域管治中传统的官民，即治理者与被治理者的关系，改变区域管治只由政府一个角色承担的观念，提倡公民、营利部门和非政府组织等社会多角色参与的公民社会理念（安树伟，2007）。

对于我国区域管治而言，重视公众参与，首先政务要公开透明，这是公众参与区域管治的前提条件。政府应及时公布有关规划的政策、法规和管理程序，增强公众的知情权、参与权和管理权。其次，要完善公众参与机制。一个独立于行政组织之外的，又受法律保护和支持的、由关心区域管治的公众组成的团体，不论是地方社区组织或全国性的非政府组织，它们的存在都是十分重要和必要的（安树伟，2007）。

（四）进一步提高经济自由度

美国传统基金会和《华尔街日报》每年发布全球经济自由度排行榜。2008年，以100分为满分，全球平均经济自由度是60.3分。中国是52.8分，在全球157个统计对象中名列126位，仍属不太自由的经济体；香港为90分，居首位；欧美各国在80分上下；古巴27.5分，列156位，倒数第二；朝鲜3分，列倒数第一。经济自由度得分最高那组国家，也拥有最高的人均收入水平；随后并肩递减，减至最低得分组，人均收入水平也最低。由此可见，继续前进，从53分走到80分，自由定律仍然有效（吴思，2009）。从提高经济自由度的角度看，也是区域政策手段由行政手段向法律手段和经济手段转变的过程。

（五）增强市场主体的法治意识

第一，提高法律权威至上的意识。在每个区域内提高法律至上、法律神圣的意识，使宪法和法律真正成为区域内的企事业单位、一切国家机关、各社会团体共同遵循的根本活动准则。第二，提高法律和经济同步发展的意识。应该逐渐使法律同社会主义经济的发展同步，甚至适度超前。第三，提高区域经济主体维护自身合法权益的意识。第四，提高公平、公正、公开的法律意识。区域经济的生产和交换活动，其原则是公平、公正、公开，这一特点要求相适应的法律制度和法治意识作保障。做到政府依法行政，民间舆论揭示矛盾。

参考文献：

1. 安树伟：《中国大都市区管治研究》，中国经济出版社2007年版。
2. 李克歆：《欧盟区域经济政策的经验和借鉴》，载《石家庄经济学院学报》2008年第8期。
3. 李兴江、李阳：《我国区域政策监督管理的制度经济学分析》，载《兰州商学院学报》2008年第4期。

4. 魏后凯：《现代区域经济学》，经济管理出版社 2006 年版。

5. 吴思：《改革开放第二定律：得道者多助——读田纪云"改革开放的伟大实践"之二》，载《南方周末》，2009 年 9 月 30 日。

6. 张京祥、庄林德：《管治及城市与区域管治———一种新制度性规划理念》，载《城市规划》2000 年第 6 期。

7. 张可云：《区域经济政策》，商务印书馆 2005 年版。

第六章　西部地区承接产业转移的
若干问题研究

当前，伴随国际国内经济环境的变化，尤其是土地、劳动力等要素资源和环境约束的趋紧，东部沿海地区正在加快产业转型升级和向外转移。同时，随着国家西部大开发战略的实施，西部地区的基础设施条件和投资环境日趋完善，对内对外开放进一步扩大，西部地区吸纳或承接东部和境外产业转移的能力逐步增强。面对当前东部地区产业转移的有利机遇，研究西部地区如何更好、更有效地吸纳或承接东部地区的产业转移，对于继续深入推进国家西部大开发战略，促进东西部协调互动，提高西部地区的自我发展能力，具有重要的现实意义和战略意义。

一、西部地区承接产业转移的现状、主要问题及制约因素

近年来，西部地区经济保持较快增长，投资环境不断改善，为承接东部地区产业转移创造了良好的条件，但同时也面临不少问题和制约。一方面是东部产业转移过程中存在着类型单一、缺乏引导对接、区域粘性等障碍；另一方面是西部地区在承接产业转移中尚存在诸多制约因素，特别是在产业配套、物流效率、融资环境、服务意识等方面与东部地区还有较大差距。

（一）当前国际国内产业转移的阶段性特征

第二次世界大战后21世纪初，全球已经完成三次大规模的产业转移，每次产业转移都极大地影响了世界经济的发展。20世纪90年代后期以

来，信息技术的快速发展和知识经济蓬勃兴起，有力地推动了经济全球化的进程和发达国家产业结构的升级，引发了新一轮国际产业转移浪潮，并呈现出一些新的特征。

一是国际产业转移结构高度化，高新技术产业和服务业成为新的重点；二是国际产业分工向产品内分工延伸，以发达国家为主体由生产环节向研发环节和品牌营销环节转移，以发展中国家为主体由下游生产环节（终端的加工组装）向上游生产环节（关键零部件生产）转移；三是国际产业转移方式趋于多样化，国际产业结构突破原来单一的直接投资模式，跨国间的企业收购和兼并迅速发展，并逐渐成为国际产业转移的重要方式；四是跨国公司日益成为国际产业转移的主体，跨国公司控制着50%以上的国际贸易额，90%以上的海外直接投资，80%以上的新技术、新工艺、专有权和70%的国际技术转让，它们依靠雄厚的资金、先进的技术和管理优势，实行全球投资，进行跨国、跨地区、跨行业的生产和经营，推动全球资源的优化配置；五是国际产业转移出现产业链整体转移趋势，国际生产能力转移不再是个别企业的孤立行为，而是在国际生产的网络或体系的基础上，形成了以先导企业为核心、全球范围内相互协调与合作的企业组织框架。

改革开放以来，我国东部沿海地区利用率先开放和得天独厚的区位优势，成为全球第三次产业转移的主要承接地。中国承接国际产业转移共经历了三个阶段。第一阶段（1979~1991年），外国企业在华投资还处于小规模、试验性投资阶段，而香港大部分轻纺、玩具、钟表、消费电子、小家电等轻工业和传统加工业等以加工贸易方式开始转移。第二阶段（1992~2001年），主要是台湾地区以及日本、韩国的电子、通讯、计算机产业的低端加工和装配的大规模转移，我国引进外资重点转变为外商直接投资。据1996~2001年统计，FDI每年维持在400亿~500亿美元的水平。第三阶段（2002~   ），中国进入承接产业转移的快速增长阶段。欧美日等发达国家跨国公司以制造中心、产品设计中心、研发中心、采购中心为代表的高端产业的转移。目前，东南沿海地区已集中了全国80%左右的加工装配工业，跨国公司投资沿海地区的高端产业不断增多。总之，随着对外开放的不断深化，我国已成为东亚区域产业循环中梯度转移的主要承接者，承接国际产业转移的规模日益庞大，在全球生产要素优化重组

第六章　西部地区承接产业转移的若干问题研究

和国际分工中的地位越来越重要。

经过多年的高速发展，我国东部地区要素资本相对饱和，本地市场已难以满足资本增值的需要，加上近年来东部地区加工工业土地、劳动力、能源等生产要素供给趋紧、产业升级压力增大、企业商务成本居高不下、资源环境约束矛盾日益突出等问题，产业结构调整优化和升级成为必然。东部地区已开始显现出新一轮加快承接国际先进制造业和现代服务业的迹象；东部地区实施的"腾笼换鸟"和中西部地区"筑巢引凤"以及国家促进"万商西进"等工程，使东部一部分劳动密集型产业和加工贸易企业开始出现加快向中西部地区转移的趋势。

目前，东部产业向中西部地区转移已由最初的政府主导型向市场主导型的转变，中央宏观调控政策的引导和市场机制的推动，促使产业转移日趋理性化，并呈现出以下几大特征：一是转移投资规模越来越大，大项目不断增多。据有关方面测算，到 2010 年，仅广东、上海、浙江、福建四省市需要转出的产业产值将达到 14000 亿元左右。二是转移的领域不断拓宽，产业层次不断提高。从以劳动密集型加工制造业为主，逐渐向资本密集型乃至技术密集型产业转化，污染严重项目的转移得到一定抑制。三是投资来源多元化，但来源地相对集中，来自长三角、珠三角地区的投资仍居多。四是由原来的单个项目、单个企业的零散迁移，转变为企业"抱团"的、产业集群式的整体性转移。五是与东部地区相邻且交通运输条件较好的中西部省区，在吸引产业转移方面明显占优势。

随着近 10 年西部大开发战略的实施，西部地区进一步加快开放，基础设施日趋完善，西部地区承接产业转移的条件和能力在不断增强。特别是为了应对当前国际金融危机的冲击，国家出台了"保增长、扩内需、调结构"的四万亿元投资计划，这些政策在促进东部产业结构转型升级的同时，也必将会使西部地区的投资环境得到全面改善，西部地区所具有的劳动力优势、资源优势、环境优势、市场优势、综合成本优势以及政策优势等，将可能吸引更多的产业和投资向西部地区转移。可以说，西部地区产业发展正进入新的战略机遇期。

（二）西部地区承接产业转移的重要意义

一般来说，产业转移无论是对转出区还是对转入区的经济发展都有重要作用。对于转出区而言，通过将不适宜今后发展的产业转移到其他地区，有利于区域产业结构的转型升级，而企业迁移到低成本地区则可以重获生机，保持竞争力。对于转入区而言，大量外部企业和投资的引进落户，成为这些欠发达区域经济发展的有力引擎。产业转移对承接区域经济发展的作用可以概括为：要素注入效应、技术溢出效应、关联带动效应、优势升级效应、结构优化效应、竞争引致效应、观念更新效应，最终实现国内区域经济均衡协调发展。具体来说，西部地区承接东部产业转移的重要意义，主要表现在以下几个方面：

1. 有利于发挥各自优势，提高全国资源的配置效率

产业转移是世界经济发展的趋势，也是我国经济发展到目前阶段遇到的现实问题。目前东部地区承载着产业结构调整与升级的巨大压力，一些传统产业要继续发展，向原材料产地和市场空间较大的西部地区转移是必然的，这不仅可以找到新的生存发展空间，而且有利于东部地区腾出空间发展新兴产业，提高自身的核心竞争力。西部地区产业发展的后发优势十分明显，承接东部的产业转移，引进先进的技术、理念、管理经验，不仅能有效扩大经济增长规模，而且还会加快提升发展的质量和效益。东西部产业互动，必将促进各自优势的充分发挥和全国统一市场的完善，优化整个生产力布局和经济结构，实现区域间的分工与合作，促进区域之间的一体化发展。

2. 有利于推动西部地区产业结构的优化，提升西部地区的自我发展能力

西部地区的三次产业中第一产业比重较大，而第二、三产业比重较小；工业结构中初级产品比重大，而制成品和技术含量高的产品比重较小。东部地区的产业转移为西部产业结构调整与升级提供了契机。目前，东部转移产业虽然以劳动密集型和资源型产业为主，但大多为工业制造业和房地产、商贸等服务业，还有一些具有科技含量的加工型产业。这些产业如果与现有传统产业能够有效结合，将提升西部地区整体产业的发展水平。同时，这些产业能够吸收西部地区大量的富余劳动力，提高劳动者的素质，这对于在当前国际金融危机环境下，解决返乡农民工就业与产业结构调整之间的矛盾及问题提供了有效的途径。西部地区依托自身资源优势，积极承接具有比较优势和较强关联效应的产业，有利于较快地培育本地的特色优势产业或产业集群，较快地形成西部产业的竞争力。

3. 有利于改变西部地区落后的思想观念，实现经济跨越式发展

长期以来，思想观念落后是制约西部地区发展的一个重要瓶颈。西部一些地区观念的落后，是历史与现实诸多因素作用的结果，其表现为因循守旧、不思进取、小富即安、"等、靠、要"依赖心理强等。这些观念与市场经济不太融合，是西部地区自我发展能力不足的重要根源。东部发达地区的产业移入有助于改变这种状况，缩小西部地区与东部地区在思想观念上的差距。先进产业的移入必然带来与市场经济相适应的新文化或先进的管理，即产业转移带来的不仅是资金、技术、品牌等有形资源，更有符合市场经济要求的新思想、新的管理方式与经验等无形资源。这些无形资源将对西部区域传统观念起到更新改造作用，为西部区域经济发展注入了持续发展的动力源泉。

（三）产业转移过程中存在的主要问题

1. 产业转移的类型与方式比较单一

现阶段东部地区转移产业还是以劳动密集型和资源消耗型产业为主，这虽然与西部资源优势与扩大就业等经济发展目标相一致，但是劳动密集型产业存在规模小、创新能力不足、技术含量低、管理水平不高等问题，西部过多承接此类产业，一方面易造成资源破坏、环境污染，另一方面也加剧了西部产业结构同构化并导致过度竞争，挤压西部传统优势产业的发展空间。此外，目前产业承接的方式比较单一，以直接投资为主。这种单一的产业转移模式决定了承接产业的规模往往比较小，缺乏具有龙头和产业集群效应的大项目，产业带动能力不够强，难以形成集群竞争力。

2. 产业转移的方向不明确，缺乏产业对接的战略指导

目前西部地区承接产业转移还处于初级阶段，产业承接中存在很大盲

目性，乱上项目，到处布局，承接产业转移大多没有明确目标，招商引资四处撒网，不重视产业对接的前期研究和引导。而东部许多企业对于西部地区的资源特点、市场环境、投资环境和社会环境等还缺乏足够的了解，产业转移的动力不足，方向也不明确。东部地方政府缺乏根据本地产业结构调整升级需要拟定的产业转移战略规划，西部地方政府缺乏根据自身的发展条件和产业基础拟定的引资和承接产业的具体规划，对产业转移和承接的重点领域和重点区域没有引导目录，导致各个地区之间的恶性竞争、重复建设和资源浪费。

3. 东部地区产业内迁的政府性拦蓄

地方各级政府为了保证其辖区的增长率、就业率，以及稳定的税源，往往会使用一些不规范的行政手段来阻碍生产要素的转移，采取种种措施限制区内的产业外迁。对于东部地区来说，现阶段相当一部分资源及劳动密集型产业并没有衰落，仍然具有一定发展优势与空间，在创新机制尚未形成、新的主导产业没有形成气候，而旧的主导产业又开始向西部地区转移之时，东部可能因为产业空心化而面临失去新的经济增长点的威胁；制造业西移还会带来结构性失业的难题。同时东部自身发展不平衡，近年来为促进本省内区域协调发展，各省均出台了许多有力的政策措施，鼓励本省发达地区产业和投资向不发达地区转移，客观上拦截了东部省区产业向中西部省区转移，致使西部地区承接东部地区产业转移"雷声大、雨点小"。

4. 东部地区产业环境和产业集群的区域粘性影响产业转移

东部沿海地区虽然资源及要素成本相对高，但制度成本低、产业集群发达、产业组织内外部交易成本很低，产业竞争优势明显。目前东部地区许多产业集群尚处于成长阶段，集群的竞争优势使东部的传统劳动密集型工业技术不断创新、产品档次不断提高、结构不断升级，这就使得东部一些传统产业缺乏西移的压力。而中西部在市场环境、产业综合配套及产业集群发展方面与东部省区差距较大，虽然资源要素成本较低，但产业、企业运行成本过高，竞争力不强，这在一定程度上也延缓了产业转移的进程。

（四）西部地区承接产业转移的制约因素

1. 区位优势不明显，物流成本高

近几年，西部基础设施大有改善，但仍相对落后，物流产业不发达，运输费用居高不下，信息不畅，配套服务不够完善，供应商竞争力较低。与中部地区相比，也缺乏"近水楼台先得月"的区位条件。

2. 产业配套能力不强

当前东部产业向西部转移不仅要考虑资源与成本，而且更多地要考虑向产业链整合方向转移。目前西部地区整体工业规模不大，经济基础薄弱，工业产业结构仍不够合理、技术水平不高、工业设备陈旧等现象普遍存在，导致产业配套能力仍然较低，在一定程度上阻碍了东部产业向西部转移。

3. 产业园区基础设施建设相对不足

产业园区是承接产业转移的主要载体。受地方政府财力和园区融资能力的限制，西部很多产业园区的基础设施投入严重不足，建设资金紧缺。目前许多产业园区不能完全满足落户企业对基础设施的需要，特别是交通、供水、供电、供气等设施落后，缺乏投资吸引力。

4. 土地成本相对较高

一方面，与其他地区相似，大多数西部项目用地指标受限，审批程序繁杂。另一方面，西部的工业用地成本与其他地区相差不明显，甚至要高于东北，西南地区的商业用地成本甚至高于全国平均水平。重庆、成都、西安的工业用地最低成本为 200～225 元/平方米，最高可达 420～450 元/平方米，而苏州和东莞的土地价格仅为 125～150 元/平方米。

5. 劳动力市场不完善，专业技术人员缺乏

西部地区富余劳动力数量相对较多，但劳动力素质普遍比沿海地区低，具有专业技能的劳动力供应严重不足。而西部地区的生活和交通等条

件迄今还难以吸引足够的中高级人才；同时西部自身培养的人才流失严重，人才引进政策与东部相比还存在较大差距，在一定程度上限制了东部产业转移。

6. 中小企业融资难，缺乏有效的金融政策支持

西部地区金融结构不合理，国有银行比重太大，政策性银行和地方性商业银行比重过小，金融机构设置不合理，融资规模小，资本市场发育迟缓，金融机构服务和创新能力较差，对企业特别是中小企业的支持不足，企业贷款审批程序复杂，并且存在一定程度的"惜贷"现象，使得企业尤其是外来企业融资成本高、融资难。

7. 产业发展软环境改善不够

西部地区市场观念相对落后，接受发达地区的先进管理经验的能力和意识较差，竞争意识不强。许多地方政府对产业转移的重视不足，行政效率较低，服务意识不强，审批程序繁琐，投资者权益缺乏法律保障、政府部门有失诚信等问题，都使得企业运营成本加大。对于已经引进的项目，往往由于缺乏履约监督等机制严重影响了实施效果。

二、西部地区承接产业转移的原则

（一）坚持市场导向与政府推动相结合

目前西部地区承接产业转移还处在初期阶段，层次不高，还是由政府在唱主角。要坚持以市场配置资源为基础，以企业为主体，充分发挥协会、商会等中介机构的作用，政府的主要职责是政策引导、环境营造、平台搭建、信息服务。要树立市场经济观念，发挥市场的基础性调节作用，因为市场利益驱动才是产业转移和企业区位选择的内在力量。政府有关部门要认真做好企业转移的调研工作，深入了解企业的转移意愿和要求，帮助已转移企业解决生产经营的困难，通过"亲商、营商、安商"，形成吸纳产业转移的磁力。

（二）坚持发挥优势与互利共赢相结合

西部地区在承接产业转移过程中要因地制宜，突出地方特色，充分发挥自身独特的比较优势，合理引导资本流向，实现输出方与承接方优势互补，互利双赢。对于西部地区来说，要充分利用原有的一切基础条件，围绕优势产业或城市功能定位，合理选择迁入产业，走专业化、规模化的道路，通过内联外引促进形成一批大中小企业相互配套，关联度大、带动力强、辐射面广、集约化高的优势产业集群，促使产业承接和产业发展的良性互动。

（三）坚持承接产业转移与培育内生动力相结合

承接产业转移对西部地区来说既是机遇也是挑战，如何把承接产业转移与发挥自身优势、培育自身产业系统以及推进新型工业化紧密地结合在一起，通过吸纳发达地区的资金、先进适用技术和设备、管理方法、经营理念，逐步形成适合自身发展的产业调整新思路和新机制，特别是通过承接产业转移，提高企业自主创新能力，形成自身特色的优势产业，带动经济跨越发展，这是西部地区在承接东部产业转移过程中要认真思考的问题。

（四）坚持产业承接与结构升级和布局优化相结合

充分发挥产业政策的导向作用，鼓励承接技术含量高的产业、非资源依赖型产业，以及为本地特色优势产业延伸配套加工的产业，实现承接产业转移与推动产业升级同步。在产业布局上，要坚持集聚发展的原则，不能采取"撒胡椒面"式的平均主义做法，而应相对集中力量，突出重点，培育一批新的增长极带动区域成长。根据沿海改革开放和加速发展的经验，可以在西部地区选择几个条件相对好的中心城市和重点开发区域，作为承接产业转移的示范基地，通过示范基地的建设，为西部更好地承接产业树立标杆或样板。

（五）坚持产业承接与环境保护相结合

生态环境是经济发展的基础，保护环境也是降低成本、提高经济效益的重要途径。西部地区在承接产业转移过程中，要坚持可持续发展的理念，牢固树立统筹经济效益、社会效益和生态环境效益的全面效益观，要处理好承接产业转移与当地生态环境保护以及资源、能源的合理有效利用问题。东部产业转移中难免会带有一些污染转移问题，西部地区对此要高度警惕，要积极承接资源节约型、环境友好型的产业项目，坚决拒绝承接那些产能落后、污染环境、不符合国家产业政策的项目，不能因为转移项目能增加当地 GDP 和财政收入而忽略可能付出的巨大环境代价。在承接产业转移中要正确处理好眼前利益和长远利益、局部利益和全局利益的关系。

（六）坚持承接产业转移与促进就业增长相结合

在当前的国际金融危机形势下，西部地区承接产业转移要坚持促进就业的原则。国际金融危机使西部许多农民工因失业从东南沿海地区大批返乡，在我国的社会保障体系还不完善的情况下，失业加剧必然会带来严重的民生问题和社会问题。因此，加快东部一部分传统产业向西部地区梯度转移，具有重要的现实意义。要认真贯彻《中华人民共和国劳动法》，积极承接那些能够发挥西部劳动力成本优势、创造就业机会多的劳动密集型产业，引导和鼓励外出务工人员回乡务工、创业，逐步实现西部地区由输出劳务向输出产品的转化，由"移民就业"向"移业就民"转化，促进区域和谐发展。

三、西部地区承接产业转移的重点领域

（一）节能环保的高载能产业

所谓高载能产品是指在产品价值构成中能源价值所占比重较高的工业产品。从产业的角度看，生产高载能产品的产业，可以称之为高载能产业。高载能产业主要包括黑色金属冶炼、有色金属冶炼、化工、建材、基础材料、发酵工业等部门。

东部沿海地区经济的高速发展加快了高载能产业的西移。东部地区除了土地、劳动力等价格上涨之外，能源价格上涨也非常快。并且由于东部地区土地等自然资源有限，在要素价格普遍上涨的情况下，东部地区需要通过产业结构升级来拓展发展空间，这均促进了高载能产业向中西部地区转移。

西部地区丰富的能源和矿产资源为吸纳东部高载能产业的转移奠定了雄厚的物质基础。借鉴国外经验，我国高载能产业的发展也应该向水能、煤炭等资源丰富的西部地区转移和集中，实行园区化生产；同时，逐渐减少煤电产区高载能产业的产能，增加水电产区高载能产业的比重。总之，积极合理地引导西部高载能产业的发展，加快高载能企业的技术改造，减少环境污染和资源的过度消耗，是西部高载能产业发展的根本。

在发展高载能初级产品的同时，推动其向下游产业的延伸。西部高载能产业的重要任务是向下游产品、科技含量高的产品方向发展，提高产品附加值，延长高载能产业的产业链，特别是电解铝和磷化工行业要大规模向下游产业扩张。电解铝产业要推动铝制品的深度加工，磷化工产业要向精细化方向发展。同时，要不断推动技术进步，例如完善生产工艺流程，通过吸收和消化国外的先进技术，或加强与科研院所的合作，建立企业技术研发中心，以提升高载能产业的科技水平，为向下游产业扩张提供科技支撑。

（二）纺织、轻工等劳动密集型产业

我国劳动力成本呈东高西低的态势，发展劳动密集型产业在西部地区具有明显比较优势。21 世纪前半叶，东部地区的经济发展将主要取决于产业结构优化升级，重点发展高新技术产业和现代生产者服务业，而传统劳动密集型产业将逐步向中西部地区转移。遵循这一产业发展趋势，西部应积极吸纳东部纺织、轻工等劳动密集型产业的转移，把东部的管理、技术、设备、资金与西部的劳动力、土地优势结合起来。东部沿海地区集中了全国 70% 的纺织业、80% 的服装制造业和 90% 以上的加工贸易，要实现以现代服务业和先进制造业为主的产业结构调整目标，这些产业中相当一部分需要逐步退出或向外转移。实际上，2006 年以来，纺织产业由东部向中西部地区转移的速度加快，但总体而言尚未形成规模，需要政府相关部门的有效推动。要积极创造各种条件，包括加强工业园区的建设、环境的改善和政策的制定等方面，以期承接好纺织产业的转移，实现纺织业在空间布局上的整合。

西部地区纺织服装产业的配套环境与沿海城市相比差距明显，为更好吸纳东部纺织业转移，要注重对引进产业的上下游配套，同时实施纺织产业链招商，通过协商沟通，引导和鼓励东部纺织龙头企业及其关联配套企业整体转移。

此外，在纺织产业的承接和发展过程中还要在以下几个方面着力：

（1）加快技术结构调整，提高产品附加值。加强对高技术、功能性、差别化纤维和纺织先进加工技术、清洁生产技术以及行业关键设备的研究开发，使重点纺织加工技术和装备制造接近或达到国际先进水平，提高产品附加值和企业在国际纺织品服装供应链中的地位。

（2）加快原料结构调整，实现原料的多元化。除了棉纤维、化学纤维之外，加大对麻、毛、竹等非棉天然纤维及新溶剂粘胶、聚乳酸等再生资源纤维的研发和产业化推广；开展废旧聚酯及再生纤维的回收开发利用，提高天然及再生资源类纤维使用比重。

（3）加快重点行业调整，推进结构优化。继续拓宽纺织产品应用领域，大力发展医用、汽车用、建筑和过滤材料等产业用纺织品，培育纺织工业新的增长点。

（三）特色农副产品加工业

西部地区气候和地貌独特，许多区域的光、热、水、土等农作物赖以生长发育的自然条件是东中部地区所不具备的，云南的热带作物、新疆的水果、广西的甘蔗、内蒙古的畜牧等都具有独特优势，发展以特色果蔬、养殖业等农副产品加工业的资源优势明显。目前，西部地区农副产品加工业存在的问题主要有：

1. 原料与加工需求矛盾突出，制约着农副产品加工业的发展

农产品品质不能满足加工需要，缺乏农产品加工业发展所需要的专用、优质原料；原材料生产分散，规模化、标准化程度低，没有形成专业化、标准化、优质化的大宗农产品原料基地，使农产品加工企业发展规模受到影响；农副产品加工企业与农户之间的利益联结机制不完善，农副产品加工业发展缺乏稳定可靠的原料基地保障。

2. 科技基础薄弱，企业创新发展的后劲不足

许多农副产品加工企业规模较小，设备简陋；多数企业缺乏产品自主开发能力，新工艺、新材料、新技术的应用程度低；技术人才缺乏，创新不足。

3. 农副产品及其加工产品质量安全问题突出

农兽药残留、土壤重金属污染、畜禽疫病，使用违法禁用药物、添加剂等问题，严重影响了产品质量和消费安全，这也是我国具有价格竞争优势的产品在国际市场上缺乏竞争力的主要原因。

结合国内外农副产品加工业的发展趋势，西部地区在吸纳东部产业转移过程中，要在生产高效、优质和安全农产品的基础上，搞好农副产品的储藏、保鲜、加工、转化和增值，特别是要注重引进和培育有实力的农产品加工的龙头企业，提高农业产业化经营的规模和水平，重点在特色食品的生产承接和发展上做足文章。

方便化食品。如方便面、方便米饭、方便粥和馒头、面包、饼干以及带馅米面等主食方便食品；各种畜肉、禽肉、蛋、菜的熟食制品，或经过预处理的半成品等副食方便食品；微波系列套餐、速冻烘焙食品、冷冻面团、速冻蔬菜等速冻食品；要搞好传统食品的方便化。

工程化食品。工程食品除采用先进技术生产各种原配料，如从低值原料或植物性原料中提取优质蛋白质，从天然植物中提取色素，从天然资源或用化学方法制造食品添加剂等外，主要包括营养强化食品、模拟仿真食品、保健功能食品。随着越来越成熟的生物技术、真空技术、挤压技术、膜分离技术、超临界萃取技术、超微粉碎技术、微波技术、冷杀菌技术、无菌包装等高新技术在食品工业中的推广应用，将会有更多的工程化食品产生。

保健食品。要根据不同人群、不同生理条件的营养与健康需求，如婴幼儿、青少年、老年人、孕妇以及营养素失衡人群等，有针对性地进行配方设计，使其既具备人体生理调节功能，又有营养功能和感官功能，轻松享受美味与健康。

专用化食品。一是直接由农业生产组织选育、栽培适合食品生产用的优良谷类、果蔬、畜禽和水产品等专用品种；二是通过食品加工，为食品生产提供各种专用原料。

（四）生态旅游产业

西部地区生态旅游资源丰富且独特，极具开发价值，旅游产业发展大有前途。目前，西部各省（市、自治区）都把旅游业作为主导产业来发展。随着我国经济的发展和人民生活水平的提高，旅游市场前景将十分广阔。

目前，西部地区旅游产业发展中存在的主要问题：一是大多数旅游产品仍停留于旅游资源的表层开发，属于初级旅游产品，尤其是同类旅游产品的异质性小，可替代性强，跟风、模仿现象严重，旅游产品缺乏主题、内涵和文化；为争夺客源和市场份额，价格竞争仍然是主要的竞争手段。二是旅游产业消费结构以吃住行为主。游客仍然将主要花费用于餐饮、住宿、交通和游览，而购物、娱乐在其中所占的比例与东部相比有较大差距。这一方面反映了西部地区旅游产业结构不合理，外地游客难以购买到如意的旅游商品和旅游产品；另一方面也反映了这些地区的主要客源市场（一级市场）的消费能力有限。此外，没有足够的资金对旅游景点进行整理修饰、对旅游基础设施进行建设，缺乏现代化的管理、广告宣传和整体规划。

随着西部地区基础设施的进一步完善，为旅游产业的发展缓解了关键性的外部瓶颈，西部地区丰富而优质的旅游资源转化为旅游产品潜力巨大，为吸纳东部地区产业转移和东部企业投资西部旅游业提供了良好条件。

西部地区还要在以下方面进一步努力：一是完善整体旅游环境，以简便的手续、良好的治安环境、美丽洁净的游览点、方便的交通和通讯、称心如意的购物场所、优质的服务和丰富多彩的娱乐活动，让游客宾至如归；二是根据区域内和周边地区的旅游资源、交通条件、地理位置，按照旅游经济活动的特点和规律，全面安排旅游资源的开发，旅游景点、设施的建设和旅游商品的生产与供应；三是旅游形式向多元化方向发展；四是鼓励东部企业和社会资本参与西部地区旅游资源开发与整合，联合开发旅游线路、旅游市场和旅游产品，培育旅游品牌，构建跨区域、"无障碍"

的旅游体系。

（五）装备制造业

西部一些地区和城市是我国的老工业基地，对全国经济发展、工业化和国防安全曾做出了重大贡献。但是改革开放以来，这些老工业基地的许多产业发展滞后，特别是装备制造业，在全国地位日益下降。装备制造业是促进西部的资源优势转化为产业优势、经济优势的重要力量。大力振兴和发展装备制造业，成为提升西部工业结构、拉动经济跨越式发展和增强国防实力的战略选择。

以装备工业为支柱的世界制造业，正朝着"大制造业"的方向发展，新技术和新理念催生了新的制造业全球化方式，主要表现在：一是制造业公司掌握产品设计、关键技术，授权国外生产厂商按其要求生产产品，自己则在全球建立营销网络，进行产品的广告宣传与销售及提供售后服务。二是制造业公司在全球范围内建立零部件的加工制造网络，自己负责产品的总装和营销；职能工厂正在替代传统的制造工艺；工业服务化的趋势催生了"虚拟企业"。

西部装备制造业特色和优势明显，但总体竞争力不强；总体规模较大，但综合效益比较差；门类比较齐全，但缺乏成套设备供应能力；有一定研发能力，但缺乏核心技术和自主知识产权；资本结构单一，对市场经济的适应能力弱，历史包袱沉重；产业组织程度低，大企业不大不强，小企业不特不精，产业协作能力较差；对内对外开放力度不够，规模小，档次低。振兴西部装备制造业，必须抓住当前产业转移的有利机遇，大力改善投资环境，积极参与国际和国内产业分工，主动吸纳国际国内产业转移，用好国内外两种资源、两个市场，引进资金和技术，做好产业配套，实现跨越式发展。

从大环境看，用信息技术促进我国装备制造业发展的时机已经成熟。西部地区在吸纳或承接装备制造业转移过程中，重点是加强大型装备制造业的配套能力，提高设备制造的技术水平，特别是生产中间性产品的重型设备制造加工。具体而言，四川以发展发电设备、重型装备、工程机械为重点；重庆以汽车、摩托车产业为重点；陕西以飞机、动力设备、输变电设备、数控机床为重点；广西以汽车、工程机械、数控机床、电工电器、农业机械为重点；贵州以汽车零部件、工程机械为重点；甘肃以石油钻采及炼化设备、数控机床、电机电器、真空设备、自动化控制设备为重点；内蒙古以运输机械和特种工程机械为重点；云南以电力装备制造业为重点。

（六）生产者服务业

随着现代化机器设备和各种自动化生产线的广泛使用，第二产业中的加工制造、装配等环节变得相对简单，而更多的就业岗位和增加值则来自生产者服务环节，比如研究开发与设计、生产组织与管理、营销组织与管理、供应链管理、品牌经营和售后服务等。生产者服务业作为当今产业国际竞争的焦点和全球价值链中的主要增值点、赢利点，也是西部经济发展、产业升级和承接东部产业转移的重要着力点。

目前，西部地区不仅高级生产要素缺乏，而且人力资本密集型、知识密集型的高端服务业发展能力也不足，造成了这些行业在西部地区的不发达状态，在一定程度上制约了制造业的升级和竞争力的提升。根据国际国内服务业转移趋势及西部服务业发展的需要，有条件的西部中心城市要积极承接东部乃至国际服务业转移的生产者服务，特别是现代物流业、科研和综合技术服务业、金融服务业、教育文化服务业及社会专业服务业等，大力吸纳东部和发达国家的高端服务业，发挥其示范作用，通过人才培养与流动等外溢机制，逐步提升西部地区生产者服务业的层次与水平。

此外，要以包装设计、品牌推广、信息咨询、职业技术培训等生产者服务业为重点，加快技术扩散、融资担保、孵化基地等公共服务平台建设，为承接国内外产业转移提供良好的支撑条件。

（七）高新技术产业

高技术产业是我国产业发展的重要方向，也是产业结构升级与实现跨越式发展的基础。高技术产业发展，一是体现在高技术的产业化；二是高技术对传统产业的改造，使传统产业高技术化。这两方面是目前发达国家和我国东部沿海地区的优势，但随着技术更新速度的不断加快，技术市场的不断细分，也将成为今后国际国内产业转移的重点领域。中国不仅将成为世界最大的信息产业市场，而且也将成为全球信息产业的主要制造基地之一，参与全球分工的角色将由目前的 OEM（委托制造）逐渐转向 ODM（委托设计制造）、DMS（设计、制造、售后服务）和 EMS（工程、制造和服务）。

西部地区一些中心城市，如西安、兰州、重庆、成都等，集中了许多全国著名的高等院校和科研院所，具有科学研究和技术创新的实力，发展和吸纳高新技术产业的转移具有相当基础。然而，西部地区这些技术基础和优势并没有很好地转化为经济优势，科技成果转化率和高新技术产业化程度低，对地方经济发展的促进作用有限。因此，东西部在技术创新和高新技术产业发展方面开展联合与合作，既可以发挥东部地区市场化程度高、国内外经济信息灵通、现代化企业管理经验和知识丰富的优势，又可以发挥西部地区科技和军工企业扎根于国家需要的优势，将西部地区的科研和技术优势充分发挥出来，成为西部经济发展的增长极和动力源。

西部地区吸纳国内外高新技术产业转移的重点，可以放在以信息技术为主的电子信息产业、以生物技术为主的新医药与工程技术产业、以环保技术为主的环保产业，以及新能源和新材料等领域。

（八）区域性总部

重庆、成都、西安、兰州等中心城市，是我国西部地区规模相对较大的经济中心、金融中心、商贸中心、交通枢纽和信息枢纽，在区位、交通、科教、金融、人才、商贸等方面享有综合优势。西部地区应依托这些城市的科技和人才优势，进一步扩大对外开放，积极引进国内外知名金融机构和网络公司，设立金融后台服务中心、区域性金融总部和网络后台服务中心，吸引跨国公司及国内外知名企业设立地区总部、研发中心、结算中心、呼叫中心和培训中心，把这些城市培育发展成为区域性管理控制中心。

（九）灾后重建

2008 年 5 月 12 日发生的汶川大地震，给四川、甘肃、陕西等地人民生命财产和经济社会发展造成重大损失，直接经济损失达 8451 亿元；2010 年 4 月 14 日发生的玉树地震，造成的损失为 6400 亿 ~ 8000 亿元①；

---

① 青海玉树地震损失预计达 8000 亿元。http：//info. service. hc360. com/2010/04/221626165930. shtml.

2010 年 8 月 7 日甘肃舟曲发生的特大泥石流也造成了巨大损失，灾后重建任务任重而道远。国际上灾害损失与灾后重建资金需求的比例，一般在 1：1.5～1：4 之间，灾后重建主要集中在"生活物资"、"基础设施"、"社会事业"、"生产恢复"、"政策机制"五个方面，四川等西部重灾区可以在除政策机制之外四个方面有效吸纳东部地区的相关产业投资。同时，可以利用"一省帮一县"的对口援助机制，吸纳不适宜在东部发展但符合灾区重建要求的产业在灾区落户发展，以帮助灾区产业尽快复兴。

四、西部地区承接产业转移的途径和方式

（一）承接产业转移的主要途径

1. 政府与政府之间的合作

通过加强东西部政府之间的交流和联系，借助政府合作平台，进行产业有效对接，实现优势互补、错位发展。这种以政府为主导的东西合作，不同于过去的对口支援和对口帮扶，而是建立在互惠互利基础上。近年来，随着企业逐渐成为东西合作的主体，企业的投资和经营活动开始融入对口支援与对口帮扶过程。在实施政府援助的同时，东部地区各级地方政府积极组织引导企业到对口帮扶地区去投资创业，通过对口帮扶为企业投资经营创造条件；反过来，又通过企业的投资经营活动巩固和拓展对口帮扶的成果，收效显著。今后相当长一个时期，东西部政府之间的这种合作互动仍然很重要，尤其是西部地方政府在合作中要表现出更多的积极性和主动性。

2. 政府与企业之间的合作

政府通过搭建互动平台，吸引东部地区的龙头企业到西部投资办厂。东部许多企业由于实施外向型经济发展战略，开拓了国内外市场，创立了自己的品牌，建立了销售网络，积累了丰富经验，其产品设计能力和市场开拓能力明显高于西部企业。西部要利用后发优势，主动联合或引进东部

一些大企业集团。通过共同建设产业园区，引导相关企业集聚，带动地区经济发展。目前，西部地区政府为投资方、引资方提供服务的平台有很多，比较著名的有"中国东西部合作与投资贸易洽谈会"、"中国西部国际博览会"、"泛珠三角区域经贸合作洽谈会"、"重庆投资洽谈会"、"中国兰州投资贸易洽谈会"、"中国青海投资贸易洽谈会"、"乌鲁木齐投资贸易洽谈会"等。今后宜逐步淡化行政色彩，强化市场化操作，在政府有关部门的指导和监管下，由市场化的投资中介机构承办，常年运转，以降低招商成本，提高效率。

3. 企业与企业之间的合作

主要是依托西部现有龙头企业，形成相互配套、相互关联的产业协作关系，打造具有优势和特色的工业园区，吸引东部沿海地区企业成规模向园区转移。西部一些有实力的大型企业，也可以通过建设工业园区的方式吸引东部地区相关企业就近配套，形成具有影响力的优势产业集群。

（二）承接产业转移的类型

在吸纳或承接产业转移方面，西部地区应根据东部产业转移的目的和转移产业的性质，采取相应的承接方式和组织模式。一般来说，东部产业转移有以接近原料产地为目的的转移、有以获取低成本劳动力为目的的转移，还有以开拓当地市场为目的的转移。西部产业承接相应就至少有"资源指向型承接模式"、"劳动指向型承接模式"和"市场指向型承接模式"三种模式。资源富集的地区可以主要采取第一种模式，积极为投资企业提供当地资源开发的相关服务；人口较多且用工成本较低的地区可以采取第二种模式，积极承接能够吸纳较多就业的劳动密集型产业的转移；消费市场有一定规模的中心城市，可以主要采取第三种模式，积极吸引东部大型商贸企业投资，开办连锁店、专卖店、大型超市等新型服务业态。

产业园区是西部地区吸纳东部地区产业转移的主要载体。在承接产业转移的初期，为了吸引更多的企业，通常对入园企业的限制性条件较少，因而存在着产业园区产业层次较低、产业间关联性不强、主导产业不突出，甚至企业污染环境严重等问题。为避免这些问题，实现园区的科学发展，西部地区在承接产业转移中可以根据产业性质及其布局规律，采取集群式、链条式或循环经济式的产业承接模式。

1. 产业集群式

主要是通过引进行业龙头企业，吸引或培育其上下游及相关配套产业集聚，形成产业集群。或者同一类型的上下游产业，在行业协会等组织的引导下，集中迁入园区发展。这类园区由于入园企业的关联性很强，配套产业比较完善，能够有效降低企业的运营成本；同时，同类产业在地理上的集聚，也有利于产业的改造升级，提高竞争力。如重庆璧山就是通过利用奥康的品牌影响力，引进其他鞋业企业和鞋业上下游企业；同时利用奥康先进的生产技术和管理经验，促进鞋业产业升级，打造出"中国西部鞋都"，这也就是所谓的"一个产业、一个园区、一个龙头、一批品牌"的发展模式。

因此，根据这个思路，可以通过规划和政策手段，将同类别的企业，或者同行业相互关联的企业向园区集中，主动为转移企业营造产业配套环境，吸引东部沿海地区的大企业向园区转移，使其成为园区的龙头企业，形成优势产业集群。

2. 单一产业链式

围绕支柱产业，从上游、中游到下游形成较为完整的产业链。发展到一定阶段后，也会形成产业集群。目前，这种方式的产业承接日渐增多。如重庆市涪陵区龙桥工业园编制《百亿 PTA 下游产业基地》规划方案，以精对苯二甲酸（PTA）为龙头，吸引 PTA 下游产业项目，发展石油化工产业链；当前的重点是打造"PTA—聚酯—化纤—纺织—染整—服装/家纺/产业用布"和"PTA—聚酯—瓶片/膜片—包装"两大下游产业链，未来将形成西部地区重要的化纤纺织产业基地。西部很多产业园区可以选择符合自己发展定位的产业，承接并构建有当地特色的产业链模式。

3. 循环经济式

根据循环经济理念，使园区的产业首尾相接形成区内循环，实现废弃物再利用。西部地区大多位于大江大河的上游，是我国天然的生态屏障，产业发展和承接产业转移必须以保护生态环境为前提，循环经济承接模式就是理想的选择。在产业承接过程中要十分注重环保，坚持以资源节约为标准招商选资。对于西部许多资源富集区来说，可以考虑设立资源循环经济园区，在集聚相关资源开发性企业的同时，吸引和承接东部地区相关企业进入园区，将资源初加工企业排出的废弃物充分利用，成为深加工企业和关联企业的原料或燃料，实现园区内企业的零排放，使资源得到最有效的使用。

（三）东西部共建产业园区合作模式

从实践来看，目前西部承接东部产业转移还存在着许多困难，如产业园区基础设施投入不足，缺乏管理经验；招商引资不尽如人意，特别是招大商难，找到好项目难；信息不灵，遍地撒网使得招商成本很高。同时，东部地区很多园区经过多年的发展，资源环境约束趋紧，发展空间饱和，园区继续发展需要寻求新的空间。在这种背景下，由西部提供土地，与东部合作共建产业园区，就成为东西合作、互利共赢的一种新模式。合理的利益分配机制，既能够激励东部地区投资方的积极性，又能有效解决西部园区引资难、区域发展动力不足等问题。推行东西合作共建园区模式，无疑有利于加快东部产业向西部转移和西部承接东部产业转移的步伐。

近年来，东西合作联手在西部共建各类园区，已有明显收效。如江苏和四川在都江堰市共建"四川·江苏都江堰科技产业园区"、江苏和新疆在伊犁州霍城县共建"清水河经济技术开发区江苏工业园"、重庆与深圳在重庆璧山共建"重庆·深圳工业园"等。

东西部合作共建产业园区应当遵循"政府推动、市场运作、多方参与、优势互补、互利互赢"的原则，充分调动各方的积极性，各取所需，共同推进产业转移工业园区的开发建设。根据已有的实践，东西共建产业园区可以采取如下几种合作模式：

1. 合作方政府投资

由合作方组建开发公司委派人员组成管委会，按照合作方工业园区的开发及管理模式统一运营，并负责征地补偿、开发建设所需资金和项目引进。园区所在地政府提供土地和负责征地，办理各项审批手续。投资收益归合作方所有，地方税收留成根据协商可以按5:5比例或其他比例分成。

2. 合作方企业投资

由合作方牵头，组织有实力、有意愿的企业共同成立股份公司，负责规划、投资、外围基础设施建设和招商引资工作，实现企业化运营。

3. 园区所在地政府投资

由园区所在地政府，或其委托的第三方公司负责规划、投资、基础设施建设和招商引资工作，合作方少量投资或不投资。

4. 双方政府共同投资

由合作方和园区所在地政府共同投入园区开发建设资金，共同参与规划编制、功能布局和招商引资等工作。由于产业园区开发主体不同及其介入程度不同，园区的建设发展方向也应有区别。

在实际操作过程中，需要注意避免出现西部园区所在地政府积极，而合作方政府和企业的积极性不高，以致影响合作共建园区建设效果。例如，部分园区所在地政府基本上承担了包括征地、规划、基础设施建设等所有的开发建设工作，园区日常管理也以园区所在政府为主，合作方政府更多以中介或协调者的身份介入，只重点负责引进企业。因此，如何在双方自愿的基础上，建立优势互补、市场运作、互利互惠的产业转移运作机制，还需要进一步探索。

五、国家鼓励和支持西部承接产业转移的政策措施

（一）调整国家开发战略，尽快建立和完善国家投资引导政策体系

我国西部地区能源、矿产资源丰富，劳动力供应充足，环境容量相对较大，工资、土地等成本较低，是大规模承接沿海产业转移的理想区域。

然而也应该看到，目前沿海企业西进仍面临着诸多制约因素。要推动沿海产业向中西部转移，必须及时调整国家开发战略，建立完善的国家投资引导政策体系，积极引导沿海企业和资金向西部地区转移。

1. 抓紧编制《西部地区吸纳东部产业转移规划》

东部产业向中西部转移是一个长期而又复杂的过程。西部地区在体制、机制等方面还不够完善，在市场经济条件下，仍需利用政策调控手段，出台产业发展规划，加大对西部产业的政策倾斜，调动东部企业参与西部开发的积极性。建议由发改委西部司牵头，联合农业部、国土资源部、商务部、国家旅游局等国务院西部开发领导小组成员单位，着手共同编制《西部地区吸纳东部产业转移规划》，明确西部吸纳东部产业转移的目标、基本思路、承接的重点领域、示范基地建设，提出国家支持西部地区吸纳东部产业转移的重大政策措施。

2. 实行有差别的产业政策和地方政府政绩考核政策

在东部地区和中西部中心城市鼓励发展高新技术以及先导产业和服务业，适当限制部分资源消耗大、产业关联度不高、内地市场潜力大的劳动密集型产业；对转移到西部地区的能源化工、矿产资源开发加工、装备制造业等对西部经济发展有明显带动作用的重大项目，要在土地供给、税收、贷款贴息和投资补贴等方面给予支持。结合当地实际，促进西部资源输出型经济向资源加工型经济转变，适当发展一些耗能较高的产业和资源型产业。把东部沿海地区建成我国高新技术产业和现代服务业的率先发展区，西部建成国家资源加工业和基础制造业的主要接替区。对地方政府的政绩考核应体现差别化，尤其是对沿海经济发达地区，应重点考核产业升级、自主创新和自主品牌等指标，并在产业选择方面设置更高的市场准入标准，包括单位产出能耗和"三废"排放量、单位土地产出率等约束性指标。

3. 尽快制定针对西部地区经济发展的限制和禁止类产业目录

国务院有关部委制订的《外商投资产业指导目录》对外商投资的领域作了相关分类，列出了鼓励类、限制类和禁止类产业目录。2008年国务院批准的《中西部地区外商投资优势产业目录》（2008 年修订）中，针对中西部各省的实际情况，列出了适合西部各省特点的鼓励产业目录。积极鼓励具有重大影响的促进可持续发展领域的投资，如清洁能源、交通、通信科技、农业等关键领域，培养可持续发展能力。但现在的问题是，还没有专门针对西部地区实际而制定的限制和禁止目录。《关于禁止向西部转移污染的紧急通知》只是引用既有的相关规定，缺乏现有产业水平上的禁止和限制目录。尤其对于控制东西部污染转移相关产业的禁止、限制目录没有给出更具体的规定，亟须进一步明确。

4. 促进国内民间投资向西部地区转移

要充分发挥民间投资的积极性，调动外资和国内民间财力为西部开发服务。要使投资者对在西部进行长期投资有信心，有必要制定《西部投资鼓励法》，用立法的形式保障投资者的利益，对西部开发投资的鼓励可以采取以下几种形式：对西部地区基础设施建设和重点产业开发实行投资补贴，对商业银行对西部地区的合理贷款予以贴息，设立鼓励西部城镇创造就业的"就业补贴"。

5. 建立促进产业转移的要素激励机制

产业转移最根本的前提是发挥市场配置资源的基础性作用。西部地区生产要素虽然充足，但生态环境恶劣、区位条件较差、交通基础落后，在产业导向和宏观调控政策大统一的前提下，承接东部产业转移的优势并不十分明显，还需要在加大中央财政转移支付的同时，给予土地、能源、税收等方面的政策优惠。

在土地供给上，调整土地政策，增加西部供地指标，为置换承接东部产业转移项目提供用地保障，对不占用耕地的建设用地和产业转移项目，返还或减免中央、省级土地收益分成，降低东企西进的土地成本。在能源供应上，适当提高资源税征收税率，加快资源税改革步伐，返还能源产地专项用于能源基础设施建设。支持西部对优势资源和能源就地开发，就地使用，就地增值，就近将资源优势转化成产业优势。在执行国家批准电力上网价格的基础上，对西部地区用电给予适当优惠。在税收政策上，对西部承接东部产业转移给予范围更广、针对性更强的扶持政策，如加速折旧年限、提高税前扣除标准、返还利润再投资部分所得税、建立优势产业发展基金等税收或财政政策。

6. 重点扶持西部地区的比较优势产业，增强承接产业转移的聚集力

国际投资及国内产业转移不再向单纯的低成本区域转移，而是向产业群转移，看重产业的生产加工配套能力。西部经济基础好或有发展潜力的地区，要通过加大对特色优势产业的发展，增强西部承接产业转移的聚集力。

（二）完善投资环境，提高西部地区的产业配套能力

1. 继续改善西部地区的基础设施条件

基础设施是承接产业转移的重要支撑条件，是吸引外资的硬环境，是招商引资竞争力的重要体现。目前，西部地区的基础设施得到明显改善，但因区位特殊，交通等发展的综合成本还比较高，对发展劳动密集型特别是一些利润空间小的产业有一定约束。以上海口岸为目的地，重庆每标准集装箱的水运成本为 3700 元，比武汉高 23%；公路成本为 11240 元，高105%；铁路为 5622 元，高 55%。西部地区政府必须采取切实有力的措施，改革基础设施投资建设体制和机制，加大投入，尽快完善本地区基础设施建设，增强公共设施服务水平，为承接东部产业转移提供良好硬件环境。

2. 完善西部地区的软环境

一是创造良好的发展环境，为企业创造一个公平、廉洁、高效的创新平台。进一步转变政府职能，增强服务意识，简化办事程序，明确审批机构和时限，提高办事效率；科学规范各类许可、审批、登记；积极打造服务型政府、诚信政府和法治政府；降低注册企业的门槛，简化兴办企业的手续，减少兴办企业的交易成本。二是进一步开放市场。扩大市场准入范围，除国家明令禁止的领域外，一律对外开放。对外来投资企业实行同等待遇，为企业创新提供良好的发展平台。三是进一步整顿市场环境。地方政府要负责维护公平的市场秩序，加强对企业和个人产权的法律保护，简

化企业监管的政策法规，提供更加完善的投资经营环境。

对于中央政府而言，可以考虑实施制度性援助。如提高西部援助性要素的使用效率及获取市场化要素的能力；加大对西部国有经济改革的支持，着力培育非国有投资主体；适当扩大西部地方政府包括地方税管理、地方融资、自然垄断性项目和外资项目审批、边境贸易管理等方面的自主调控权。

3. 提高西部地区产业配套能力

一是提高本地区工业基础服务与综合配套能力。要在完善本地区交通、能源等城市基础设施的同时，加强工业园区规划建设，为承接产业转移、合理引导工业集中发展提供载体平台。充分利用本地资源禀赋及现有工业基础，围绕发达地区产业转移特点，通过鼓励各种民营与非公有制中小企业发展，有针对性地鼓励、支持一些有条件的地区发展中下游基础性配套工业，提高地方基础性工业的聚集度与配套服务能力，为产业转移提供产业配套及技术基础。

二是努力解决好用地、电力、融资等承接产业转移的瓶颈问题。西部地区不同程度存在基础设施落后、生活设施不完备、交通运输成本高、信息流通不便等问题，这些都构成了产业梯度转移的重要阻力。为此，必须加大投入，进一步加强供水、供电、交通、通信等基础设施和公共设施建设，实现重要通道高等级化、高速化，特别是要加快公路、铁路、航空、港口、电子口岸建设步伐。

三是注意产业之间的协调发展。要通过加强西部重点经济区和省会城市圈的快速交通网络建设，将各个分散的地区有机联结起来；通过加强企业间的前向和后向联系，鼓励企业采取多种形式，选择产业链的不同环节进行专业化分工协作，围绕主导产业链培育和完善地方产业配套体系；通过加强产业间的横向联系，注重现代制造业与现代服务业发展之间的协调与融合。

（三）充分发挥市场和企业在产业转移中的作用

在市场经济条件下，企业跨地区的协作、兼并、技术转移与生产环节的分工，是产业转移的多种实现形式。产业转移必然要通过企业来实现；

企业不仅是区域经济发展的主体，而且也是产业转移的主体。只有企业真正按照市场经济规律行动起来，把握产业转移中的巨大商机并及时行动，西部地区吸引产业转移才能取得实效。要变管理型政府为服务型政府，为企业做好各方面的服务。

1. 鼓励企业通过市场机制配置资源

突破地方保护主义观念，尽可能创造条件，鼓励企业在全国甚至全球范围内组织和配置各种资源，增强企业竞争力。打破地方封锁和行业垄断，扶持有比较优势的企业扩大规模，鼓励按照市场竞争原则横向扩张，加速产业的资本积累与生产集中。鼓励大企业纵向扩张，延长产业链，凝聚一批与之协作配套的中小企业，使存量资产跨部门、跨地区流动，向重点行业和优势企业集中，推动过剩生产能力淘汰与重组。

2. 营造良好的区域创业环境，促进中小民营企业的发展

既要创造良好的物质基础（如基础设施），更要致力于营造良好的创业氛围，建立和完善中小企业服务体系，发挥服务中心、行业协会等中介服务机构的整体功能，使中小企业在研究开发、咨询、管理、后勤等方面得到一体化服务。

3. 建立健全中小企业信用担保体系

对于西部地区而言，一方面经济发展的资本形成不足，另一方面银行有钱却"惜贷"。要吸引更多的银行贷款，就必须强化信用观念，建立企业分类分级信用体系，同时健全抵押担保体系，为中小企业贷款提供支持；要完善资产评估制度，降低费用，简化手续，尽可能减少融资的时间成本，提升中小企业的信用等级，显著改善中小企业融资。为了保证中小企业信用担保体系的健康发展，必须做到资金筹集的社会化，担保机构运作的市场化，账户管理、准入条件和操作程序的规范化。

（四）积极搭建产业转移的平台

1. 促进东西合作共建产业园区

园区化和集群化是目前国际产业发展的主要趋势。从资源配置角度看，产业园区是一种土地资源集约配置方式，通过统一规划、配套服务，使工业企业能够相对集中起来，以节约管理和生产成本，实现规模效益。改革开放尤其是西部大开发以来，西部各级政府设立了众多的开发区和工业园区，对当地经济发展起到了重要作用。但是由于资金不足，基础设施建设缓慢或者不完善，相当一部分开发区和工业园区发展并不理想。

要鼓励沿海有条件的国家级开发区，利用自身的管理和营销经验，人才和资金优势，采取合资、合作、参股、委托经营等多种形式，向西部地区扩张，在西部设立"区中园"、"园中园"，或联合在西部地区开发设立新的产业园区。西部地区各级地方政府以优惠价格提供土地，东部开发区提供资金和管理人才，按照东部地区开发区的体制进行管理，按生产要素投入比例分享利益。园区的内容比较广泛，可以是资源开发、农业开发、高科技产业、进出口加工等产业。

2. 突出打造承接产业转移的载体

没有良好的载体，承接转移就没有依托。各类专业化工业园与开发园区是承接产业转移、促进产业集聚与培育产业集群的主要载体，通过将园区发展规划与产业转移规划、产业集群发展规划相衔接，并根据资源、要素等条件合理确定园区的定位，可以将转入的企业或整个产业集群集中到不同的专业化园区内，优化产业空间布局与分工。

一是要明确园区产业定位，规范入园产业和企业标准。加强对产业链的研究，发现产业链上的缺失环节和薄弱环节，并按照形成完善产业链的要求重点引进配套企业，促进以产业链为纽带的产业集群的形成与发展。二是要进一步加快园区内厂房、道路、通信、物流等基础设施建设，提供水、电、气等生产要素保障，为转入的产业创造更好的发展条件，加速产业聚集和产业集群发展，推动产业升级和提升产业竞争力。三是要提高园区内的管理与服务水平。一方面对转入企业及项目简化入园手续，提供一条龙服务，提高入园速度；另一方面要完善信息、融资、技术、教育、医疗、购物、社区管理等产业配套服务体系。四是要重点支持园区中引入的龙头企业的发展，有针对性地制定财税、金融、创新支持等扶持措施，促进围绕龙头企业形成重要产业链和产业集群。

3. 促进生产要素向产业园区集中

一是积极完善（新企业的）孵化、生产、技术、资金、信息、市场、咨询、人才培训等服务系统，完善企业间的协作配套，提升园区工业的整体竞争力。如依托重点企业，联合相关高校、科研单位，建立各类产业技术创新与开发服务中心，对各产业发展中存在的共性、关键性、前瞻性技术难题和问题，进行联合开发，解决产业园区和主导产业发展中存在的技术难题。

二是积极发展并完善各类专业性市场。重点是为各产业的产成品、半成品、原料、配件、机器设备、技术交流与转让、人才交流、技术研发、招商引资、科研成果转化等设立交易交流平台，搭建产业发展的支持平台。

三是大力发展与产业园区配套的现代物流业。加大投入，促进交通、通讯、信息网络和电力等基础设施的发展，同时加强基础设施的配套服务，尽可能取消不合理的收费，降低物流成本。

四是积极发展第三方机构。第三方机构主要包括行业协会、商会、检测、认证、设计、技术中介、公关管理、信息、咨询等机构，是产业发展中不可缺少的力量。为此，应大力发展各类中间机构，完善社会化的网络组织，建立、健全行业协会，使协会组织在一定程度上按照市场化模式运作，为企业提供市场信息、区域外合作交流、保护企业利益等方面的服务。

参考文献：

1. 陈耀：《东西部合作互动新态势：产业集群迁移与承接》；载姚慧琴、任宗哲：《西部蓝皮书：中国西部经济发展报告（2008）》，社会科学文献出版社 2008 年版。

2. 陈耀：《我国沿海产业集群迁移与中西部承接策略》，载《西部金融》2008 年第 11 期。

3. 陈耀：《产业资本转移新趋势与中部地区承接策略》，载《中国发展观察》2009 年第 6 期。

第七章 三峡库区后续发展问题研究

不含重庆主城区，三峡库区涉及湖北省、重庆市的 19 个县（区），总面积 5.60 万平方公里，2008 年总人口 1471 万人。当三峡库区蓄水至 175 米时，将形成长 667 公里、面积 1084 平方公里、总库容 393 亿立方米的巨型水库。目前，三峡主体工程进入收尾阶段，综合效益进一步显现。库区经济社会快速发展，产业结构继续优化，各行业生产持续增长，人民生活水平继续提高，人群健康状况基本正常。库区为三峡工程的建设做出了重大贡献和牺牲，目前发展中面临许多突出问题。下文在对三峡库区后续发展面临突出问题分析的基础上，提出未来的发展方向和支撑条件。

一、三峡库区目前面临的突出问题

（一）经济社会事业尚有较大差距

1. 与全国差距依然较大

三峡工程建设以来，库区经济得到了快速发展。2008 年，库区地区生产总值 2035 亿元，按常住人口计算人均地区生产总值 13834 元，分别是 1992 年的 12.9 倍和 14.4 倍，但是差距仍然较大。2008 年库区人均地区生产总值相当于全国的 70.8%、西部的 104.7%、湖北的 85.3%、重庆的 94.3%。库区经济在所在省市的经济地位不断下降。1981～2008 年，除渝北区和巴南区之外的重庆 13 个库区县（区）对全市经济总量的贡献率下降了 3.4 个百分点。

2. 基础设施和社会事业仍然滞后

库区基础设施和社会事业虽取得还账式、恢复性的改善，但与全国和湖北省、重庆市相比仍显羸弱，远不能适应库区经济社会发展的需求。公路网络密度小、等级低，整体服务功能低下。库区 19 个县（区）中有丰都、巫山、奉节等 9 个县至今不通高速公路，重庆库区与主城及周边三省无快速通道连接，库区腹地等级公路比重仅占 32%，乡镇、行政村公路通畅率分别为 51.1% 和 16.7%，各项指标均远低于全国和湖北省、重庆市水平。重庆库区尚有 3.9 万户、8 万人属无电人口，农网改造率仅为68%。

2007 年，重庆库区每十万人口高校在校生 622 人，远低于全市 2043人的水平；库区仅有 1 所三级甲等医院，医疗卫生资源仅为全市的 20%；库区 15 个县（区）级公共图书馆均未达到国家规定标准，15 个文化馆只有 1 个达标；公共体育设施人均场地面积仅为 0.38 平方米。

（二）全面建设小康社会任务艰巨

库区为三峡工程的建设做出了重大贡献和牺牲。三峡工程在论证和建设过程中，国家严格控制库区和坝区人口增长及基本建设，虽然较好地控制了三峡工程建设期间水下投资的过度膨胀，也避免了因库区人口非正常机械增长导致移民补偿资金总量的增加，却使库区特别是淹没区丧失了多次发展机遇，由此造成的差距长达几十年。三峡工程的建设，对库区产生了大量的淹没损失，加剧了库区本来就十分突出的人地矛盾。2007 年库区人均耕地面积 0.72 亩，分别相当于湖北省的 58.5%、重庆市的 60.5%；在耕地中，坡度小于 10°的占 21.7%，10°～15°的占29.8%，15°～25°的占 31.8%，大于 25°的陡坡地占 17.7%（国家环境保护部，2008）。三峡库区是全国 18 个集中连片的贫困地区之一，12 个县是国家扶贫开发工作重点县（王一鸣，2004）。重庆库区有绝对贫困人口64.4 万人、相对贫困人口 193.9 万人，均占全市的 70%（王顺克，2008）。

全面建设小康社会是党和国家到 2020 年的奋斗目标，沿海的浙江等省到 2010 年将实现这一目标，但库区尤其是库腹区整体奔小康的进程滞后（见表7-1）。目前重庆库区基本小康实现程度总体比全市滞后2年，比全国滞后4年左右。没有库区的小康，就没有重庆和湖北的小康；没有重庆和湖北的小康，就没有全国人民的小康。

表7-1　　　　　　　　2008年三峡库区农民人均纯收入　　　　　　　单位：元

县（区）		农民人均纯收入	县（区）		农民人均纯收入
库腹区	巫山	2996	库首区	夷陵	5426
	巫溪	2803		秭归	2875
	奉节	3125		兴山	3483
	云阳	3349		巴东	2482
	开县	3833	库尾区	长寿	4901
	万州	3335		渝北	5217
	忠县	4129		巴南	5208
	涪陵	4168		江津	5411
	丰都	3591	湖北		4656
	武隆	3475	重庆		4126
	石柱	3579	全国		4761

资料来源：重庆市统计局：《重庆统计年鉴（2009）》，中国统计出版社2009年版；湖北省统计局：《湖北统计年鉴（2009）》，中国统计出版社2009年版。

（三）生态环境面临严重挑战

1. 地质灾害防治形势严峻

库区地质环境脆弱，是全国地质灾害最严重的地区之一。已查出崩塌、滑坡1153处，总体积371247万立方米。水库两岸崩塌、滑坡428处（其中干流304处）、总体积279543万立方米（其中干流140092万立方米）。三峡水库蓄水后将进一步加剧该地区的地质灾害。两岸有泥石流痕迹的沟谷280条，近期有活动且有危害的33条（国家环境保护总局，2002）。据预测，在正常蓄水175米时，在5927公里的江岸线上，有403公里为不稳定或欠稳定的岸坡，占岸线总长度的6.8%。目前，大型滑坡体近20年来出现新的活动高潮（崔如波，2005）。2007年4~7月，强降雨过程致使库区及其邻近地区多次、持续发生山体滑坡、泥石流等地质灾害，因灾死亡 10 余人，直接经济损失上亿元（国家环境保护部，2008）。

2. 水库消落区亟待治理

三峡成库后，为保证发电需要，库区冬季正常蓄水位为 175 米，夏季为了防洪水位降至 145 米，由此将在库岸两侧形成 30 米水位落差、面积达 440 平方公里的消落带。在两岸坡度较陡、土质为沙土的库段，水位下降时，垃圾、杂草等污染物及水分、泥沙都易随水流走，消落带危害不大；而两岸坡度较缓、土质为泥土的库段，夏季水位下降后，河道内沉淀的各种污染物将留滞在消落带上，加之经过半年左右浸泡的泥土不易排水，污染伴着垃圾、杂草，不仅造成景观破坏，而且在高温下极有可能产生异臭，滋生病菌、寄生虫和蚊蝇，导致流行病发生。消落带的局部低洼地方因排水不净，还可能形成零星小面积死水塘，严重污染环境。更重要的是，三峡水库冬、夏两季年年蓄退水位，第一年沉淀在消落带内的污染物，又将成为第二年水质污染源，周而复始，对环境的影响较大（雷霞，秦勇，2003）。

3. 污染物排放持续增加

随着库区经济、社会的快速发展，城镇污水处理厂的建设和投入使用，1996～2008 年库区工业废水排放量减少了 32.2%，但生活污水排放量增加了 1.39 倍，化学需氧量增加了 4.72 倍，氨氮增加了 5.82 倍（见表 7－2）；2008 年，库区 19 个城镇共产生生活垃圾 229.45 万吨，其中散排 45.89 万吨，占 20.0%。库区主要排污区域为重庆主城区、涪陵、奉节等。

表 7－2　　　　　　1996～2008 年三峡库区废水排放量

污染物种类	1996 年		2005 年		2008 年	
	工业排放	生活排放	工业排放	生活排放	工业排放	生活排放
废水（亿吨）	8.24	2.48	5.74	4.09	5.58	5.93
其中：湖北库区	0.04	0.02	0.25	0.14	0.22	0.16
重庆库区	8.20	2.44	5.49	3.95	5.36	5.77

续表

污染物种类	1996 年		2005 年		2008 年	
	工业排放	生活排放	工业排放	生活排放	工业排放	生活排放
化学需氧量（万吨）	2.86 *		7.71	9.26	7.70	8.66
其中：湖北库区			0.06	0.24		
重庆库区			7.65	9.02		
氨氮（万吨）	0.22 *		0.58	0.94	0.57	0.93
其中：湖北库区				0.02		
重庆库区			0.58	0.92		

注：* 含生活污水排放。
资料来源：国家环境保护部：《长江三峡工程生态与环境监测公报》（相关年份）。

4. 农村面源及养殖污染突出

三峡库区污染负荷 50% 以上来自农村面源污染，使面源污染的贡献率高达 40%～60%，是造成水质恶化的直接原因之一（张彦春，王孟钧，戴若林，2007）。主要表现为畜禽、水产养殖污染和农药、化肥污染，以及大量乡镇生活污水和垃圾得不到有效治理。2000 年以来，库区化肥施用量略有上升，化肥造成的面源污染压力加大，氮磷流失成为水体污染源之一（见表 7－3）。农药使用量略有减少，但有机磷等高毒农药使用仍很普遍。由于农村面源及养殖业污染点多面广，治理难度极大。

表 7－3　　　　1996～2008 年三峡库区化肥使用情况　　单位：万吨

化肥种类（折纯）	1996 年	2000 年	2005 年	2008 年
氮肥使用量	12.17	10.08	5.85	10.14
氮肥流失量	1.20	1.01		1.02
磷肥使用量	4.43	3.51	1.96	3.09
磷肥流失量	0.23	0.19		0.18
钾肥使用量	0.23	1.18	1.03	0.84
钾肥流失量				0.06
其他	1.23			
合计	18.06	15.37	8.84	14.07

资料来源：同表 7－2。

总的来看，库区内生态环境服务功能有所退化，生态系统结构有所改变，生态环境受到一定破坏，生态环境健康状况不容乐观，健康的区域只占总面积的 13%（燕文明，刘凌，宋兰兰，2008）。

二、三峡库区未来的发展方向

从库区经济社会发展现状、优势和限制性因素出发，考虑到区位和资源环境条件、发展基础和国际国内环境等因素，未来三峡库区发展的总体方向是：以统筹城乡发展、区域发展、经济社会发展、人与自然和谐发展为主线，坚持走生活富裕、生态良好、生产发展的文明发展道路，进一步落实移民扶持政策，大力加强库区生态环境建设，积极支持库区产业发展，全面建设资源节约型、环境友好型社会，实现经济发展与人口资源环境相协调，把库区建设成为西部重要的特色优势产业带、长江流域重要的生态屏障区、长江上游生态文明示范区、三峡工程安全运行和充分发挥效益的关键保障区，实现经济社会永续发展。

（一）西部重要的特色优势产业带

1. 长江上游特色经济走廊

未来西部开发的重点任务之一是加快特色优势产业发展，三峡库区是我国西部最重要的问题区域之一，有条件建设成为西部重要的特色经济走廊。三峡库区是长江经济带发展壮大和对外辐射的重要传递区，加快库区特色优势产业的发展，有利于传导长江经济带的带动作用，发挥长江流域的整体优势。移民的平稳致富只有依靠特色优势产业的发展才能从根本上解决。要在确保农业基础地位的前提下，集中精力培育特色优势产业。

大力发展特色优势产业，从根本上解决库区产业"空心化"问题。利用三峡库区特有的农业资源优势，大力推进农业产业化，重点发展适应市场需求的优质柑橘、优质草食牲畜、优质榨菜、现代中药材、优质烟叶、优质油菜、优质水产、优质香料产业。依托相对资源优势，重点发展资源加工转化产业、劳动密集型产业，包括能源工业、矿电联营产业、绿色食品加工业、现代中药及生物医药加工业、丝麻纺织加工业、天然气化工及盐气化工、建材工业、林浆纸产业、现代装备制造业等特色工业。

2. 国际重要的黄金旅游带

三峡库区拥有独具特色的旅游资源,是中国旅游黄金水道、中国旅游胜地40佳之首和中国14条旅游热线首选,也是我国最早向国际市场推出的黄金旅游线路之一,在国际市场上享有较高的知名度和美誉度。2008年长江三峡接待国内外游客2830万人次,旅游收入150亿元(谢倩,李明明,2009)。依托三峡库区独特而丰富的旅游资源,以"新三峡"为品牌,塑造"高峡平湖、三峡腹地"主题形象,把三峡库区打造成世界级内河游船观光旅游精品,使之成为集生态效益、文化展示、旅游观光、休闲度假于一体的全国规模最大的首选旅游目的地和国际黄金旅游带。

旅游业是环境友好型产业和生态替代型产业,要把库区旅游产业转型与生态文明建设有机结合起来,大力倡导生态旅游价值观、开发观、消费观,把旅游业培育成为促进库区生态文明建设的生态产业。

3. 中西部重要的运输通道

库区水运条件优越,其发展对物流业的现实需求增长较快。充分利用三峡成库、长江水位升高、航运条件改善的新优势,加快库区港口、码头建设,发展现代内河航运业,与高速公路、铁路等进行多形式联运,形成西部地区的东向出海大通道,把现代内河航运业发展成为三峡库区的重要产业。发挥长江"黄金水道"纽带作用,依托综合交通运输网,加快物流业发展。

(二)长江流域重要的生态屏障区

长江沿江地区已成为与沿海地区并驾齐驱的国家生产力布局主轴线。1990年以来,以重化工业为重点的沿江产业快速集聚,以及一系列重大工程建设,导致长江的水环境质量与生态保护面临着越来越大的压力。长江保护与发展正进入由开发优先向开发与保护并重转变的重大变革时期(杨桂山,翁立达,李利锋,2007)。

1. 库区人口超载，对环境产生了巨大压力

三峡库区是我国生态环境的敏感区、脆弱区和易污染易破坏区（梁福庆，2009）。库区现有人口密度 302 人/平方公里，是全国的 2.1 倍、国内同类地区的 4～5 倍（周季钢，2007），经济承载力和环境承载力都相对不足（王冰，黄岱，2005）。唐德祥、马金海、王筱欣（2007）的研究表明，2006～2010 年三峡库区人口承载力为 605 万～671 万人，超载 1.38～1.69 倍。

2. 三峡工程运行后库区环境保护面临新的形势与问题

由于库区的点源、面源和流动的污染源都没有得到有效治理，水库蓄水后，水库回水影响区水流减缓引起扩散能力减弱，使库周近岸水域及库湾水体纳污能力下降，库区水体中 TP、TN 等营养指标的浓度已达到湖泊中、富营养化水平（见表 7－4），虽干流不具备发生富营养化的水文条件，但水库库湾及支流回水区每年春夏季均出现不同程度的"水华"。2003 年蓄水以来逐年加重，2007 年水华爆发时间明显提前、程度明显加深，库区 7 条一级支流在 2 月 22 日开始出现水华，持续时间明显长于往年；同时，库区部分支流水华藻类优势种总体上呈现出由河流型向湖泊型演变的趋势（国家环境保护部，2008）。重庆主城区、长寿、忠县、云阳、奉节、巫山、巴东、涪陵、万州等江段近岸水域出现了明显的岸边污染带，长度在 1.0～15.0 公里之间，宽度 50～150 米，较蓄水前明显扩大（杨桂山，翁立达，李利锋，2007）。

表 7－4　　　　2008 年三峡库区回水区断面水体综合营养状态　　单位：个、%

综合营养	各级水体综合营养状态的断面比例（%）								
	3 月	4 月	5 月	6 月	7 月	8 月	9 月	10 月	平均值
贫营养	7.3	3.7	3.7	0.0	1.2	2.4	1.2	1.2	2.6
中营养	76.8	81.7	70.7	80.5	80.5	69.5	80.5	78.1	77.3
轻度富营养	12.2	11.0	20.7	11.0	14.6	22.0	15.9	18.3	15.7
中度富营养	1.2	1.2	3.7	6.1	1.2	3.7	2.4	2.4	2.7
重度富营养	2.4	2.4	1.2	2.4	2.4	2.4	0.0	0.0	1.7
富营养合计	15.8	14.6	25.6	19.5	18.2	28.1	18.3	20.7	20.1

资料来源：国家环境保护总局：《2008 年长江三峡工程生态与环境监测公报》，2009 年。

3. 库区的水安全突出表现为水质安全

维系长江流域经济社会最基本的要素是水，库区的水安全、水资源的可持续利用对经济发展的深远意义要远远超出三峡工程本身（王钟，2006）。库区水量可以基本满足需求，水安全突出表现为水质安全。三峡水库蓄水后，"库尾、死水区、滞水区水质变坏，这种可能性相当大。"①据预测，水污染平均浓度将增加30%以上（崔如波，2005）。流速减缓，泥沙沉积，水质变清，有利于阳光在水中传播，为库区富营养化的产生提供了有利的环境条件（钟成华，2004）。库区蓄水淹没区典型支流回水区属于轻度至中度富营养化水平，个别支流属于重富营养化水平（邓春光，龚玲，2007），富营养化程度较成库前严重（张晟，李崇明，郑坚等，2009），已危及到附近居民饮用水安全。过去重庆主城区产生的可生化降解污染物，在三峡成库前流到长寿区即可降解一半，而成库后流到长寿只能降解10%（吴鹏，2009）。这意味着污染物可能长时间聚集在库区。

近年来，国家针对三峡库区及上游地区采取了大量的污染防治措施，但水库和入库支流水环境质量尚未出现根本性转变，实际上呈逐渐恶化的趋势（见表7-5）。由于三峡水库的特殊性，枯水期水体流动性差，一旦发生污染事故，污染物难以扩散降解，极易对供水安全构成威胁（杨桂山，马超德，常思勇，2009）。

表7-5　　　　三峡库区干流各类水质断面占监测断面总数比例　　　单位：%

年份	Ⅰ、Ⅱ类水质断面比例	Ⅲ类水质断面比例	Ⅳ类水质断面比例
2001	64.7	30.9	4.4
2002	43.8	50.0	6.2
2003	22.2	77.8	0.0
2004	6.3	93.7	0.0

资料来源：张彦春、王孟钧、戴若林：《三峡库区水环境安全分析与战略对策》，载《长江流域资源与环境》2007年第6期。

生态环境建设与保护是三峡工程和库区发展的重要保障，必须按照可

---

① 《国家环保总局局长解振华谈三峡库区水质问题》，http：//www.3g.gov.cn/xxxq.ycs?GUID=1027.

持续发展的要求，加强生态文明建设，促进人与自然和谐相处。要切实采取有效措施，进一步加强水污染防治，下大力气解决影响水质的突出问题；建设水库周边生态保护带，控制水土流失，减少泥沙淤积；推进地质灾害防治工程，完善环境监测体系，把三峡库区建成长江流域生态屏障。

（三）长江上游生态文明示范区

三峡建成蓄水后，库区水文水动力条件及河道地形等发生重大改变，库区段水平均流速将由蓄水前的 2.66m/s 下降至 0.38m/s；横向扩散系数也将大大降低，由此导致自净能力降低。在排放同样数量污染物的情况下，重庆江段岸边污染带宽度将增加 0.85 倍，污染物浓度将升高 34.5% ~ 146%（陈国阶，1997）。流速降低还导致排沙能力减弱。在涪陵、长寿、万州等近年来发展起来的化工企业，已经成为悬在三峡上游的隐患（吴鹏，2009）。

确保三峡地区特别是库区青山绿水是我们的历史责任，是三峡地区经济、社会可持续发展、人民富裕的基本保证，也是我国政府对世界的庄严承诺。生态环境也是影响三峡地区长远发展的根本性决定因素。因此，要把资源、环境、发展、移民等因素综合起来，走一条与三峡移民开发、库区生态系统的保护和建设相一致、相协调的生态型经济的发展道路，建成人类与自然和谐共存的典范区域。

（四）三峡工程安全运行和充分发挥效益的关键保障区

作为全国最大的河道型水库和国家南水北调工程中线的源头，三峡库区的特殊位置决定了其是国家生态环境保护的敏感区域。而百万移民的就地后靠及严重的水土流失，直接影响着三峡工程正常运行。

1. 水库移民安置是三峡工程建设的关键

库区移民安稳致富问题日益凸显。近年来，受移民就业不足、生活困难及政策、心态等因素影响，库区移民信访一直处于高位运行状态，呈现追根溯源、质疑移民政策、强烈要求调整和修改的趋势，具有串联性增强、集访规模增大、对抗性日趋激烈、群体性事件增多的新特点。移民稳定问题成为随时可能爆炸的"火药桶"。

库区失业问题严重。一是就业岗位严重不足。截止到 2007 年末,重庆库区城镇调查失业率在 10% 以上的县(区)有 4 个,平均每个县(区)有 1.1 万名城镇失业人员。二是劳动力素质低。突出表现为"四多":女性多,占 60%;31 岁以上的多,占 74.4%;初中文化程度及以下的多,占 55.6%;失业 6 个月以上的多,占 54.6%。三是就业稳定性差。灵活就业的城镇劳动者达 80.85 万人,占重庆库区城镇劳动力从业人员总数的45%。自谋职业、小摊小贩等灵活就业者,因所处环境商业气氛不浓、市场不景气、人气不旺、消费有限,相当部分经营不善。

2. 移民脱贫致富难度增大

库区脱贫致富的困难主要集结于后靠农村移民、占地农村移民、城镇纯居民和下岗职工四类群体。移民后靠后,由于在淹没线上开发的土地数量和质量达不到搬迁前的水平,又缺乏必要的配套设施,导致这部分移民生产收入大幅下降。部分占地农村移民进城后种田无地、就业无岗,只能靠最低生活保障为生。城镇纯居民移民搬迁后,失去了原先在老城区"黄金地段"的优势,移民政策又未对其门面级差地租、经营损失予以补偿,一部分已成为"因搬致贫"的困难群体。移民迁建涉及到数十万职工的下岗和再就业问题,而企业破产改制职工安置未彻底妥善解决,对社会稳定带来的潜在影响很大。万州区有 60% 的移民搬迁后实际生活水平有所下降。调查显示,库区 49.18% 的移民预测未来比现在要差(见表 7 - 6)。

表 7 - 6   调查问卷中移民对未来预测统计结果

问卷值	总计		农业安置		非农业安置	
	人数(人)	比例(%)	人数(人)	比例(%)	人数(人)	比例(%)
变好	138	28.16	103	30.65	35	22.73
差不多	111	22.65	79	23.51	32	20.78
变差	241	49.18	154	45.83	87	56.49

资料来源:黄廷政、段跃芳、梁福庆:《关于三峡移民的政策风险初探》,载《人民长江》2008 年第 3 期。

3. 严重的水土流失影响着水库的使用寿命

库区森林覆盖率由50年代的26%下降到17%，临江地带只有5%左右（重庆市政协，重庆大学发展战略课题组，1996），水土流失严重，三峡库区侵蚀区面积占总面积的88%、水土流失面积占总面积的82.9%，是全国水土流失最严重地区之一（崔如波，2005），库区侵蚀模数为511～533吨/平方公里·年（国家环境保护总局，2002），库区年入江河泥沙总量达1亿吨以上。[①] 已影响到三峡水库的运行安全和库区的生态安全（彭涛，徐刚，夏大庆，2004）。三峡库区的水土流失程度，直接决定着三峡水库发电能力的大小。据测算，若每年减少1亿立方米泥沙进入库区，三峡工程的使用寿命就可增加50年；每减少1立方米的泥沙进入库区，就可增加三峡发电量及防洪减灾的能力，减少损失3000元～5000元。

三、三峡库区未来发展的支撑条件

（一）加快发展库区特色经济

库区产业的发展必须把环境容量作为硬约束条件，以不损害环境特别是水资源为重要前提，在产业发展中加强生态环境建设，以生态环境建设促进产业发展。

1. 调整库区工业布局结构，积极促进库腹区的发展

根据因地制宜及可持续发展的原则，结合库区内各地区的比较优势，合理布局工业结构。同时在制定库区经济发展政策方面要充分考虑到库区内部存在的巨大差异，产业扶持政策的重点向库腹区倾斜。

2. 大力发展生态型工业

加快库区及上游沿江地带工业结构布局的调整和技术的优化升级。库

[①] 长江上游每年进入库区的泥沙量为4.7亿吨。

区部分区县已经开始规划和建设特色工业园区，如晏家园区、万州园区、李渡园区等。但是大多数园区没有按照生态学来进行产业的设计和有序引进，只考虑到单个企业的环境影响，还没有想到如何将环境影响内化，并进一步将负面的环境影响转化为可以利用的资源。采取设计工业生态系统园区来吸引外资，为企业之间资源的循环利用提供平台，通过设计不同主题园区，形成各具特色的生态循环产业，最终实现库区经济与环境的协调发展（王文军，2007）。

3. 大力发展旅游经济

全面发展观光旅游、休闲度假、水上娱乐、科学考察、民俗文化、探险览胜及生态农业旅游、游船会议旅游等各种旅游。鼓励有实力、有信誉、有核心竞争力的旅游企业到库区进行旅游资源的深度开发，打造出一批有内涵、有影响力的旅游精品。有计划、有步骤、有重点地开展旅游市场宣传营销，鼓励通过多种形式与库区进行联合宣传和促销；加快旅游码头及连接旅游景区的道路基础设施建设，加强景区景点环境综合整治及周边绿化、美化，搞好旅游生态保护；实施以游船、水体、岛屿为重点的三峡库区水面开发，以及沿支流、交通线和依托重要旅游资源为载体的三峡库区腹地旅游资源的延伸开发；构建全新旅游线路，促进区域内部资源整合和区际旅游联动发展；利用库区丰富的地方名优土特产品、中药材、绿色食品、传统工艺品，以及反映当地民风民俗的地方手工制品和民族饰品等，大力发展特色旅游商品；积极发展与旅游业相关的交通运输业、商业服务业等第三产业（崔如波，2005）；规范旅游市场，提高从业人员素质。

4. 适当承接沿海产业转移

受经济危机的影响，东部地区向中西部产业转移的步伐进一步加快，三峡库区要紧紧抓住这一机遇，适当承接沿海产业转移。在承接产业转移的过程中，要防止高耗能高污染企业转移。

（二）把水库移民安置作为一项长期的工作抓好落实

要继续把维护移民稳定摆到突出位置，进一步提高移民安置质量，重点抓好移民后期扶持工作，帮助群众解决生产生活中的突出问题，实现移民安稳致富。采取更加有力的措施，保证移民基本生活有保障、劳动就业有着落、脱贫致富有盼头，同心同德建设和谐稳定新库区。进一步落实移民后期扶持扶助政策，加强职业教育和技能培训，千方百计扩大就业，深入开展对口支援，完善各项社会保障制度，加快发展库区经济，着力推动社会事业，认真解决人民群众最关心、最直接、最现实的利益问题，使广大移民搬得出、稳得住、逐步能致富，使库区各族人民共享改革发展成果。

实施长江流域地区水保护共建政策。长江中下游地区是三峡工程的主要受益者，且中下游地区多属发展条件好、经济实力强的区域，在全面建设小康社会的进程中已经先行一步，有义务、有条件、有能力补偿和反哺库区发展。尽快建立并完善全流域生态环境补偿机制，长江下游地区享受水安全和电力供给的城市，与长江上游特别是三峡库区共同完成水保护工程。试行库区下游受益地区和"南水北调"工程受益地区参与或者承包库区及上游地区的"退耕还林"工程和"生态区"建设工程。

（三）切实解决库区生态环境问题

加快三峡库区退耕还林的步伐，增加植被覆盖率，搞好小流域综合治理，遏制或缓解水土流失，改善库区生态环境。加大环保投入，建设三峡库区环境保护工程，控制污染，净化环境；建立具有库区特色的生态农业，减少地面侵蚀量，提高土地生产力和商品率，扩大人口环境容量，为土地的复耕及库区移民安置创造有利条件，实现三峡库区社会、经济与生态环境的持续协调发展。

1. 实行最严格的环境保护制度

建设完善的法律制度，制定严格的环境标准，培养专业的执法队伍，采取行之有效的执法手段等；建立健全与现阶段库区经济社会发展特点和环境保护管理决策相一致的环境法规、政策和技术体系；强制淘汰或限期治理污染严重的企业，提高产业准入门槛。确保主要污染物排放得到有效控制，生态环境质量明显改善。

2. 培育和发展库区环保产业

培育和发展环保产业是库区生态文明示范区建设的必然要求，是库区最具增长潜力的经济增长点和发展高效低耗经济的根本途径。要从库区实际出发，尽快制定并完善库区环保产业发展政策，利用经济和市场的手段，促进库区环保产业的发展；调整和优化库区环保技术结构和产品结构，促进库区环保企业规模化、集约化经营，增强环保企业的竞争力；建立与社会主义市场经济体制相适应的多元化环保产业投融资机制及社会化服务体系，增强库区环保产业的持续发展能力；综合运用经济、法律和必要的行政手段，建立统一开放、竞争有序的环保产业市场（崔如波，2005）。

3. 切实解决地质灾害

坚持"以防为主、防治与避让相结合、护岸与防灾相结合、突出重点、综合治理"的原则，对危岩、滑坡、崩塌、泥石流等地质灾害进行重点防治；结合城市防洪，对沿江库区的涪陵、万州、忠县、云阳、奉节、巫山城镇，主要采取工程措施加以治理；对重要江段库岸采取工程和生物措施相结合的办法进行整治；对沿江、库的大部分地方主要采取生物措施进行治理。结合移民搬迁，尽量避让地质灾害，同时开展群策群防，减少地质灾害损失。

4. 研究和实施生态移民

初步测算，三峡库区生态移民搬迁安置人口为 20 万人（梁福庆，2009）。加快研究制定生态移民政策法规和管理办法，适时编制生态移民规划，采取多种方式进行安置，并强化管理，促进生态移民有序进行；积极实施城市化带动战略，发展和壮大城市，将移民更多的转移到城市。

参考文献：

1. 陈国阶：《三峡库区生态与环境问题》，载《科技导报》1997 年第 2 期。

2. 重庆市政协、重庆大学发展战略课题组：《三峡库区生态环境保护与污染防治研究》，载《重庆大学学报》（社会科学版）1996 年第 4 期。

3. 崔如波：《加快培育和发展三峡库区绿色生态产业》，载《国家行政学院学报》

2005 年第 5 期。

4. 邓春光、龚玲：《三峡库区富营养化发展趋势研究》，载《农业环境科学学报》，2007 年增刊。

5. 国家环境保护总局：《1997 年长江三峡工程生态与环境监测公报》，2002 年。

6. 国家环境保护总局：《2001 年长江三峡工程生态与环境监测公报》，2002 年。

7. 国家环境保护总局：《2006 年长江三峡工程生态与环境监测公报》，2006 年。

8. 国家环境保护部：《2008 年长江三峡工程生态与环境监测公报》，2008 年。

9. 国家环境保护部：《2009 年长江三峡工程生态与环境监测公报》，2009 年。

10. 黄廷政、段跃芳、梁福庆：《关于三峡移民的政策风险初探》，载《人民长江》2008 年第 3 期。

11. 雷霞、秦勇：《三峡库区消落带将造成严重环境污染》，载《中国经济时报》，2003 年 6 月 16 日。

12. 梁福庆：《三峡库区生态环境保护回顾与思考》，载《重庆三峡学院学报》2009 年第 2 期。

13. 彭涛、徐刚、夏大庆：《三峡库区地质灾害发展趋势及其减灾对策》，载《山地学报》2004 年第 6 期。

14. 唐德祥、马金海、王筱欣：《重庆三峡库区经济人口承载力、劳动力供求预测》，载《人民长江》2007 年第 8 期。

15. 王冰、黄岱：《三峡库区可持续发展的环境人口容量分析》，载《中国人口科学》2005 年第 2 期。

16. 王顺克：《三峡库区移民后期扶持发展研究》，载《重庆三峡学院学报》2008 年第 1 期。

17. 王文军：《生态产业与三峡库区经济环境可持续发展》，载《生态经济》2007 年第 10 期。

18. 王一鸣：《统筹协调，加快三峡库区产业发展》，载《中国发展》2004 年第 4 期。

19. 王钟：《三峡库区水安全与经济发展协调研究》，载《探索》2006 年第 5 期。

20. 吴鹏：《重走三峡库区：环境变迁与产业兴衰》，载《21 世纪经济报道》，2009 年 7 月 9 日。

21. 谢倩、李明明：《未来三峡库区，发展旅游最精彩》，载《中国旅游报》，2009 年 7 月 10 日。

22. 燕文明、刘凌、宋兰兰：《三峡库区生态与环境健康状况诊断分析及对策研究》，载《人民长江》2008 年第 1 期。

23. 杨桂山、马超德、常思勇：《长江保护与发展报告》（2009），长江出版社

2009 年版。

24. 杨桂山、翁立达、李利锋:《长江保护与发展报告》(2007),长江出版社2007 年版。

25. 张彦春、王孟钧、戴若林:《三峡库区水环境安全分析与战略对策》,载《长江流域资源与环境》2007 年第 6 期。

26. 张晟、李崇明、郑坚等:《三峡水库支流回水区营养状态季节变化》,载《环境科学》2009 年第 1 期。

27. 钟成华:《三峡库区水体富营养化研究》,四川大学博士学位论文,2004 年。

28. 周季钢:《替三峡生态减压:230 万人二次移民》,载《时代信报》,2007 年 9月 28 日。

第八章 中国大都市区膨胀病及
国家治理政策

　　大都市区是世界城市化进程中的普遍现象，2010年我国城市化水平达到47.5%，已处于以都市区化带动城市化的新阶段。大都市区对于推动经济发展、提升社会整体发展水平，正起着越来越重要的作用。然而，国际经验表明，在城市化和大都市区发展过程中，不加干预的市场自由放任很容易造成大城市膨胀病，如城市蔓延、人口膨胀、交通拥挤、环境恶化、中心城区衰退等。反之，政府过分或不恰当的干预也会影响城市和大都市区的健康发展。因此，如何摆正政府在大都市区发展中的位置和发挥积极作用，实现"有效的"大都市区治理，不仅是各国中央和地方政府普遍考虑的问题，更是中国未来区域政策需要关注的重要问题之一。

一、大都市区的概念与膨胀病的含义

（一）大都市区的概念

　　大都市区（Metropolitan Area，MA），也称都市圈，是国外最常用的城市功能地域概念。大都市区的概念早在19世纪末期美国市政运动中即已提出。[①] 当时，提出这一概念的目的是为了强调城市和郊区的整体性，从而推动大都市区的市政改革。后来，学术界把人类历史上各个时期的城市和郊区所构成的共同体都泛称为大都市区。然而，古代的大都市区与近

---

① 孙群郎：《美国城市郊区化研究》，商务印书馆2005年版。

现代大都市区的根本区别是，古代大都市区的中心城市与郊区的关系一般仅限于政治隶属关系和商业关系，社会的整合程度不高；而近现代大都市区的中心城市和郊区除了商业联系以外，还有就业和通勤关系，社会的整合程度要高得多。本章所涉及的大都市区是后者意义上的大都市区。

从50年代开始，西方发达国家城市的发展模式与发展速度迅速变化：一方面城市工业和科学技术高速发展，使人口、资金和技术以更快的速度向大城市及其周围地区集聚；另一方面城乡之间交通高速发展，城市由长期的向心集聚向相对分散的郊区化发展，城市高收入阶层从中心区外迁，随之工业、服务业也出现郊区化倾向，造成郊区急剧扩张，大城市边缘新城镇大量涌现。这种城市集聚和扩散的双向运动推动大城市地域迅速扩张，并与周围小城镇连成一体，同时由于城市外迁人口仍在中心城市上班，在郊区与中心城市之间形成了稳定的通勤流。这样，就形成了以大城市为中心，与周围地区保持密切社会经济联系的城市化地区，使中心城市与周边地区共同构成内部相互关联，有一定空间层次、地域分工和景观特征的巨型地域综合体，这一综合体即为大都市区。也就是说，大都市区是指以大城市为核心，与周边地区保持密切社会经济联系的城市化地区，使中心城市与周边地区共同构成内部相互联系、有一定空间层次、地域分工和景观特征的巨型地域综合体（顾朝林等，1999）。美国商务部和人口调查局认为，大都市区就是由一个大型的人口中心以及与之有着较高的社会经济整合程度的邻近社区组成的整体。①

可见，大都市区的概念应该包括如下几方面内容（李颖，2003）：（1）大都市区是城市发展到一定阶段的产物，是城市发展过程当中的一个阶段；（2）大都市区的形成是在城市扩散作用强于集聚作用并占主导地位时，城市各要素及城市职能从城市中心区向外围迁移和扩散的结果；（3）大都市区是由中心市区、边缘区、外围地区共同组成的并以中心城市为核心的一个新的城市功能地域；（4）大都市区的中心城市应具有一定的人口规模和经济规模，以便能够对周边地区的社会经济起到辐射和带动作用；（5）与非大都市区相比，大都市区拥有相对健全的生产与服务体系，有规模化的都市型产业，教育、科研开发机构以及产业化基地，并

① U. S. Department of Commerce, Bureau of the Census: Statistical Abstract of the United States, 1995, 105ᵗʰ Edition, Washington D. C.: U. S. Government Printing Office, 1984。

具有一定的融资能力。

以上分析可以看出，大都市区是由两部分组成（庞玉平，2001）：第一，经济发达并具有较强城市功能的中心城市，该中心城市不仅人口应达到一定的数量规模，而且对周边城镇和地区具有较强的经济吸引力和辐射力，能够成为大都市区经济发展的"增长极"；第二，中心城市周边的城镇地区，这一地区也应具有一定的人口规模和人口密度，并与中心城市形成经济和通勤上的密切关系，能够依托中心城市形成经济和社会文化活动上的融合性和互补性，从而构成经济上的一体化关系。

在大都市区发展过程中，由于郊区化的发展，大都市区的生态组织结构也发生了变化，逐步由"单中心"结构变成了"多中心"结构。

（二）膨胀病的含义

区域问题大致可以分为三类，即落后病、萧条病与膨胀病。[①]

落后病几乎是所有国家都有的通病，是有史以来经济从未发达过的区域所共有的特征，其突出特点是经济、社会与技术等发展程度低，主要症状有：地形复杂，灾害频繁，生态脆弱；农业生产条件差；人口增长过快，人口素质偏低；社会发育程度低；经济发展落后，生产力水平低下，财政困难（安树伟，1999）。萧条病是经济曾一度独领风骚，但由于产业结构与产业布局调整不及时而陷入困境的区域所特有的病情，主要症状为经济增长速度低，甚至出现负增长；失业率高；产业结构层次由先进沦为落后；资源消耗高，环境污染十分严重；人口和劳动力大量外迁，可持续发展能力低。

膨胀病是与"城市病"联系密切的一个概念，但不能把"城市病"等同为"膨胀病"。城市病是指"随着城市的发展所产生的一系列严重的社会和经济问题。"[②] 如劳动力过剩，失业率上升；地价昂贵，能源供应紧张，生产成本上升，生产条件恶化；生态环境恶化；住宅紧缺，交通堵塞，生活费用上升，生活质量下降；人们道德观念薄弱，犯罪率升高。

膨胀病的产生是与"增长过度与集中"密切联系的。埃德加·M·胡佛（1990）指出，增长极快，且有大量人口流入的地区日益深重的痛苦

---

① 张可云：《区域经济政策》，商务印书馆2005年版。
② 刘树成：《现代经济辞典》，凤凰出版社、江苏人民出版社2005年版。

是，服务质量每况愈下，当地资源和居住环境舒适因素由于滥用而遭到破坏，公用设施、住宅区和社会事业机构废弃率高，生活质量全面下降。因发展过快而酿成危险的最普遍而又明显的例子出现于两类地区：一类是大城市城郊边缘地带；另一类是海滩和其他富有特种天赋游乐资源的地区。

1993 年，奥贝莱把大城市扩张面临的问题划分为五类：人口的快速增长、失业和就业不足、贫困以及得到社会服务的有限性、环境恶化、财政约束。[①]

目前，国内对膨胀病主要从现象归纳的角度进行定义，如李传章认为，城市膨胀病是指"城市人口膨胀、工业布局畸形、城市基础设施落后、交通拥挤和环境污染严重、城市内部经济结构不合理及各种犯罪活动猖獗等等。"[②] 陈宣庆、张可云（2007）认为，膨胀病是指当一个国家的发达地区接近中等发达水平（人均 GDP 为 5000~6000 美元）时，在发达地区的部分城市显露出的以人口过度膨胀、人口密度和企业密度过大、路网交通建设相对经济发展滞后、生态环境因经济发展而恶化、经济结构不合理、经济发展缓慢甚至停滞为特征的城市发展现象。

从本质上看，城市经济是空间集中的经济，即外部规模经济。城市因空间聚集而产生，又因空间聚集而发展壮大；城市的物质、经济结构既是空间聚集的结果，也是城市聚集演化的基础；空间聚集既是城市吸引力的产生原因，也是各类城市问题的产生根源（蔡孝箴，1998）。聚集经济，在城市的表现有两种：一是地方化经济，即某行业的企业生产成本随着行业总产量的提高而降低；二是城市化经济，即某个企业的生产成本随着城市地区总产量的上升而下降。

限制大都市区发展的物质条件有三条（刘易斯·芒福德，2005）：水资源的数量，它必须能满足当地密集人口的需要，同时又不与相邻城市争水；可利用的土地，它不能与相邻城市接壤；最后，交通运输上时间和金钱的代价，因为随着城市的发展，边缘地带距离市中心越来越远，往外延伸到某一临界点时，大都市市中心对临界点的吸引力越来越小，而如果经济上合算的话，临界点的居民宁可去附近的相邻城市生活。从物质条件限

---

① ［英］保罗·切希尔、［美］埃德温·S·米尔斯：《区域和城市经济学手册（第 3 卷）：应用城市经济学》，经济科学出版社 2003 年版。
② 李传章：《缓解我国城市"膨胀病"之我见》，载《经济纵横》1986 年第 8 期。

制的角度考虑，当大都市区发展超越水资源、土地和交通的承载力时，膨胀病就产生了。因此，膨胀病是指一定的技术条件下，由于人口和产业过度集聚超过资源和环境承载能力时，所产生的聚集不经济，尤其是城市化不经济现象。

城市规模的过度膨胀，降低了这些城市的竞争力。过去，城市规模有助于使城市成为内陆腹地的经济主导；而今天，大多数人口密集的巨型城市，如墨西哥城、开罗、拉各斯、孟买、加尔各答等，其规模与其说是城市的优势，毋宁说是城市的负担。在一些地方，这些城市已经输给了规模较小、管理更好以及社会包袱较小的新开发的区域。膨胀的城市规模削弱了墨西哥城的经济威力。由于受到犯罪、交通堵塞、人口压力的困扰，企业家们和有抱负的工人们常常避开墨西哥城而到发展迅速、管理有方的城市如瓜达拉哈拉和蒙特雷，或者穿过边界到其他城市区域定居或发展（乔尔·科特金，2006）。

膨胀病通常出现在膨胀区域，如不经过及时治疗，很有可能转化为萧条病，并有可能使这类区域积重难返。世界上许多国家的都市区都曾经或正在面临膨胀之苦，若不及时调整产业结构与布局结构，很有可能沦为萧条区域。

（三）中国未来区域政策需要关注大都市区治理

区域政策是针对区域问题而出现的，区域问题是有阶段性变化的，区域政策的重点也会随着主要区域问题的变化而改变（张可云，2005）。中国是一个地区差异极大的发展中大国，各地区情况千差万别，既有东部沿海与中西部内地的差异，也有南方和北方的不同，更有新兴工业化地区与老工业基地的差异。所面对的问题区域，不仅有落后区域，而且有萧条区域，因此不仅有针对落后区域的政策，如反贫困政策、西部大开发政策；也有针对萧条区域的政策，如东北地区等老工业基地的振兴政策。随着经济发展阶段的变化，东部沿海发达地区以及中西部的较发达地区，将陆续达到中等发达国家的水平。2009年上海、江苏、浙江、广东等沿海发达省市第三产业增加值占地区生产总值的比重已经接近或者超过50%（见表8-1）。从发展阶段来看，东部部分发达城市的经济实力已经达到了中等发达水平。这也意味着膨胀问题可能会在一些较发达地区的城市出现，这就需要从现在开始着手考虑制定针对膨胀地区的区域政策——大都市区膨胀病治理政策，并将这种政策纳入到统一的区域政策体系中。

表 8 - 1　　　　2009 年中国东部沿海地区部分省（市）地区生产总值构成

地区	人均地区生产总值（元）	第一产业比重（%）	第二产业比重（%）	其中工业比重（%）	第三产业比重（%）
北京	70452	1.0	23.5	19.0	75.5
上海	78989	0.8	39.9	35.9	59.4
天津	62574	1.7	53.0	48.2	45.3
江苏	44744	6.6	53.9	47.8	39.6
浙江	44641	5.1	51.8	45.8	43.1
广东	41166	5.1	49.2	45.7	45.7
山东	35894	9.5	55.8	49.8	34.7
全国	25575	10.3	46.3	39.7	43.4

资料来源：国家统计局：《中国统计年鉴（2010）》，中国统计出版社 2010 年版。

　　从宏观角度看，我国在还没有彻底解决区域落后病和萧条病的基础上，又面临着要解决膨胀病的问题，从而在一定程度上增加了政府在国家范围内对经济资源进行空间配置的难度。因此，需要在城市规划、建设、管理领域引入"治理"理念、结构与模式，逐步建立与世界接轨的"政府—市场—社会"结构性协同机制，避免市场失灵、政府失控和区域失调，提高城市规划和管理的公平、公正和高效性。这不仅是我国城市决策者和管理者面临的重要课题，也是我国未来区域政策必须关注的一个问题（安树伟，2006）。

二、大都市区膨胀病的表现

（一）人口膨胀

　　人口膨胀带来了三个主要问题：一是交通堵塞；二是住房拥挤；三是房价偏高。

1. 交通堵塞

交通拥挤是当代城市的一种"常见病",无论发达国家还是发展中国家均存在,即使在一个规模适中的城市,交通拥挤的现象也十分普遍。在我国的各个大城市和超大城市,由于城市规划(特别是中长期规划)预见性不强,采用"摊大饼式"布局模式的城市太多,城市功能调整不及时和道路交管不力等原因,加之道路设施不足,快速增长的机动车和大量出行的自行车构成典型的混合交通,道路功能系统紊乱,造成许多城市交通出现定时的或阵发性的严重阻塞。

国内诸多大城市的大部分城区主干路上交通流量都处于饱和和超饱和状态,交通流量的增大也使一些路口、路段长期处于饱和状态,导致交通严重拥堵。如北京三环路以内 110 条主干路,其中有 80 多条交通流量达到了饱和和超饱和状态。二环路高峰时段机动车每小时交通流量已达11000 多辆,三环路最高时交通流量已达每小时 14000 辆。上海中心区内高架道路、"三纵三横"等干路的交通流量均大大超过其设计通行能力。交通拥堵带来的直接后果就是机动车行驶速度明显降低。北京市内公共汽车平均行驶时速在 20 世纪 70 年代为 30 公里,80 年代为 20 公里,90 年代为 10 ~ 13 公里,现在为 10 公里左右,已经低于自行车平均行驶速度12 公里。按计划中关村路 332 路公共汽车每小时应通过 19 个车次,由于道路拥堵,交通高峰时间经常只能通过 9 个车次。[1] 2005 年上海市第三次综合交通调查显示,城市中心区道路平均行程车速为 14 ~ 16 公里/小时(浦西)和 20 ~ 22 公里/小时(浦东)(孙斌栋等,2009)。

对于中国大都市区的交通问题,有人认为是公路增长率远低于机动车辆增长率(王华庆,刘建军,2002)。近年来,国内汽车以年均 15% 的速度快速增长,而道路建设里程每年增幅却仅为 3% ~ 5%,车路增长供需矛盾日益激化。[2] 停车占道也是造成堵车的另一主要因素(中国科学技术协会,2008)。2005 年北京各类机动车夜间停车位只有 80 多万个,缺口高达 50 万个;上海市停车位缺口 85 万个。

---

[1] http://discover. news. 163. com/09/0714/10/5E66KI2T000125LI. html.

[2] 1949 年新中国成立初期,北京市机动车保有量为 2300 辆,1966 年为 2.8 万辆,1978 年为 7.7 万辆,2010 年 9 月突破了 450 万辆;2000 ~ 2005 年北京民用机动车辆增长了 80.3%,同期公路长度仅增加了 8.1%。

胡欣、江小群（2005）认为，与国际上同类城市相比，北京等特大城市道路并不算少，车也不算多，交通堵塞问题的主要原因是管理，由此也折射出大都市区膨胀病治理的重要性和迫切性。

2. 住房拥挤

住宅作为人类生存、发展所必需的物质资料，与人们的生活息息相关。无论发达国家还是发展中国家，当低收入人群没有能力从市场上获得自己的住所时，住宅问题就成为社会问题，这一问题在大都市区表现得非常明显。刘玉亭（2005）对南京市城市贫困阶层的住居状况进行调查表明，城市贫困阶层的住房质量总体水平相当低，住房质量为"一般"以下水平占到94.22%，其中属"较差"水平的占44.68%；城市贫困阶层的人均居住面积仅为7.9平方米，低于南京市2000年人均居住面积10平方米的水平，更低于全国2001年人均居住面积14.0平方米的水平；城市贫困阶层中仅有14.4%的家庭有卫生间，且有管道煤气的家庭只占4.4%。

与城市贫困阶层住房紧张相对应的另一个现象是我国城市房屋空置率过高（胡欣，江小群，2005）。1997年上海所有住房的空置率估计为39%，而浦东地区的空置率高达60%；[①] 2003年全国空置房面积达到1.25亿平方米，空置率达到26%，这些数据远远高于西方国家，也远远超过国际公认的10.0%的警戒线。如此多的空置房，对于众多的缺房者来说该是多大的福音，但可惜的是他们消费不起。

3. 房价偏高

大城市人口总量与人口密度的迅速上升，必然产生对住房的迫切需求，由于短期内很难形成较大的住房供给，由此导致房价的不断上升。一般来说，对买房者而言，房价是年收入的3倍比较合理。朱达（Jud，2001）通过对美国130个城市的研究发现，平均一套房房价与户年平均收入比在1.3:1~1.4:1之间。旧金山市以其高昂的房地产价而闻名于世，其平均房价与户年平均收入比也仅为3:1~4:1。北京平均房价与户年平

---

① 丁成日：《城市经济与城市政策》，商务印书馆2008年版。

均收入比高达 10∶1 ~ 13∶1 （丁成日，2008）。

近年来我国城市住宅价格飞涨。仅 2004 ~ 2005 年，北京市住宅价格就上涨了 23.3%。[①] 2007 年我国主要城市房价又达到了新的高度（见表 8 - 2）。和世界主要城市相比，我国上海、北京的房价并不逊色。[②] 与许多国际大都市一样，城市经济的快速发展，城市住宅、商业、办公等不动产价格往往会随之上涨，这对于城市竞争力而言是不利的。不动产价格的上涨，吸引了在房地产领域投资的增加，不仅会减少生产投资，同时会导致产品成本和劳动力再生产成本增加，进而丧失成本优势，造成投资选择的游离（吴良镛等，2006）。

表 8 - 2　　　　　　　　　2007 年 5 月我国主要城市房价

城市	区域	一手住宅平均售价 （元/平方米）	城市	区域	一手住宅平均售价 （元/平方米）
北京	东城区	—	广州	越秀区	16527
	西城区	222731		荔湾区	12767
	崇文区	—		海珠区	15964
	宣武区	10748		天河区	17305
深圳	罗湖区	21675		白云区	11106
	福田区	21561		黄埔区	9990
上海	黄浦区	24722	杭州	上城区	23542
	静安区	34320		下城区	8812
	卢湾区	22072		西湖区	16235

资料来源：载《经济参考报》，2007 年 12 月 3 日。

1996 年联合国《伊斯坦布尔人居宣言》指出，要"保证人人享有适当住房，使人类住区更安全、更健康、更舒适、更公平、更持久，也更有

---

①　北京市统计局、国家统计局北京调查总队：《北京统计年鉴（2006）》，中国统计出版社 2006 年版。

②　根据"全球不动产指导"网站的最新数据，伦敦的房价仍然是世界最昂贵的，伦敦、纽约和莫斯科市区的公寓房价位列世界城市房价前三名，平均房价都超过 1.5 万美元/平方米。前十名中还依次包括巴黎、香港、东京、新加坡、孟买、巴塞罗那、日内瓦，平均房价都超过 8000 美元/平方米。上海的房价均价被估计为 3318 美元/平方米，排在世界大城市的第 25 名。北京的房价测算均价在 2282 美元/平方米，排在世界大城市的第 31 名。参见 2008 年世界主要城市房价排名，福房网（http：//fz.ffw.com.cn），2008 年 6 月 3 日。

效率。"但在我国住宅价格高位运行的住宅市场中，占总数50%的"夹心层"[①] 城市居民，无力购房。他们是城市的基本人群，为城市的运转和发展辛勤地贡献着自己的劳动，但在高昂的房价面前他们只能"望房兴叹"；或者通过按揭贷款买房，成为背负高额债务的"房奴"（王明浩，2008）。

丁成日（2008）认为，我国房价偏高的原因，一是房地产开发过程中，政府没有把可变成本与不变成本区分开来，结果平均成本曲线随开发规模加大而上升，与市场经济系统下的平均成本曲线先降后升的规律不一致，使房地产开发缺乏规模经济；二是土地出让价格随着土地开发强度变化而变化，即容积率决定了地价，使房地产商没有经济动力去对土地投入与资本投入进行替代，以达到获取最大经济利益的目的。

不管房价偏高是何种原因造成，从城市住房的供给方看，由于高档楼盘利润高，投资商竞相开发，经累积形成房屋供需结构上的严重失调，不仅造成社会不公，也因银行承受双重风险而容易诱发城市金融危机。这种现象的存在折射出我国不合理的城市房地产业结构。

（二）空间的蔓延

城市蔓延是指城市化区域向未城市化地域（与其规模）不相称的扩张，其特征是城市边缘大片低容积率[②]、高建筑密度[③]住宅的开发使城乡间的界线日益模糊（李俊夫，2004）。城市蔓延现象最早出现在以美国为主的发达国家。随着工业经济的不断发展和继续扩张，中心城区的居民和企业向城市行政区界线之外进行迁移，大都市区的郊区逐渐发展了许多卫星城镇。这些外围城市在政治上均建立了自治团体，在经济及社会关系上，又十分依附于中心城市——大都市区的核心。在大都市区毫无节制的发展和蔓延中，其放射出来的经济和社会文化影响，连同日益严重的城市问题和矛盾，一起席卷了整个区域里的所有城市（黄丽，2003）。

1. 城市"越摊越大"

与欧美国家的城市蔓延相比，发展中国家的城市蔓延过程则要剧烈得

---

① "夹心层"的城市居民包括一般机关干部、公司职员以及打工族，收入不高，但又无法享受保障性住房。

② 容积率，是指一个小区的总建筑面积与用地面积的比率。

③ 建筑密度，即建筑覆盖率，指项目用地范围内所有基底面积之和与规划建设用地之比。

多。近年来我国不少城市盲目扩大城市规模，城市建设呈外延式摊展（"摊大饼"），并由此而引发了一系列问题。北京城市扩展"摊大饼"趋势十分明显，目前的环状交通体系在一定程度上强化了这种趋势，如不采取有力措施，在 2020 年左右北京将很可能形成一个以现有的五环、六环为基础的城市"大饼"（中国科学技术协会，2008）。

有些地方甚至搞城市发展和城市建设"大跃进"，先开工，后规划；边建设，边规划，狂热缔造无序的繁荣。不少城市纷纷加入"大拆大建"的行列，并且无一不是单纯从高估了本市的经济形势、经济效益出发，强调自身发展的特殊性和需要，无意减缓投资增长过快问题。2000 年我国城市建成区面积为 22439 平方公里，2009 年达到 38107 平方公里，年均增长 6.1%；同期，城镇人口由 45906 万人增加到 62186 万人，年均增长 3.4%，呈现出土地城市化[①]超前于人口城市化的特征。由此城市新区建设与布局随意性大，造成新区松散化，甚至出现了一座座"空城"。

由于城市"越摊越大"，导致城市公共交通主要汇集在市区，造成交通拥堵；城市"绿带"[②]被蚕食，恶化了城市的人居环境（李强，杨开忠，2007）。城市"摊大饼"式扩张的一个主要原因是郊区土地利用规制的失灵。

2."城中村"的出现

在我国当前城市化加速进行的过程中，除了少数城市由于其城市化水平尚停留在较低阶段，地广人稀、建成区范围狭窄而尚未有"城中村"外，其余城市几乎普遍出现了"城中村"现象。[③] 自 90 年代以来，因城市扩张加快，使大批仍然保留农村集体所有制的农舍村落或完整的农村社区，被城市建设用地所包围，它们楔入城市文明之中，甚至出现残破肮脏

---

①　土地城市化，是指通过城镇规划和建设使农用土地转变为城镇建设用地的过程。

②　霍华德（1898）提出的"田园城市"模式就运用了"绿带"的手法。英国大伦敦区域规划委员会（Greater London Regional Planning Commeittee）在 1935 年第一次正式提出用"绿带"为未来发展提供开敞和休憩空间。1955 年英国住房和地方政府部正式以立法形式将"绿带"建设作为一项重要城市规划控制手段。英国推行"绿带"政策的目的是阻止大面积建成区的无限制蔓延，阻止城镇的合并，阻止对乡村环境的入侵，保护城镇的环境和历史城镇的特别属性，以及推动城市衰退区的更新。

③　"城中村"，是指那些位于城市规划区范围内或城乡结合部，被城市建成区用地包围或半包围的、没有或是仅有少量农用地的村落。

的土院落同大城市现代高尚社区共同出现的局面,有些相持多年,与城市周边环境形成鲜明反差。"城中村"在吸纳大量外来人口,减轻城市安置外来人口压力的同时,也产生了一些负面作用:一是造成了城市土地利用的不经济和盲目被动性;二是妨碍城市景观,影响城市的卫生、交通和治安。在广州市规划区385平方公里的范围内,共有139个"城中村";郑州市三环路以内的城市建成区内目前共有119个"城中村",涉及10余万村民及几十万外来务工人员。①

3. 城乡边缘区问题加剧

与城市化进程的加速推进相适应,近年来我国人口和经济活动以更大的规模、更快的速度向城市集聚,城市尤其是大城市和特大城市的城市空间地域扩张迅速,建成区面积不断扩大,从而使得城市与乡村的接触、过渡地域也在不断地扩大。另外,随着城市集聚规模的提高,城市对周边区域的辐射影响力也在不断地提升,城市对郊区社会经济的影响进一步增强,从而在城市建成区外形成了一个空间范围相当广阔的城乡边缘区。②以成都为例,1990年成都市建成区面积仅87平方公里,2000年建成区面积已扩展到231平方公里,从而在成都市建成区外形成了一个空间范围相当广阔的城市边缘区,其范围大致在以城市中心区为圆心、半径10~30公里的范围内。③

在大都市边缘地区居住的人口除原来在本地居住的人口外,主要有如下两种类型。

(1)外来劳动力。城乡边缘区的出现与大量农村人口外出打工分不开。城乡边缘区外来劳动力的突出特征是处于城市边缘区社会金字塔的底层,居住环境差,社会地位低。目前全国各地进入城市的流动人口总数约为2.2亿人,这些人多数白天在市区上班或揽活,夜晚则自发地聚居于城市边缘地带,因其住房多为自行搭建或郊区农民、城市居民违章建造的简

---

① 李俊夫:《城中村的改造》,科学出版社2004年版。
② 城乡边缘区,是指位于城市和乡村之间,以土地的城市和乡村利用方式相混合为典型特征,人口和社会特征具有城乡过渡性质的一个独特地域。参见范磊:《城乡边缘区概念和理论的探讨》,载《天津商学院学报》1998年第3期。
③ 戴宾、杨建:《城乡边缘区与统筹城乡发展》,载《重庆工商大学学报》(西部论坛)2004年第5期。

易出租房，居住环境及卫生状况较差①，城市管理松散，犯罪率居高不下（胡欣、江小群，2005）。尽管外来务工的劳动力已逐渐发展成为边缘地区社会经济的重要劳动力构成和经济来源，但仍呈现出明显的边缘性特征。

（2）失地安置的人口。随着城市规模的扩大，失去土地后的农民由于文化程度不高②，缺乏劳动技能，就业问题非常突出。一些失地农民因生活所迫，就在街上和村里摆摊、开店、办厂，但由于缺乏优惠政策的扶持，加之各种摊派、税费名目繁多，在激烈的就业竞争中，与城市享有优惠政策的失业后自谋职业的人口相比，明显处于不利地位（王玲慧，2008）。据陈映芳等人（2003）调查，上海市失地农民的失业待业率高达24.1%（见表8-3）。

表8-3　　　　　　　上海市失地农民工作来源情况

合计		就业				无业	
		政府安置		自己找			
人数（人）	比例（%）	人数（人）	比例（%）	人数（人）	比例（%）	人数（人）	比例（%）
506	100.0	49	9.2	337	66.7	122	24.1

资料来源：陈映芳等：《征地与郊区农村的城市化——上海市的调查》，文化出版社2003年版；转引自王玲慧：《大城市边缘地区空间整合与社区发展》，中国建筑工业出版社2008年版。

在城市人口郊区化、郊区农村人口城市化和外来人口的综合作用下，社会经济"非均衡"异化趋势加剧，"社会-空间"日趋破碎化和极化，使城乡边缘区成为居住空间变迁最快、社会问题最多、社会隔离最明显的地区。总体而言，居住分异、社会侵入、社会隔离、社会排斥、社会结构刚性化和空间"马太效应"等"社会—空间"问题在大城市边缘地区已经表现出潜在的趋向。对于我国大城市边缘地区而言，虽然一般不会出现

---

① 2004年9月，有关部门对上海市11个区近5000名外来人员进行问卷调查表明，外来人口人均居住面积在7平方米以下的占46.8%；近75%的外来务工人员月收入在636～1238元之间，对房租租金的支付能力十分有限。参见王玲慧：《大城市边缘地区空间整合与社区发展》，中国建筑工业出版社2008年版。
② 2004年上海市调查表明，边缘地区农户中具有小学文化程度以下的比例高达42.3%，大学专科以上文化程度的比例只有5.44%，其余的为中等文化程度。参见王玲慧：《大城市边缘地区空间整合与社区发展》，中国建筑工业出版社2008年版。

像法国巴黎和美国城市那样的种族冲突。[①] 但需要注意的是，北京、上海等大城市往往是移民色彩浓厚的城市，在快速城市化的背景下，急遽进入大城市的大量外来流动人口，其贫困性、流动性、弱势性和就业不足，与巴黎外来种族的情况十分相似。在城乡二元体制的影响下，他们与城市居民的贫富差距越来越大，有导致群体矛盾、小范围冲突并扩大为局部冲突的可能性；此外，城乡边缘区征地引起的利益矛盾也存在向群体性冲突演变的趋势（王玲慧，2008）。

（三）环境恶化

大都市区人口密集，在利用和消耗大量自然资源和能源的同时，产生了大量的污染物质和废弃能量。当这些污染物质和废弃能量超过城市环境自净能力时，城市的环境就受到污染和破坏，对居民的健康和城市景观带来负面影响。近十多年来，随着经济的高速发展以及高强度的人类活动，我国相当一部分城市走着事实上的"先污染、后治理"之路，有一部分中国内地城市相继进入世界重污染城市的行列。国际卫生组织公布的一份报告表明，全球空气污染严重的城市依次为：太原、米兰、北京、乌鲁木齐、墨西哥城、兰州、重庆、济南、石家庄、德黑兰。这 10 个污染最严重的城市中，我国占了 7 个。[②]

城市的工业污染近年来虽有所治理，但由于我国目前正处于工业化大规模推进的中期阶段，而且近五年来工业结构偏向于重化工业化，污染的总规模很大。另外，机动车污染的总量也在加大，生态破坏等造成的环境问题也很突出。2002 年年底，仍有 74% 的城市人口在未达标的空气中生活，86% 的城市噪音过高；我国城市地下水已普遍受到污染，其中受到较重污染的城市占 64%。[③] 随着工业化进程的加快，人口、资源、环境与经济发展之间的矛盾将越来越突出，区域环境质量不断恶化，直接影响着该地区的社会经济持续发展。上海市单位国土面积固体废物可承载量为

---

① 巴黎边缘地区逐渐形成移民聚居的贫困地带（所谓"问题小区"或"城市敏感区域"），有效地将外来移民隔离在高档的、以本地居民为主的巴黎中心区域，不断扩张的外层郊区之间，引发了诸如隔离、歧视、失业、贫困、犯罪等一系列社会问题。在美国许多大都市区形成了"黑人城市—白人郊区"以及"穷人城市—中产阶级郊区"的居住隔离模式。

② 中国科学技术协会：《中国城市承载力及其危机管理研究报告》，中国科学技术出版社 2008 年版。

③ 胡欣、江小群：《城市经济学》，立信会计出版社 2005 年版。

7592 吨/平方公里（中国科学技术协会，2008），2007 年全市工业固体废物排放量和城市生活垃圾排放量分别高达 2523 吨/平方公里和 1151 吨/平方公里，二者合计占固体废物可承载量的 48.4%。长江三角洲目前已经成为中国酸雨多发区和水环境严重污染区域（安树伟，2007）。整个地区被酸雨所覆盖，酸雨发生频率达 75% 以上，成为全国酸雨的高频率地区，且酸度高（pH 值经常小于 4）。2007 年浙江省降水 pH 年均值为 4.32，比上年上升 0.02；平均酸雨率为 92.6%，比上年上升了 1.0 个百分点。全省 32 个省控城市中有 27 个为重酸雨区，较上年增加 2 个；其余 5 个为中酸雨区。①

京津冀地区生态环境也呈整体恶化趋势（吴良镛等，2006）。一些地区的环境污染和生态恶化相当严重，主要污染物排放量超过环境承载能力，水、土地、土壤等污染严重，固体废弃物、汽车尾气、持久性有机物等污染持续增长，环境保护面临的压力越来越大（见表 8-4）。在北京市建成区，CO 和氮氧化合物（NO_x）污染常年超标 1~3 倍②（陈宣庆、张可云，2007）。在一些资源大规模开发的区域，城市环境污染已经非常严重。2004 年国家环境监测总站发布的全国环境质量报告显示，在 113 个重点城市中，山西省的太原、长治、大同、阳泉、临汾 5 个国家环保重点城市均为劣三级标准城市，临汾市排名最末，其综合污染指数比最低的海口市高出近 10 倍。③ 据最近对部分城市居民的调查，对于居住环境的满意度很低，排倒数第一位。

表 8-4　　　　2009 年北京市河流、湖泊、水库水质类别比例　　　单位：%

项目	Ⅱ类	Ⅲ类	Ⅳ类	Ⅴ类	劣Ⅴ类
河流水质比例	50.3	5.5	0.8	2.2	41.2
湖泊水质比例	31.0	41.1	12.9	2.4	12.6
水库水质比例	86.5	3.4	10.1	—	—

资料来源：北京市环境保护局：《2009 年北京市环境状况公报》，2010 年。

① 《浙江公布 2007 环境状况公报，酸雨污染严重令人忧》. http：//news. sohu. com，2008 年 6 月 6 日。
② 2005 年 SO_2 全年平均值为 0.050 毫克/立方米，NO_2 平均值为 0.066 毫克/立方米。
③ 《2004 年全国环境质量报告发布：《山西临汾污染最严重》，载《北京晨报》，2005 年 4 月 3 日。

另外，城市垃圾无害化处理滞后。全国 500 个城市中，共有 155 个城市的危险废物集中处理率为零，193 个城市的生活污水集中处理率为零。[①] 在全国目前 655 座城市中约有 220 座城市呈"垃圾围城"态势。[②] 2005 年，全国监测的 522 个城市中，空气质量为三级的城市有 152 个，占 29.1%；劣于三级的城市有 55 个，占 10.6%。[③] 近十多年来，北京等一些特大城市出现了光化学烟雾迹象。一些城市空气污染已经由煤烟型向煤烟型和氮氧化合物（NO_x）混合型转变，少数城市向氮氧化合物（NO_x）污染型转变（雷仲敏，2008）。长期生活在空气质量劣于三级标准的环境中，身心健康将会受到损害（蒋明君，2008）。

这充分反映了近年来在加速城市化进程中顾此失彼的一个严重问题，不仅有损于城市化的初衷，也折射出大都市区治理的必要性。

（四）中心城区衰退

19 世纪末以来，中心城市作为世界经济的枢机发挥着愈来愈重要的作用。它不仅吸引了大量的资金和劳动力，为城市经济注入了新的血液和活力，而且还通过其辐射功能，带动了边远地区工农业发展，推动了区域的城市化进程。进入 20 世纪后，虽然中心城区与其所在的大都市区一起日新月异地向前发展，但人口和企业的郊区化因汽车工业的迅速崛起而骤然加快。人口和产业的重心不断向郊区倾斜，中心城区日趋衰落并丧失了其在大都市区的主导地位。大都市区中心城区人口减少的同时，就业结构和就业规模也在发生变化，主要表现为传统制造业的衰落和现代服务业的兴起。

中心城区在大都市区中人口和就业相对或绝对地下降，是造成中心城区衰落的根本原因。20 世纪 80 年代初，上海市的行政地域可以分为城区（城区又可以分为核心区和边缘区）、近郊区和远郊区三个层次，即上海市开始出现了人口郊区化（见表 8-5），在上海的三个地域圈层中，只有近郊区的人口有较大幅度的增长，城区和远郊区人口分别减少了 2.7% 和 1.2%。城区中的核心区人口减少了 13.3%，边缘区人口增幅了 3.4%。

① 中国科学技术协会：《中国城市承载力及其危机管理研究报告》，中国科学技术出版社 2008 年版。
② 胡欣、江小群：《城市经济学》，立信会计出版社 2005 年版。
③ 吴向阳：《中国可持续城市化：问题与建议》，载《经济研究参考》2007 年第 27 期。

在人口郊区化的同时，还出现了工业郊区化和第三产业郊区化。1982 年城区工业职工占上海职工总数的近 60%，到 90 年代初，这一比例下降到 30%。与人口郊区化相比，工业郊区化的扩散程度更为广泛，达到了远郊。随着人口郊区化和浦东新区的开发，第三产业无论是商业、金融和贸易在郊区的发展正方兴未艾。1982~2000 年，北京市中心城区人口所占比例也呈下降趋势①（见表 8-6）。

表 8-5　　　　　　1982~1993 年上海市不同地域范围的人口变化

地域	面积（平方公里）	1982 年（万人）	1993 年（万人）	增减（%）
城区	132.0	554.4	539.6	-2.7
其中：核心区	28.0	200.9	174.2	-13.3
边缘区	104.0	353.5	365.4	+3.4
近郊区	770.0	171.3	266.4	+55.5
远郊区	5438.5	460.3	454.5	-1.2
合计	6340.5	1186.0	1260.5	+6.3

　　资料来源：转引自胡序威、周一星、顾朝林等：《中国沿海城镇密集地区空间集聚与扩散研究》，科学出版社 2000 年版，第 244 页。

表 8-6　　　　　　1982~2005 年北京都市区的人口分布及其变化　　　单位：万人，%

地区	1982 年		1990 年		2000 年		2005 年		1982~1990 年人口年均增长	1990~2000 年人口年均增长	2000~2005 年人口年均增长
	总人口	比例	总人口	比例	总人口	比例	总人口	比例			
全市	923	100.0	1082	100.0	1356.9	100.0	1535.8	100.0	2.01	2.29	2.51
城区	241.8	26.2	233.7	21.6	211.5	15.6	255.4	16.6	-0.74	-0.99	3.84
近郊区	284.0	30.8	398.9	36.9	638.8	47.1	704.7	45.9	4.34	4.82	1.98
远郊区	397.2	43.0	449.4	41.5	506.6	31.3	575.7	37.5	1.56	1.21	2.59

　　资料来源：1982 年资料来自胡序威、周一星、顾朝林等：《中国沿海城镇密集地区空间集聚与扩散研究》，科学出版社 2000 年版，1990 年和 2000 年数据根据北京市人口普查办公室：《北京市 1990 年人口普查资料》，中国统计出版社 1992 年版，以及北京市第五次人口普查办公室，北京市统计局：《北京市 2000 年人口普查资料》，中国统计出版社 2002 年版，有关资料计算；2005 年数据根据北京市统计局、国家统计局北京调查总队：《北京统计年鉴（2006）》，中国统计出版社 2006 年版有关资料计算。

――――――――――

①　但 2000 年以来，北京中心城区人口所占比例又呈上升趋势。

随着制造业、商品批发与零售、饮食及家庭服务业的就业机会纷纷流入郊区，而且金融、医疗、保险、房地产等服务业飞速发展，加上人口与产业重心转向郊区，大都市区的中心城区面临着衰退的风险（梁茂信，2001）：富有人口的郊区化直接促成了城市政治重心的转移；科技水平的提高和产业结构的变化使制造业方面的就业机会不断减少，而郊区化又使其与中心城区劳动力的就业需求相脱离；中心城区的财政危机更加突出，社会暴力也更加严重。

需要说明的是，虽然郊区化迅速发展，大都市区中心城区出现了某种程度的衰落，但随着中心城区的产业转型，不少中心城区在大都市区仍然占有主导地位。

（五）部分大城市土地利用强度过大，影响生态安全和宜居

我国部分沿海大城市的开发强度已经很大（见图8-1、表8-7）。全国655个城市中建成区内常住非农业人口聚集超过200万人的城市有21个，人均综合建设用地99.2平方米，超过400万人的超大型城市9个，常住非农业人口5186万人，人均综合建设用地91平方米。如果加上暂住人口，[①] 这9个超大型城市人均综合建设用地为70平方米，已接近国家标准的下限水平。这些超大型城市的某些地域空间内人口和建筑物密集。近年来随着人口进一步向超大型城市的聚集，经济活动、各项建设规模也

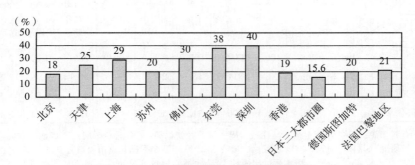

图8-1　国内外部分地区开发强度比较

资料来源：杨伟民：《推进形成主体功能区　优化国土开发格局》，载《经济纵横》2008年第5期。

---

① 9个超大型城市还有已登记的暂住人口1546万人。

在不断扩大，城市被大量的钢筋水泥所堆砌的建筑物"森林"所覆盖，地面不透水面积不断扩大，偶遇暴雨，随即成灾①；城市热岛效应明显增强。②

表 8 – 7　　　　　　　　北京与世界著名综合性首都圈比较

城市	高密度建成区			城市化地区			城市区域		
	人口（万人）	面积（平方公里）	人口密度（人/平方公里）	人口（万人）	面积（平方公里）	人口密度（人/平方公里）	人口（万人）	面积（平方公里）	人口密度（人/平方公里）
北京	212	82	25854	720	490	14694	1382	16808	822
伦敦	260	321	8090	720	1578	4563	1840	27223	676
东京	840	623	13483	1220	2187	5578	3940	36773	1071
莫斯科	—	—		850	875	9714	1200	15000	800
巴黎	220	105	20952	610	761	8016	1090	12012	907

資料来源：根据吴良镛等：《京津冀地区城乡空间发展规划研究》，清华大学出版社2002年版整理。

近年来，我国特大城市人口密度迅速增加。上海浦西的人口密度为3.7万人/平方公里，北京城区的人口密度为1.4万人/平方公里，广州为1.3万人/平方公里，而巴黎和香港人口密度也只有0.85万人/平方公里。③人口密度过大会造成很大的危害，如环境压力巨大、生态遭到破坏、交通堵塞、废气污染严重，使人心情沉重，烦躁不安，易患疾病，等等。④而且城市环境一旦破坏，恢复起来难度很大，既需要投入大量资金，又要假以时日（中国科学技术协会，2008）。

（六）公共安全危机凸现

城市公共安全，是衡量一个城市是否能够在和平稳定的环境里，稳步

---

① 2007年7月18日济南遭受暴雨袭击，共造成26人死亡，6人失踪，472人受伤。

② 北京在1040平方公里的规划市区内，2003年"热岛"面积已超过200平方公里，占到规划市区总面积的1/5。

③ 曾广宇、王胜泉：《论中国的城市化与城市病》，载《经济界》2005年第1期。

④ 如香港人口密度过大（九龙深水埗区人口密度达165445人/平方公里），其肺病发病率是欧美国家的10倍。

实施经济与社会发展战略、抗拒内部发生危机的能力。随着生产力发展和科学技术进步，在城市化的历史进程中，现代城市危机事态的种类不断增加。随着现代城市的发展和城市在国家政治经济生活中地位的提升，城市灾害的规模也在不断扩大，对城市以至整个国家的经济政治秩序和人民生命财产所造成的损失不断增加，城市灾害的爆发呈现群发性和整体联动性的特征。现代城市灾害波及和影响的范围也在不断扩大（赵成根，2006）。

根据世界各国经济社会发展进程规律，当一个国家或地区的人均GDP处于1000～3000美元的阶段，往往是经济容易失调、社会容易失序、心理容易失衡、社会伦理需要调整重建的关键时期，也是各种危机的频发时期。近年来我国城市公共安全事故接连不断发生的实际，验证了这条规律的普遍适用性。[①] 加之，我国城市化的高速发展不断冲击着计划经济时期形成的城市稳态结构，使我国已经进入一个"突发性事件高发期"，尤以城市安全问题最为突出（邵益生，石楠等，2006）。突出表现为数量持续攀升，多发与突发并存；多领域多元化、次生与衍生连锁；非传统安全问题突起，威胁日益严重；个体的偶发事故，极易转化成群体性公共危机事件。

公共安全事件表现之一是群体突发事件增多。[②] 这类事件有的是因为政府不作为、司法不公正，有的是因为协议执行随意变动或单方面毁约，有的是城市管理非理性和不宽容，有的是因为各种补偿不到位或不满意等。这类由人民内部矛盾引发的群体性事件近年来不断增多，连锁反应增强，人员参与规模增大，有些甚至采取自残、自杀等过激行为，持续时间长，反复性强，处置难度加大。[③] 群体突发事件的人群往往是贫困群体——弱势群众，比如"三失"人群[④]、重特大事故和案例的受害人群，以及部分军队复转干部等。2006年南方某省发生了2378宗群体事件，参与人群总数达10万人以上，其中百人以上的群体案件达398宗（张海生，

---

① 2009年，我国人均GDP为25575元，按当年平均汇率计算为3744美元。
② 群体突发事件主要包括较大规模的群众集体上访、民工集体维权、聚众游行静坐和因民事纠纷、刑事案件引发的非直接利益的人群大量参与的突发事件。
③ 全国干部培训教材编审指导委员会：《公共危机管理》，人民出版社、党建读物出版社2006年版。
④ 指"工人失业、农民失地、城市人失房"。

刘希凤，2008）。因此，有效防范和处理好群体突发事件，也是确保城市安全的当务之急。

上述分析表明，空间问题是膨胀区的主要问题，这些问题有的表现得已经很明显，有的还是潜在的。只要及时采取恰当措施，潜在问题就会得到妥善解决。总的来看，由于膨胀区经济发展水平高、经济实力强，具有较强的内生发展能力，只要及早重视且措施得当，完全有能力解决这一问题。

三、大都市区膨胀病的形成机制

（一）大都市区膨胀病产生的一般原因

在空间集聚的城市经济中，一般而言，出口物品的生产经常具有规模报酬递增的特征，而住宅服务的生产由于需要土地又牵涉到往返上班问题，常常呈现报酬递减的特征。在人口水平低下时，假定规模经济超过规模不经济，实际收入随人口增加而增加；当城市成长时，它向外扩展，变得更加拥挤，当人口水平增大到规模不经济超过规模经济增大的幅度，人均效用达到最大限度；随着人口的进一步增加，人均效用下降。个人效用和城市人口规模之间的关系呈倒"U"形曲线。规模经济除了生产的规模经济外，也可以是消费的规模经济，一个典型的例子是非竞争性公共财货，它的价格或人均成本和人口规模成反比。同样，随着人口规模的扩大，许多私人消费品的种类和质量也相应地增加或提高。

当特定城市成长时，交通堵塞状况和有关的规模不经济，可能超过生产规模经济，中等人口水平的人均收入和效用将会降低。但是，如果城市继续成长，更多的人口会产生许多消费规模经济，[①] 人均效用将随人口增加再度上升。同理，当人口增加改善了城市中的生活质量时，特定的城市会在一个短时期内非常迅速地成长和发展起来。这种改善导致人口进一步

---

① 如公共服务的人均成本较低，更加多样化的娱乐等。

地迁入，并且继续成长，直到由于规模不经济而放慢了为止（彼得·梅什科夫斯基，1996）。

（二）中国大都市区膨胀病产生的特殊性

陈宣庆、张可云（2007）认为，我国大都市区膨胀病的产生是由于在相对较小的局部空间范围内人口和产业过度聚集而产生的不经济造成的，城市膨胀病的成因主要有：城乡二元结构矛盾突出；二元结构的管理体制造成城乡差距过大；财政体制与行政划分的矛盾，导致城市产业空间转移受阻；人口管理制度不合理，流动人口不断增加；历史原因等。大都市区膨胀病的产生也与不同时期的工业化道路、工业结构、能源政策、能源结构、经济发展方式等有着不同程度的因果关系（胡欣，江小群，2005）。我们认为，不同于西方国家，我国城市化速度很快且规模大。由于早期规划不合理，后期生态环境建设滞后，城市规模机械扩大，同时城市机能未能同步完善，产生了一系列的膨胀病。

1. 快速城市化进程对城市规划产生了较大冲击

1949 年中国城市化水平为 10.6%，新中国成立以来，我国城市化发展大致经历了四个阶段（傅崇兰，周明俊，2003）：城市化正常推进阶段；过度城市化阶段；独特的逆城市化阶段；持续快速城市化阶段。中共十一届三中全会以后，我国的农业生产和农村经济得到迅速发展，农村由自然经济向商品经济转化的步伐不断加快，经济的活跃为城市化奠定了坚实的基础。乡镇企业异军突起，为 20 世纪 90 年代我国城市化的快速推进创造了条件，城市化出现了多元化的特征。1978 年我国城市化水平只有17.9%，到 2010 年城市化水平迅速提高到 47.5%，提高了 29.6 个百分点。

从世界城市化进程看，城市化率从 20% 提高到 40%，英国经历了120 年、法国 100 年、德国 80 年、美国 40 年（1860～1900 年）、苏联 30年（1920～1950 年）、日本 30 年（1925～1955 年），而我国是 22 年（1981～2003 年）（陆大道，姚士谋，刘慧等，2007）。按照世界城市化进程中的普遍规律来看，我国已进入快速城市化阶段（见图 8-2）。

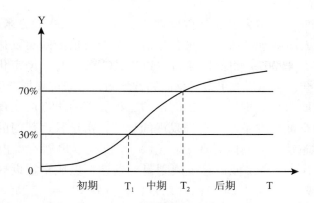

图 8 - 2　城市化过程的诺瑟姆"S"型曲线

资料来源：严正：《中国城市发展问题报告：问题·现状·挑战·对策》，中国发展出版社2004 年版。

在快速城市化过程中，存在着如下演化发展过程："一般城市—都市区—城市密集区—城市群—大都市区—都市连绵区—都市带"（王兴平，2002）。这在长江三角洲和珠江三角洲表现得非常明显。新中国成立初期上海市建成区面积 82.40 平方公里，建成区人口 418.94 万人；20 世纪 80年代初，建成区面积 140 平方公里，城区半径 10 公里；到 1995 年建成区面积达到 300 多平方公里，城区半径达到 15~20 公里（季任钧，安树伟，母爱英等，2008）。

目前，广东省和珠江三角洲的城市化水平已经远远超过全国平均水平。[①] 1978 年广州城市建成区面积 80 平方公里，1999 年达到 279 平方公里，年均增长高达 6.1%，在 21 年时间里，新建了两个半广州（周振华，2008）。深圳用了 20 年的时间，走完了西方发达国家近百年才能完成的城市演化过程，也走过了日本和亚洲"四小龙"需要 40 年才能完成的城市功能升级转化过程。可以说，在对外开放和体制改革两大动力的强大推动下，短短二十几年即实现了从单一城镇的发展到整个区域城镇的普遍发展，一个大都市连绵区的雏形已经形成。

快速城市化最基本的特征是建设用地急剧扩张。2000~2004 年，全国地级以上城市的建成区面积由 16221 平方公里猛增到 23943 平方公里，

[①]　2009 年广东城市化水平已经达到 63.4%，比全国平均水平高 16.8 个百分点。

增加了 47.6%。城市人均综合占地很快达到 110～130 平方米的高水平，这是大多数人均耕地资源比我国多几倍乃至十几倍的欧美发达国家的水平。陆大道等（2007）将此概括为"冒进式"城镇化。城市化产生了巨大的商业机会，从而形成了多元化的利益集团，对城市规划产生了较大的冲击，目前城市规划把解决局部问题的工程技术手段当成实现城市规划社会目标的全部；本是适应全局发展的规划，由于管理部门的局限沦落为部门的实施计划。具体表现为：（1）导致城市规划对城市发展规模失去控制作用。"许多城市总体规划尚未到期，但城市建设规模已完全突破原有的框框，维持 20 年的规划目标，不到 10 年、甚至 5 年就完成了。"①（2）城市建成区向外迅速拓展导致城乡结合部建设混乱，生态用地难以维系。（3）快速城市化过程中规划监督约束机制不健全，违法建筑、"城中村"现象普遍（冯现学，2006）。

2. 城市规划科学性不强，执行监督不力

城市规划是人类为了在城市的发展中维持公共生活的空间秩序而作的未来空间安排的意志，是作为建设城市和管理城市的基本依据，是保证城市合理地进行建设和城市土地合理开发利用及正常经营活动的前提和基础，是实现城市社会经济发展目标的综合性手段。在市场经济条件下，城市规划的本质任务是合理地、有效地和公正地创造有序的城市生活空间环境。中国现阶段城市规划的基本任务是保护和修复人居环境，尤其是城市空间环境的生态系统，为城乡经济、社会和文化协调、稳定地持续发展服务，保障和创造城市居民安全、健康、舒适的空间环境和公正的社会环境（李德华，2001）。城市规划既是关于城市发展的科学理念和分析过程的结果，又是用于实际操作的政府行为。但是，长期以来科学性不强，也不太受重视，对城市规划的监督也很不到位。

（1）城市规划的科学性不强。城市规划的编制，既需要深厚的专业理论和较高的政策水平，又需要经济、社会、人文、环境等各方面的综合知识。目前，在我国城市规划领域中，一方面存在人员不足的问题，有"资质"的规划单位承担的任务太多，难以精心规划。另一方面，在规划

---

① 仇保兴：《转型期间城市规划、建设与管理的若干策略》，中国建筑工业出版社 2002 年版。

工作中较多按领导意图办事，缺乏独立的科学精神。此外，规划面积与规划经费挂钩的制度，以及规划费标准过高等问题，也在一定程度上对"大规划"起到了推波助澜的作用，从而影响了城市规划的科学性和严肃性（陆大道，姚士谋，刘慧等，2007）。有人形象地称我国的城市规划是"开发商领导、市长决策、规划局执行"。这种"长官规划"的决策模式与追逐政绩的冲动相结合，进一步损害了规划的权威性和稳定性。① 现在，城市总体规划必须由人大讨论、上级政府批准，权威性较强；但详细规划通常由规划部门制定，随意性仍然较大，这是造成城市规划、建设混乱的一个重要原因。

　　具体而言，城市规划科学性不强表现在如下几个方面：一是在城市新区建设时，不考虑职工通勤、商业、服务设施配套问题，不注意将交通需求控制在区内，结果造成新的额外交通需求，加剧了城市交通运输能力的供求矛盾（蔡孝箴，1998）。二是交通规划滞后难以适应快速城市化带来的交通量高速增长。一方面对原有的城市外围地区交通设施估计不足、落实不足；另一方面由于城市化水平提高带来的土地价值升值，使原有划拨作为公交场站的用地被挪作他用（冯现学，2006）。三是城市基础设施规划、设计不配套。很多城市利用国债资金建设了污水处理厂，却没有配套建设城市污水收集管网；设计、建设和运行城市基础设施的指导思想仍然是传统的，不符合可持续发展的原则和要求，如没有考虑到城市人口增加和土地、水等资源有限的矛盾（杨宜勇，2008）。因此，在我国城市规划中，如何从实际出发，遵从城市发展的客观规律，克服长官意志，防止政绩工程，是迫切需要解决的问题。

　　（2）城市规划"滞后"与"过度超前"并存。城市规划的编制要有适度超前意识。城市规划既要解决当前建设问题，又要预计今后一定时期的发展和充分估计长远的发展要求。因此，城市规划的编制既要考虑现实性，又要有超前性和预见性（饶会林，2003）。而由于各种因素影响，我国的城市规划在相当程度上是"滞后"与"过度超前"并存。下面以《广州市城市总体规划》审批为例说明（冯现学，2006）。

　　《广州市城市总体规划（1996～2010）》在1996年年底经广东省人民

---

① 阿计：《"城市病"的"民主药方"》，载《江淮法治》2007年第14期。

政府审查同意上报国务院审批。1997 年 4 月，国务院办公厅将该规划批交建设部研办，经过层层审查后，1999 年广州市规划局对该规划进行了调整修改。2000 年 12 月，建设部完成审查工作并将有关材料及《广州市城市总体规划（1996～2010）》报国务院待批。2000 年 6 月，即在待批过程中，花都、番禺撤市设区划入广州市，根据国务院办公厅要求，原上报的《广州市城市总体规划（1996～2010）》暂缓审批，待调整后重新报批。

2002 年 1 月，广州市规划局对《广州市城市总体规划（1996～2010）》进行调整，并于 2003 年 3 月底完成《广州市城市总体规划（2001～2010）》初稿。其送审稿在 2002 年 10 月经广州市人民政府常务会议审议后，2004 年 1 月，市政将《广州市城市总体规划（2001～2010）》（送审稿）报送广州市人大常委会。2005 年 12 月国务院批准了《广州市城市总体规划（2001～2010）》。[1] 距离规划的最后一年 2010 年仅剩下 5 年时间了，从而失去了规划本身必须具备的前瞻性。

城市规划的终极目标和"以人为本"的城市发展理念在规划中不够明确，目前多数的城市规划似乎只是为解决一些城市发展中迫在眉睫的问题，如用地指标、城市人口指标等。这样使规划常常变成一种短期行为（胡欣，江小群，2005）。

我国城市规划用地规模是以人均城市建设用地标准来控制的。因此，城市的规划人口决定了城市的用地规模。在个别城市规划滞后的背景下，部分城市的政府领导人为了求大求全，把城市做大做强，不切实际地提出过大的发展目标和城市规划框架，要求按照现有的人口和产业规模的两倍乃至三倍进行规划（或修编）。盲目的规划修编意在按照领导意图将城市人口规模做大，为城市用地继续扩张提供一个冠冕堂皇的理由。近年来，国家的土地调控政策需要根据城市人口规模对用地进行审批管理，所以这种扩大人口规模的冲动就越来越强了。一些省会城市的新城，离老城中心 10 公里乃至几十公里，新城的规划面积至少 100 多平方公里，规划人口 100 万人乃至几百万人。有的地方领导，不管原来的规划是否合理，热衷于调整城市规划。甚至有的城市[2] 上一轮规划正在报批中，由于新领导的

---

[1]　http://law.baidu.com/pages/chinalawinfo/7/52/7b10fe71aac09173816b4456285eea90_0.html.
[2]　如沿海的连云港、南通、烟台、汕头、厦门等城市。

上任又开始新的修编。"一人一把号，各吹各的调"。大规划不一定带来大发展，却可能引起巨大的风险①（陆大道，姚士谋，刘慧等，2007）。

城市规划滞后与混乱，直接影响到城市土地利用；城市土地利用不合理，很容易导致城市病的产生。

（3）对城市规划的监督不到位。城市规划要想得到严格执行，离不开必要的监督。从目前全国各个城市普遍存在的大量违法建筑和违法用地看，可以得出一个基本判断，城市规划监督处于基本缺位的状态（冯现学，2006）。从现在的法律约束看，没有强制性条款要求城市规划决策过程接受监督。而目前判断决策失误又缺乏客观标准，因而造成了事实上对规划决策的监督只能是事后监督，只有等到规划决策变成了现实并且造成了重大损失，才能从人们事后的评价中来反思，而对事前、事中的监督基本缺失。

对城市规划的监督主要有两类主体——人大和公众。近年来，人大越来越关注对城市规划决策的监督，但侧重于事后监督，事前和事中监督相对较少。

公众的监督基本上处于可有可无的状态。我国计划经济体制下的城市规划决策和执行是自上而下的，公众被排斥在此过程之外，他们只有遵守和执行决策的义务（冯现学，2006）。尽管城市居民由于素质的提高，参与城市管理的意识也有了较大增强，但是，由于受传统文化等因素影响，还存在以下问题：（1）绝大多数市民的行为仍呈现出明显的顺从性与依赖感，没有形成良好的公众参与机制，加之受权限的约束，公众参与仅限于有限范围之内，所采取的程序非常复杂，而参与形式又较为单一。（2）公众参与的深度不够。美国著名规划师谢莉·安斯汀指出，中国城市规划中的公众参与属于"象征性"参与②；除了少数大集团外，不管是市民、利益集团以及规划人员只有参与权，而没有决策权；随着规划项目规模的增加和级别的提高，公众参与的深度反而逐渐降低。（3）公众参与机制不健全。根据欧美等发达国家的经验，公众参与的顺利开展需要有法定的程序、强有力的仲裁机构和干练的组织部门，否则会产生形式主义。公众参

---

① 许多城市采用"筑巢引凤"的模式，急切地规划和实施中心商务区建设，但是很少有城市能成功达到规划所预期的目标，正是因为对城市经济发展规律缺乏认识所致。
② 陈友青：《从城市管理到城市治理》，厦门大学硕士学位论文，2002年。

与在我国还刚刚起步，现有的公众参与在很大程度上还停留在向公众公示、告知的阶段，没有充分利用和发挥各种社会团体、利益集团的积极作用，并不能保证让社会公众真正参与，也不能保证公众正当的、可行的意见能够得到充分体现。（4）公众对参与各种城市管理活动，缺少主动性和积极性，"事不关己，高高挂起"，不愿意付出金钱与精力，更不愿意发起参与城市管理活动。

3. 城市建设的随意性强

仇保兴认为我国城市化过程中面临着八个突出问题：劳民伤财的"形象工程"；急功近利的规划调整；寅吃卯粮的圈地运动；脆弱资源的过度开发；盲目布局的基础设施；杂乱无章的城郊用地；任意肢解的城乡规划；屡禁不止的违法建筑。① 这些问题归结为一点，就是城市建设的随意性强，也可以理解为城市规划的约束性差。这种现象的屡禁不止与我国的干部政绩考核体系有很大关系。

作为一名政府官员，其自身目的是最大可能的升迁，这一点无可厚非。但问题的关键是考评提拔一名领导干部政绩的方法以及标准是什么，当然最为理想的标准是看这名领导干部在任期间为当地人们群众做了哪些好事。现行的干部考核制度特别是对地方干部政绩的考核和评价，则是过分强调了与所辖地区经济发展成就直接挂钩，并且这种经济发展成就又主要以上了多少项目、建了多少企业、经济增长速度等指标来进行简单量化和比较的。与此相对应的是，哪个地区的经济发展快，对国家税收的贡献大，哪个地区的领导人在中央说话就有底气，就有力量，就起作用。② 这样，就必然导致各城市首脑或部门干部的目标函数中最主要的是以 GDP 和财政收入为主的经济活动，而对于住房提供、交通堵塞、城市蔓延、环境质量等与人民群众密切相关的事务则居于次要位置。此为其一。

其二，地方干部所做出的政绩还必须让这名领导干部的上级能够看到。在新中国建立以来的相当长时间里，我国政府官员的选拔所遵循的程序一直是"领导推荐—组织考察—上级任命"的制度。在这个三段式程

---

① 高慎盈、尹欣、陈俊珺：《仇保兴把脉"城市病"》，载《温州瞭望》2006 年第 3 期。
② 方福前：《公共选择理论——政治的经济学》，中国人民大学出版社 2000 年版。

序中，最关键、最重要的是第一个程序，即"领导推荐"。一位非领导职务的公务员晋升为领导职务的公务员，或者担任领导职务的公务员晋升为上一级领导职务，首先必须有某个领导提名或推荐。如果没有领导的提名或推荐，他即便德才俱佳、资历合格，也只能晋升上一级非领导职务的公务员。一旦有了领导推荐，"组织考察"和"上级任命"大多是履行一个手续，走一个程序。因此为了让上级领导推荐，他必须让上级领导能够看到这些政绩，而如果其上级不知道这些政绩，那其升迁则可能是遥遥无期的。而对于"上级领导干部"，由于每天都有许多"开不完的会、听不完的汇报"等，很少能够专门到下级所辖地方进行实地考察，即使是"上级领导"真的亲自光临，由于"日理万机"，也由于地方干部的陪同、引导，而只能看到盖了多少高楼、修了多长公路等"形象工程"。这就在一定程度上注定了作为下级，为了在其任期内取得一定的显著政绩，不可避免地偏好于局部短期利益，选择一些建设速度快、效益明显的"形象工程"。

在这种独特的体制下，就产生了两个根本矛盾：一是利益错位，即资源保护的长效机制和经济发展近期利益的矛盾；二是主体错位，即资源保护与资源利用的主体不一致。大都市区的许多问题即由此产生。

4. 城市基础设施建设滞后

对于发展中国家来讲，经济落后、经济发展缓慢、资金缺乏，是造成城市基础设施落后和滞后的普遍原因。但从中国的实际情况看，产生这一问题的根本原因是体制问题和认识问题（蔡孝箴，1998）。体制问题，是由于计划经济体制使得城市基础设施的经济效果无从体现，市场化的投资建设和运营体制也无法形成。认识的落后体现在两个方面：一是对城市基础设施的经济效果认识不足；二是对城市基础设施的经济性质和它的市场化建设及运营体制认识不足。

加之，新中国成立后新建的工业城市，按照"先生产、后生活"的方针，严重忽视了城市基础设施建设。因此，由于大都市区基础设施建设历史欠账多、资金需求大、建设周期长、运行效率低等原因，导致城市基础设施条件仍然滞后于经济社会发展需要。突出地表现为交通基础设施软硬件严重不足；交通拥堵严重；城市给水、排水、供气管网不能适应城市发展需求。1949~1983 年，全国城镇人口由 5765 万人增加到 22274 万人，增长了 2.86 倍，供水能力增加了 13.7 倍，排水管道长度增加了 3.38 倍，城市道路长度增加了 2.05 倍，面积增加了 2.55 倍。2004 年全国还有 193 个城市没有生活污水处理厂。一份资料表明，我国大中城市应建市政消防栓 31 万个，实际只有 15 万个，欠账 52%。[1]

世界银行认为，发展中国家城市基础设施建设投资比例应当占全部固定资产投资的 9%~15%，占 GDP 的 3%~5%。1949~1985 年，我国城市基础设施占全部固定资产投资的比例为 2.18%，占 GDP 的比例只有 0.36%（段小梅，2001）。之后这种状况有所改善，但比例仍然不高。例如，2002 年，我国城市基础设施投资总额占固定资产投资的 7%，只占 GDP 的 3%（杨宜勇，2008）。

导致大都市区交通拥堵的主要原因之一是人均道路面积偏少。根据对全国 262 个城市分析，人均道路面积为 8 平方米。人均道路面积大于 7 平方米的城市有 97 个，占 37.0%；人均道路面积大于 15 平方米的城市有 15 个，占 5.7%。我国城市道路交通规划设计规范规定："规划城市人均占有道路面积宜为 7~15 平方米。" 262 个城市中没有达标的城市比例为 69.0%。[2]

同时机动车停车泊位偏少。由于停车泊位少，导致机动车占道停放相当严重。机动车占道比例，重庆高达 80%、南京为 67%、上海为 64%、广州为 40%，而美国为 16%，日本只有 5%。停车场、停车港、地下通道等配套静态交通设施缺乏，成为城市交通拥挤、大气污染难以缓解的一个客观原因。[3]

5. 公共交通发展不足

优化交通结构是世界各大城市缓解交通拥堵共同选择的策略。公共交通具有载客量大、占用道路少等优点。与小汽车相比，公共交通在运送相同乘客量的情况下，可节约土地资源的 3/4，减少空气污染的 9/10。我国

---

① 曾广宇、王胜泉：《论中国的城市化与城市病》，载《经济界》2005 年第 1 期。
② 中国科学技术协会：《中国城市承载力及其危机管理研究报告》，中国科学技术出版社 2008 年版。
③ 中国科学技术协会：《中国城市承载力及其危机管理研究报告》，中国科学技术出版社 2008 年版。

正处于工业化中期阶段，土地资源非常稀缺，未来我国大城市交通模式应当更加倾向于运输效率高、相对污染小的公共交通。我国大城市处于小汽车发展的初级阶段，但是与世界主要城市相比，城市公共交通出行比例偏低。目前，巴黎全市有 18 条地铁线，承载着全市 65% 的客运量；伦敦、纽约、东京的轨道交通量分别承载着 65%、61% 和 86% 的客运量。① 而我国公交出行比例仅为 25% 左右。

导致公共交通发展滞后的主要原因，一是作为大城市交通骨干的轨道交通系统发展不完善。截至 2010 年年底，中国已经开通运行轨道交通的城市 14 个（含香港、台湾地区），其中大陆 12 个城市通车线路总计达 37 条，② 通车总里程突破 900 公里。③ 已经有轨道交通的城市，线路长度和覆盖范围也比较低。如北京的轨道系统的线路长度、覆盖范围远远低于世界同类城市巴黎、伦敦、纽约、东京等。二是公交车数量偏少，动力偏低，车况差。以全国 593 个城市统计分析，万人公交车拥有量平均为 6 个标准车。大于 10 个标准车的城市有 114 个，占 593 个城市的 19.2%；大于 12.5 个标准车的城市有 67 个，占 11.3%。我国城市道路交通规划设计规范规定："城市公共汽车和电车的规划拥有量宜为 10 ~ 12.5 个标准车。"按照这一规定，有 80.8% 的城市没有达标。

此外，公共交通还存在服务质量不高，换乘不方便；治安状况不好；车上拥挤、耗时太长、舒适性差等问题。

对私人汽车缺乏引导，导致城市交通结构进一步恶化（中国科学技术协会，2008）。我国部分大城市小汽车通勤出行分担超过 30%，高于东京和纽约中心城区。④ 2005 年年底，北京市私人机动车达到 154 万辆，占全市机动车总数的 62.6%⑤，这既是社会经济发展到一定阶段的结果，也是解决城市公共交通必须应对的客观事实。如何加快公共交通发展，使个体交通工具的利用者转向公共交通，使城市综合交通体系的交通结构趋于合理，是摆在我们面前的严峻课题。

---

① 袁东振：《国外如何应对"城市病"》，载《科学决策》2005 年第 8 期。

② 徐卓君、蒋丽娟：《暗战地铁：中国地铁"大跃进"》，载《南都周刊》，2010 年 11 月 19 日。

③ 《2010 ~ 2015 年中国城市轨道交通与设备行业投资分析及前景预测报告》，http://www.ocn.com.cn/reports/2006121chengshigdjt.htm，2010 – 11 – 26.

④ 2005 年北京乘坐公共交通出行的比例为 29.8%，并且呈逐渐下降的趋势。

⑤ 2004 年这一比例为 59.9%。

6. 行政管理体制条块分割

（1）行政体系内部分工不清。主要表现为分工权限界定不清楚，责任划分不明确（黄光宇，张继刚，2003）。各个部门遇到"有权可图、有利可图、有费可图"的项目都伸手，都争发言权；遇到麻烦和责任，需要出力、出资、出财的项目都推诿、拖延。而这种矛盾和冲突又往往发生在业务联系紧密，最需要密切配合的部门之间，如国土局与规划局、园林局与旅游局、工商局与城管、交警与城管等。这种矛盾和冲突反映在领导决策中，若没有上级的直接监督和督促，就表现为决策中的部门利益先导。即使在多部门的协作中，在上级的直接干预下，这种部门利益也会若隐若现、变着花样表现出来。实际上，对部门利益的维护已经被默认为一个领导工作能力甚至是"政绩"的重要参考因素，而部门之间利益的权限界定不清和缺乏治理的法定程序又为争夺部门利益提供了空间和可能。部门利益已成为影响公共利益为主导进行决策取舍的痼疾。

（2）行政体系的市场适应性和应变能力差。就我国现有的城市管理体制大的框架而言，依然延续着传统计划经济下的模式（胡军，桂馨，2003），这一模式因缺乏交流参与而显得封闭，因缺乏市场反馈而显得刻板，在与市场的衔接上表现为日见滞缓和不适；政府挑着经济与社会两副重担，难以适应市场经济的发展要求。市场经济体制要求依法治市，与之相适应，管理体制也应反映法定程序的科学要求，而法定程序的制定必须考虑市场要求，体现公平公正、民主科学与效率。而现在的城市建设管理部门已面临许多尴尬，在矛盾冲突中处处显得被动，加之，因缺乏公开透明的公众参与机制，真正的依法办事也很难进行，由此导致如"控规不控、有法不依、有法难依"，城市建设在貌似有序，而实际无序中进行（黄光宇，张继刚，2003）。

（3）职能划分过细。在政府行为分析中，大都市区政府只是一个抽象的主体，具体事务主要由各个部门办理。从我国城市建设管理机构的设置上看，一般设有建设、市政工程、规划、土地、环卫、环保、公用、园林、房屋、人防等管理机构，如果将与城市安全高度相关的水利、防汛建设机构和属于城市基础设施的交通等部门列入城市建设管理机构，那么相关机构达到 13 个之多① （周婕，龚传忠，2001）；各城市的区政府也按照与市政府机构大体对应而设置相关部门。表面上看，管理的细分能更好地明确责任、更好地落实，但实际上管理的细分往往失去了对原来目标的控制能力（见表 8 – 8）。

表 8 – 8　　中国城市社会问题、基础设施问题及其主要职能部门

主要问题	管理部门	主要问题	管理部门
贫穷	民政部门	饮水	市政公用局（水务局）
失业	经委	改善的交通	公交公司
腐败	反贪部门	住房	建委
安全	警察局/军队	电力	电力公司
教育	教育部/厅/局	环境	环保局
健康	卫生部/厅/局	排水及污水处理	建委（市政部门）

资料来源：曼纳·彼得·范戴克：《新兴经济中的城市管理》，中国人民大学出版社 2006 年版。

　　由于部门本位利益的存在，在具体操作时又往往利用所掌握的行政权力，使资源配置向有利于自己的方向倾斜。因此，各个部门千方百计地为部门争权力、争利益，要审批权、检查权、处罚权等；有些部门甚至自行出台部门法规条例，并以此为依据检查收费。由此，政府权力部门化，部门权力利益化，导致城市职能划分过细，审批环节过多，效率低下，漏洞百出。国外是由专门的管理委员会全权处理所辖地区的城市管理工作，因为城市管理是综合性很强的管理工作，涉及到的不仅仅是城市的物质环境，还包涵了城市居民的精神文明等诸多方面，它不应当属于哪个专业部门，也不是一个或几个专业部门所能胜任的。

　　（4）"条块分割"严重。城市管理中的"条"，是指城市管理方面上下对口的职能部门而言；"块"，是指整个城市管理的全局（耿耀华，2000）。从行为特征看，"条"职能明确，利益分疆自治，大量反映的是一种市场行为，而"条"与"条"之间因职能交叉时有发生利益强争或"内耗"情况，"不经协调不办事"，故常常需要"块"来协调。然而，

---

　　①　澳大利亚的首都堪培拉市政府只设首席部长部、城市服务部、教育培训部、卫生和社区服务部、司法警察部 5 个工作部门。

"条"又是制约"块"协调运作的主要反弹力。"块",一般以城市整体的利益为大局,是一种政府行为,与"条"相比,更要重视整个城市环境效益、社会效益和经济效益统一。但在实际工作中,政府在城市管理上的职能被"肢解",其协调能力往往受到各有关职能部门(尤其是垂直管理为主的部门)自上而下的冲击。若保护"条"的利益,便出现"条"与"条"之间的利益相争;若突出"块"的利益,"条"又不满意。城市中众多的"马路现象"和"法律竞合"就是条块分割的典型表现。①

有关部门不是不知道国外是如何通过管廊等先进经验来管理地下设施、管线网络的,也不会不了解发达国家在市政设施建设中部门协调、一次铺设的综合管理模式,但就是各自为政,这就是城市的"治理缺失"(陈来生,2004)。同时,一些部门想管事但又无权去管,待到问题成堆、群众反映强烈时,迫使政府领导出面组织集中突击整治,但突击整治后又无法巩固整治成果,由此形成了"整治—回潮—再整治—再回潮"的恶性循环。② 这就是一种典型的"后果导向"治理。

7. 政府"越位"、"缺位"和"错位"并存

我国大都市区治理中,普遍存在着"越位"、"缺位"和"错位"的现象(杨成标,2005),即所谓"有利的事争着管,无利负责任的事没人管"。

"越位",是指政府"管错了",政府插手不该管的事情,及运用本部门的权威和其他便利条件,制定某些符合部门利益的规章制度,管了许多不该管的事。城市政府的职能过大、过多是我国大都市区治理长期存在的一个非常突出的问题。尽管我国社会主义市场经济体制的确立要求"政企分开"、"政事分开",但要使政府完全从微观管理转向宏观管理和社会管理,还需要一个过程。因为政府并不是一个毫无自身利益的纯组织,政府职能的减少很可能会减少政府相应的客观或隐含利益(诸大建,2004)。

"缺位"是指政府"不管了",政府部门应该管理的领域却又没有部门管理,如建立和完善社会信用秩序,给失业者、贫困者等社会弱势群体提供最低收入保障,提供充足的公共品和各种社会服务,政府的工作却经

---

① "马路现象"与"法律竞合",是指各部门围绕着马路依法"打架"的现象。
② 叶南客,李芸:《战略与目标——城市管理系统与操作新论》,东南大学出版社2000年版。

常不到位。政府"缺位"的原因主要有两方面：一是中国大都市区的发展出现了大量的过去从未经历过的经济、社会和环境问题；二是在经济全球化和信息化以及政治民主化的趋势下，城市政府在大都市区中的地位和作用也相应地发生了变化，这种变化需要政府做出积极的反应。但是官僚制的政府处理新问题时往往跟不上时代的变化。

"错位"是指政府与企业、市场分工不清，行使了一些不该由政府行使的企业职能和市场职能。政府管理虽然达到了预期的目标，但投入与产出的比例失调，管理成本高昂，导致资源浪费或者管理效率低下。比如从事城市基础设施的建设、管理的公用企事业单位，不论以何种组织形式存在，它们所提供的产品都是纯公共品或半公共品。而一些公用服务性质的企事业单位往往以竞争性为理由，片面强调政企分开，力图脱离政府主管职能部门的监督，导致某些公用企事业单位在为城市提供公用服务方面降低品质要求，损害广大市民的利益，甚至背离了城市政府设立公用企事业单位的宗旨（周婕，龚传忠，2001）。

四、大都市区膨胀病的经济社会影响

（一）开发区规模偏大，浪费了大量土地

国外开发区规模不等，工业园小到50英亩，大到500英亩甚至更多。但总体来说，面积普遍较小。美国工业园平均规模为1.2平方公里（300英亩）。根据世界出口加工区协会统计，全球绝大多数出口加工区面积在0.5平方公里以下。① 世界上70%以上的开发区园区面积都在1平方公里以下，仅有5%的开发区面积超过5平方公里。发达国家和新兴工业化国家和地区的高新技术园区面积一般介于1~3平方公里之间，平均为2.5平方公里（见表8-9）。2001年我国国家级高新区（不含中关村科技园）平均开发规模为8.3平方公里，最大规模为36平方公里，最小规模为0.9平方公里。98%的高新区面积都大于1平方公里，面积超过5平方公

---

① 我国台湾地区的楠辛、台中、高雄三个出口加工区合计为1.82平方公里，韩国马山出口加工区为0.95平方公里，泰国叻甲出口加工区为1.6平方公里。

里的高新区占了一半以上。2001 年大陆省级以上开发区规划平均规模为 17.25 平方公里,实际平均开发规模为 9.17 平方公里,实际平均建成规模为 1.86 平方公里。其中省级开发区平均规划面积为 17.65 平方公里,实际平均开发规模为 9.66 平方公里,实际平均建成面积为 1.55 平方公里 (阎川,2008)。

表 8 – 9　　　　　　　1992 年世界主要国家科学园区使用面积

国家	使用面积(平方公里)	科学园区个数(个)	园区平均使用面积(平方公里)
美国	225.6	92	2.452
法国	120.73	31	3.895
日本	58.27	44	1.324
韩国	27.58	1	27.58
俄罗斯	13.02	3	4.340
加拿大	9.25	11	8.410
阿根廷	9.00	1	9.000
西班牙	7.97	4	1.992
意大利	6.38	4	1.595
合计	477.80	191	2.501

　　资料来源:国土资源部土地利用管理司,中国土地勘测规划院地政中心:《开发区土地利用与管理》2000 年,转引自阎川:《开发区蔓延反思及控制》,中国建筑工业出版社 2008 年版。

　　开发区的蔓延导致了土地的严重浪费。2004 年 8 月底,全国共清理出各类开发区 6866 个,规划面积 3.86 万公顷,已建成 1.03 万公顷。遍布全国、数量巨大的开发区,大多数在占地方面是大框架、大马路、低密度,浪费土地特别是优质耕地,土地利用效率低得惊人(陆大道、姚士谋、刘慧等,2007)。据统计,全国开发区有 43% 闲置,山东半岛某一城市开发区容积率只有 0.086。[①]

(二) 交通拥堵所产生的机会成本及资源消耗

　　交通拥挤不仅使企业承担了较高的交通费用,而且丧失的机会成本也不低。据 2002 年统计,全国仅塞车造成的损失一项,每年即有 200 亿元

----

　　① 中国科学技术协会:《中国城市承载力及其危机管理研究报告》,中国科学技术出版社 2008 年版。

以上。① 以北京为例，2003 年全市有 858.6 万就业人员，其中有一半以上（430 万人）是坐车上班（包括私车、公交车等），每人每天上、下班在路上因为堵车要耽误约 1 小时，以一个人每小时的社会成本为 20 元计算，每天因堵车造成的社会成本高达 8600 万元（安树伟、魏后凯，2005）。交通拥堵使汽车开开停停，以及频繁降速换挡，会增加汽油消耗，排放更多尾气，造成对环境的更大污染；交通拥挤还给乘客带来体力和精神上的消耗，人们每天穿梭往返于家门与工作场所之间，心情感到厌烦、折磨和沮丧，使人身心疲惫；路途劳顿，使人精疲力竭，在极为拥挤的车厢里，还容易感染到各种传染病；心中老担忧不能准时上班，精神紧张，容易引起肠胃功能紊乱（刘易斯·芒福德，2005）；年老体弱的乘客还会诱发各种疾病（阮正福，2008）。因此，任何改善大都市区生活质量的计划，都必须减少其日常交通上所花的时间，缩短其距离，这是最起码的。

（三）土地利用效率不高

我国城市土地利用不集约，不仅表现在城市的人口密度，还表现在城镇用地的经济产出水平上。以我国相对集约程度较高的城市上海和巴黎、东京、首尔等人口超千万的世界其他城市相比，城市土地的非集约利用同时表现为土地对人口和经济承载的低水平。上海的城市人口密度虽然超过了东京和首尔，仅次于巴黎，但其土地的经济产出仅及东京的 7.5%、首尔的 27.8% 和巴黎的 24.2%（见表 8 – 10）。

表 8 – 10　　　　上海、巴黎等部分城市建设用地与经济产出比较

城市	统计人口（万人）	城市建设用地（平方公里）	GDP 总量（亿美元）	建设用地平均产出 GDP（亿元/平方公里）	人均城市建设用地（平方米/人）
巴黎（大巴黎）*	1095	2395	3952	1.65	219
东京（都）	1260	1304	6937	5.31	108
首尔	1061	606	872	1.44	57
上海	1321	1503	598	0.40	113

注：* 巴黎有两个相关的概念，一是指巴黎市，位于塞纳河及其支流马恩河的交汇处，面积 105 平方公里，人口 218 万；二为大巴黎，面积 12072 平方公里，2003 年人口 1113 万。

资料来源：中国科学技术协会：《中国城市承载力及其危机管理研究报告》，中国科学技术出版社 2008 年版。

---

① 胡欣、江小群：《城市经济学》，立信会计出版社 2005 年版，第 219 页。

城市开发区的效益也非常低下。全国开发区平均每公顷投资仅 34 万元，产值不足 13 万元。在长江三角洲的苏南地区，即使是苏南节约用地的典范——昆山出口加工区，其投资强度也只有 50 万美元/亩，其余的国家级开发区普遍介于 20 万~30 万美元/亩之间，而法国开发区是 60 万美元/亩，新加坡、马来西亚和中国台湾单位土地投资密度为 100 万美元/亩。[①]

（四）环境污染影响居民身体健康

大气污染给城市经济发展造成巨大的经济损失，并制约城市经济社会的协调发展。健康成本的大部分来自被吸入的颗粒物所导致的死亡率的上升，这些被吸入的颗粒物可能是直接排放的，也可能是空气中的挥发性有机物、氮氧化合物（NO_x）和硫的氧化物间接形成的。空气污染降低人体的免疫功能，诱发或加重多种疾病（如上呼吸道炎症、哮喘、支气管炎、肺气肿等）的发生（饶会林，2003）。据斯莫尔和卡其米估测，1992 年在美国洛杉矶地区由上路车辆造成的当地空气污染的健康成本每车英里平均为 0.03 美元。[②]

通过对北京大气污染与每日居民死亡数的关系研究表明：在控制了温度、湿度、季节变化等可能的混杂因素后，发现大气 SO_2 浓度每增加 1 倍，人群总死亡率、肺心病死亡率、心血管疾病死亡率分别增加 11%、19%、11%；大气中 TSP 浓度每增加 1 倍，人群总死亡率、肺心病死亡率分别增加 4%、8%（雷仲敏，2008）。20 世纪末世界银行的一项研究表明，中国肺气肿及慢性支气管炎是死亡的首因，而大气污染是其主要根源之一；由于大气污染，中国的主要城市每年约有 17.8 万人过早死亡（蒋明君，2008），大气污染致病造成的工作日损失达 740 万人/年；造成的经济损失已占全国 GDP 的 2%~3%。1981~2006 年，广州大气中氮氧化合物（NO_x）的浓度增长了 3 倍多，肺癌发病率比 20 多年前增加了 30%，广州荔湾肺癌病发率已经涨到 50 例/10 万人。肺癌多由空气污染引起，

---

① 陆大道、姚士谋、刘慧等：《2006 中国区域发展报告——城镇化进程及空间扩张》，商务印书馆 2007 年版。

② ［英］保罗·切希尔、［美］埃德温·S·米尔斯：《区域和城市经济学手册（第 3 卷）：应用城市经济学》，经济科学出版社 2003 年版。

死亡率比农村高 2～3 倍。[①]

城市空气污染源主要是来自机动车辆和工业排放的有害物质，如一氧化碳、氧化氮、非甲烷碳氢化合物、氧化硫、悬浮的颗粒物质和铅（保罗·切希尔，埃德温·S·米尔斯，2003）。由于我国汽车质量普遍较低、车况差，以及燃料含铅量高等原因，排放的污染物是国外同类车辆的 10 倍。在城市大气污染中，来自汽车尾气排放的有害气体主要是 CO、NO_x、HC、SO_2 和微粒等，其比例分别为 82%、48%、58%、1.3% 和 8%；北京市的汽车 CO 的排放分担率为 84.1%，重庆市为 79.5%。[②] 随着家用汽车的迅猛发展，来自汽车污染的比例将会进一步提高。由于汽车尾气的排放贴近地面，对空气的污染以及由此对居民身体健康造成的危害特别严重。尤其是含铅气雾漂浮在离地面 1 米左右的空间，对儿童的伤害更为严重。近几年，我国一些城市儿童的血含铅量增加，有的甚至超标几十倍，这主要是因为汽车排放的废气中含铅所致。而铅中毒会损伤儿童的脑神经，影响儿童智力的发育（阮正福，2008）。除废气之外，汽车还产生了严重的噪声污染。

1992 年，舒拉克和帕里克利用 48 个发达国家和转轨国家大城市的数据分析表明，对于转轨经济国家的城市，在城市人口达到 400 万～500 万之前，颗粒物浓度随城市规模的扩大而增大，超过该人口规模，则随城市规模的扩大而减少；二氧化硫的浓度也表现出随城市规模的扩大而增大的趋势，只是它不像颗粒物浓度那样明显（保罗·切希尔，埃德温·S·米尔斯，2003）。这意味着，对于我国多数大城市而言，空气污染有继续加重的可能。

（五）严重威胁国民生命

道路交通灾害，被称作文明世界的第一大公害。1992 年，斯莫尔研究表明，交通事故总成本看起来远比污染成本高，甚至与城市地区的拥挤成本差不多。1988 年，纽伯里估测出 1984 年英国的机动车事故成本，平均每车英里 0.22 美元；1993 年，米勒估测出 1988 年美国机动车的事故

[①] 林靖峻、李斯璐：《钟南山："我也想骑车上班"》，http://news.163.com/08/1125/21/4RKIH9U40001124J.html，2009 - 7 - 27.

[②] 中国科学技术协会：《中国城市承载力及其危机管理研究报告》，中国科学技术出版社 2008 年版。

成本，平均每车英里为 0. 164 美元。交通事故总成本分别占英、美两国各自 GNP 的 5% 和 7% 。米勒关于美国的研究中，死亡成本占事故总成本的 34% ，非死亡损失占 53% ，财产损失与时间耽搁占 13% ；纽伯里关于英国的研究中，死亡和严重损失各占总事故成本的 49% （保罗·切希尔，埃德温·S·米尔斯，2003）。

2002 年以来，我国交通事故死亡人数有较大幅度下降（见图 8 - 3），但交通事故死亡人数仍位居世界第一，每年相当于一个小型县城的消失。中国汽车拥有量是全世界的 2% 左右，而交通事故死亡人数则是全世界的 20% 。中国交通事故死亡率也是全世界最高的。2004 年我国交通事故致死率为 27. 3% ，而同期美国为 1. 3% ，日本为 1. 0% 。近年来，平均每年有 50 多万人致伤致残。这一方面反映了国民素质不高，另一方面也反映了行政管理存在较大问题（陈洁华，2008）。

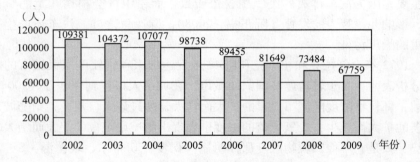

图 8 - 3   2002 年以来我国交通事故死亡人数
资料来源：根据国家统计局：《中国统计年鉴》（历年）整理。

我国城市交通灾害，不仅表现在人员高伤亡率上，还表现在城市交通网络的欠安全以及由此导致的灾情扩大化、灾情连锁性及可诱发性上（饶会林等，2008）。交通事故过多，死伤过多，不仅造成巨大的经济损失，也造成人们出行中的恐慌心理，直接影响到城市的生活质量。

五、国外治理大都市区膨胀病的政策工具和实施效果

规划、建设、管理是建好一个城市的三个环节，国外治理大都市区膨

胀病的政策工具也主要集中在这三个方面。

(一) 严格、科学的城市规划

美国的城市规划者被视为"社会主义者",因为他们总要制约唯利是图的(房地产)开发商,使其不能过多侵占公众利益,从而保证城市的可持续发展和人居环境与自然及传统的和谐(邵景安,刘秀华,2002)。

日本负责城市规划事务的部门在地方政府中占有相当大的比重和非常重要的地位(谭纵波,1999)。以城市规划中央及地方审议会为代表的审议会、审查会制度就是体现城市规划社会监督的重要手段。日本城市规划的市民参与是伴随日本战后民主政体的建立而出现的。在日本现行城市规划体制中,在规划的编制、审定和实施阶段均为市民提供了参与的机会。

澳大利亚的悉尼、堪培拉、墨尔本、布里斯班等城市,都是市长亲自抓规划,城市的每一个建设项目都必须首先有规划方案,然后广泛征求意见,甚至面向全球招标。如堪培拉市的城市总体建设规划,就是在90年前通过招标采用美国人设计的规划方案,总体规划一旦确定,不管谁当市长都必须严格执行规划方案。这一点很值得我国城市管理借鉴(陈根增,2002)。

(二) 以公共管理和服务为主的城市政府职能

西方发达国家的城市政府较好地体现了以公共管理和服务为主的职能(见表8-11),这与大都市区治理的目标和制度框架要适应和集中关注关键性地方事务,如经济发展、住房提供、交通堵塞、城市蔓延、环境质量、老城区更新等问题是一致的(踪家峰,2008)。

表8-11 部分发达国家城市政府的主要职能

国家	城市政府主要职能
丹麦	社会保障和教育(最主要的两个职能)、体育设施和文化、环境(水务、电力等)、城镇规划、地方道路网的维护、地方规划与发展(与县联合承担)、健康服务、城镇供热
芬兰	教育、卫生、社会福利(三项关键职能)、环境(供水和污水处理)、城镇规划、公共运输和道路网的维护、消防和紧急事务、住房、电力和城镇供热

国家	城市政府主要职能
法国	城镇规划、城镇道路网、城市运输、教育和儿童照顾、学校建设和维护、环境（给排水和污水处理）、文化和体育
意大利	城镇规划、社会住房、助残、地方公共交通、道路网维护、警察、中小学和职业学校（建设、维护和教师工资）、文化体育、污水处理、农村地区的医疗服务
荷兰	教育、社会服务、医疗、住房政策、文化、休闲、旅游、运输、消防服务、供排水、垃圾处理、城镇与县域规划
西班牙	所有城镇：法律与秩序；道路网的维护、供水和街道照明、垃圾处理、公墓维护、屠宰场建设、历史遗迹保护；5000 人以上的城镇：市场和公园、图书馆、污水处理；2 万人以上城镇：紧急事务和消防服务、社会再融合、运动设施；5 万人以上城镇：环境保护、城市公共运输
瑞典	教育（从幼儿园到中学）是主要的责任；城镇规划；道路网的维护；环境保护（供水、污水处理、垃圾收集与处理）；文化与娱乐
美国	中小学教育；建设与维护主要道路和大部分公共交通系统、公园与娱乐设施、老年人服务等
日本	征税、编制预算、管理学校、研究所、图书馆、救济疾病、维护城市公共秩序和居民的安全、健康与福利、保护文化、奖励发明革新、经营公共事物

资料来源：踪家峰：《城市与区域治理》，经济科学出版社 2008 年版。

（三）职责分明的管理体制

1. 加拿大双层结构的联合政府

　　加拿大的所有市政府都是法人团体，他们行使从各方面获得的权力，但不超越省政府的权限。多伦多①是加拿大双层结构联合政府最具有代表性的城市，由于在区域规划和大都市管治方面的创新而著称于世（屠启宇，金芳等，2007）。20 世纪 50 年代初，在多伦多城周围的农业区，人口出现了大幅度增长，但工业没有得到相应发展，因此不能为必要的服务业提供资金。后来，各市之间竞相吸引工业，结果出现了一系列当地政府

---

　　① 多伦多通常有两种含义：一是多伦多市（City of Toronto），包括旧多伦多、士嘉堡、北约克、东约克、约克和 Etobicoke 六大区，面积 641 平方公里，2003 年人口 253 万；二是大多伦多地区（Greater Toronto Area），包括核心城市多伦多市与其他 4 个行政区，另外还有 24 个卫星城，2003 年人口 531 万。

无法解决的问题。为了向多伦多城及其 12 个郊区提供一系列统一的服务，1953 年成立了由中心城市多伦多城、12 个近郊市和远郊市组成的多伦多大都市区政府。[①] 这种双层结构的联合政府体制并不是严格的等级隶属制，在两个层次之间有明确的分权（见表 8 - 12），是世界上较为成功的一种大都市区政府模式。[②] 从而使得大都市区政府体系内职责划分相对较为明确，各级政府无上下所属关系，避免了相互干扰，行政效率较高。

表 8 - 12　　　　　　　　　多伦多市事务管辖分担表

项目	大都市政府	地方市政府
分别管理职能	公共运输、公安保卫、社会服务、紧急措施、救护服务、老人住房、开发控制、区域性公园、区域性道路及高速公路、教育、废物处理等；房地产估价、司法行政及环境保护等在移交省政府管理前，仍由大都市政府负责	防火、人口统计、电力分配、地方停车用地、房地产税征收、地方公园、地方街道、城市改建
共同管理职能	公共服务	

资料来源：顾朝林等：《经济全球化与中国城市发展》，商务印书馆 1999 年版。

2. 法国中央和地方的双重行政管理体制[③]

法国许多城市以其独特的建筑风格和文化艺术享誉世界。为了对这些宝贵遗产进行保护，法国国家文化与交流部向各省专门派出了国家建筑师驻省代表处（刘金声，2003）。驻省代表处是向广大民众宣传国家遗产保护政策的部门，代表国家整体利益，即关注地方保护工作的实施，驻省代表处向地方政府的领导、部门解释保护政策、保护措施，并帮助其实施。

驻省代表处在实施保护区的保护工作时就管理政策和管理要点与地方领导经常沟通，共同确定将要执行的规定和措施，双方认定后由驻省代表处付诸实施。在保护区内，凡涉及新建建筑、建筑改变用途、建筑拆除、新建小区或建设商业设施，在项目申请前均需要咨询驻省代表处。这样，国家建筑师得以指导、帮助以上建设项目与保护区的环境协调一致。

---

① 顾朝林等：《经济全球化与中国城市发展》，商务印书馆 1999 年版。
② 黄丽：《国外大都市区治理模式》，东南大学出版社 2003 年版。
③ 法国中央政府和地方政府的双重行政管理体制，是指中央政府的城市规划行政主管部门及其在大区和各省的派出机构组成了多层次的国家城市规划行政体系，其中后两者分别向前者负责。

3. 新加坡规划、建设和管理相分离的体制

新加坡的城市规划、建设、管理分别由不同的相互独立的部门承担。城市的总体规划由城市重建局负责，它为城市的建设和管理制定宏观框架；城市建筑的单体设计和建设由建屋发展局负责；城市管理职能则主要由市镇理事会行使，同时还有园林部门和卫生部门共同参与。各部门之间除了定期进行交流外，一般相互不干涉各自的职权范围，权责明确，便于城市管理的规范化进行。

（四）集权与分权并存的治理方式

世界上绝大多数大都市区的公共行政组织不外乎表现为两种趋势：分权和集权。分权理论的核心是地方分权主义，实质就是地方自治。地方政府在地方上替代中央政府直接管理，能够克服中央政府对社会需求的非敏感性，并节省中央政府直接管理的成本。集权理论，核心是强调（中央）政府的权力和权威，强调（中央）政府在整个社会协调和控制中的重要地位和作用。其最基本的理论观点是，中央集权有利于国家的统一和社会的一体化。Hamilton（1999）和顾朝林（2000）等详细总结了国外大都市区治理可供选择的方式（见表8-13）。

表8-13 国外大都市区的治理方式

	大都市区治理方式的选择	解释说明
集权方式	兼并	在新郊区发展前兼并；与已建区兼并
	合并	城市与周围郊区的合并；两个或两个以上相邻的城市合并；城市与县的合并
	两层次都市区政府	直接或间接由选举产生
	区域行政当局与协调机构	单一的多功能行政当局、董事会或结构；专门目的服务行政当局、董事会或机构
	业务功能整合	向高层次政府集中；向外部服务机构集中
	联邦或州的鼓励性发展区域	中央鼓励成立的单目标区域机构；州规划或发展区
分权方式	单一目的的特区政府	仅仅负责某项或几项公共物品的提供
	区域之间的联盟	地方间的合作协议；无权威性的区域会议
	民营化	所有功能的私有化

资料来源：Hamilton, David K. 1999. Governing Metropolitan Areas: Response to Growth and Change Garland Publishing, Inc: New York. P. 36；顾朝林：《论城市管治的研究》，载《城市规划》2000年第9期；转引自踪家峰：《城市与区域治理》，经济科学出版社2008年版。

中央集权与地方分权的一般均衡就是均权，即选择性中央集权。意思是集权应该适度，而分权也应该适度，这要以是否与全体人民利害有直接关系为区分标准，不是以集权方式由中央政府统一处理，而是由各地方政府依分权原则进行自治处理，凭借公众对地方事务的积极参与进行，从而通过垂直式分权（中央、省、县）来确保公众的参政议政权利。

（五）法制化的城市规划管理

完全法制化的管理在新加坡表现得非常典型，这也是它成功的最重要经验之一。首先它建立了一整套严格、具体、周密、切合实际、操作性强、没有回旋余地的法律体系。国家对城市中建筑物、广告牌、园林绿化等城市管理硬环境的各个方面都作了具体规定，完备的法规体系是新加坡法制化城市规划管理的基础。其特点：（1）完整性。政府对城市管理的各个方面都进行全面立法，做到了"无事不立法"，使城市执法人员的每项工作都有法可依。（2）操作性强。城市管理法规对规定的内容、制定办法以及惩罚都作了详细而具体的规定，既避免执法随意性又增加了可操作性。新加坡城市规划中有专门一章"绿色和蓝色规划"[1]，要求所有部门都必须承担绿化责任，所有工程没有绿化规划、园林设计不得开工，住宅小区绿化率要达到30%～40%；任何人不得随意砍树；一年内不开工的土地必须绿化等。由于依法行政，严格实施有关法规，虽然新加坡面积狭小，2006年人口密度高达6508人/平方公里，但在城市快速发展的同时，仍拥有世界上生态系统最丰富的原始热带雨林以及自然和谐的环境。[2] 另外，新加坡还拥有一支素质精良的法纪监督稽查队伍和遍及社会各阶层的群众监控网络。

在进行法制化管理的同时，新加坡政府还不断地以各种形式对其居民进行城市管理方面的宣传教育，使他们从思想上认识到遵守各项法律规章、维护城市环境的重要性。这是城市管理的"治本"之策。

---

[1]　相当于我国的城市绿化系统规划。
[2]　屠启宇、金芳等：《金字塔尖的城市：国际大都市发展报告》，世纪出版集团、上海人民出版社2007年版。

（六）广泛的公众参与

1. 美国的公众参与

美国城市政府重视引导城市利益相关者特别是广大市民积极参与城市治理（黄丽，2003）。公众参与十分具有代表性，机制的作用也更为强大。常见的方法有：议员和政府官员走访市民、公共舆论宣传、召开听证会等。其中，听证会是一种应用广泛也最为有效的参与形式。美国波士顿一个地下隧道工程耗时 26 年才完工，其中规划设计用了 10 年；工程耗资超过预算 3 倍，达到 150 亿美元，其中 37.5 亿美元用于公众参与的支出。[①] 美国大都市区的治理，各利益相关者不仅共同参与"发现"大都市区的问题，而且还参与决策、实施和监督，这是大都市区治理公众参与中更为重要的方面。

美国的非营利组织有 150 多万个，约占全国各类组织的 6%，各类非营利组织一年的运作资金相当于美国 GDP 的 7% ~ 8%。[②] 非政府组织的参与在纽约表现得非常典型，纽约因此被称为非政府组织的"首都"（屠启宇，金芳等，2007）。纽约的非政府组织种类繁多，分布在各个领域，如市民联合会、酒吧协会、家长联合会、第五大道联合会、卫生协会等。所关注的问题大到城市预算、城市发展规划，小到公交车票价、城市饮水中加氟等，只要关系到他们的切身利益都在其关注范围之内。

2. 加拿大的公众参与

加拿大虽然没有美国那样强烈的公众参与制度传统，但其政府也十分重视对公众参与机制的培育。政府针对公民的心态经常进行引导、教育和宣传，以增强公众对政府的支持和忠诚；政府经常发表声明，阐述政治立场和观点，以加强公民对政府活动的了解。政府官员还经常以发表演说、走访选民、发送贺信等方式与公众进行沟通，对公众施加潜移默化的影响。1970 年加拿大还专门成立了加拿大信息中心，通过售卖和分发政府小册子等提供信息服务。该信息中心由联邦政府和省政府共同管理，以便

---

① 阿计：《"城市病"的"民主药方"》，载《江淮法治》2007 年第 14 期。
② 饶会林：《中国城市管理新论》，经济科学出版社 2003 年版。

让公众更方便地接触各种政府机构；加拿大的很多城市，都特意公开市政府办公场所和程式，无论是国内还是国外游客均可以自由参观市政府工作人员现场办公，了解政府在大都市管理上的一些重要措施（黄丽，2003）。

3. 法国的公众参与

在法国当前的城市规划编制与管理中，"公众参与"是通过"公众咨询"和"民意调查"两个程序来实现的。"公众咨询"是在规划方案编制过程中，从一开始就定期与公众沟通交流，征求他们的意见，从而使确定的规划方案更能针对现实情况，更能符合居民的需求。如对于大型的城市基础设施，必须先做一个方案（标出线路），交公众讨论，并可以提出替换方案；公共调研，当设计方案和计划做好后或者很详细的说明资料完成后，要征询公众意见，材料中标明工程性质和造价，让公众查询，特别公布于新闻报刊上，公民可以对此发表意见，向由法庭指定的调查员反映不同观点；利害冲突研究，对于重要的建设工程，特别是协商开发区必须要做一份有关环境、社会、经济的利害冲突研究报告附于公众调查材料中；宣传、查阅有关行政方面的资料，不同的重要决定必须在报纸上发布，对建造许可文件必须张贴公布（陈伟新，2002）。

"民意调查"则安排在规划的审批过程中，在规划方案提交给终审职能机关前，公众对是否接受这一规划方案提出意见。法国的"民意调查"在法律上有严格规定。首先，"民意调查"的时间不得少于 1 个月也不得超过 2 个月，必要时可以延长 15 天。在程序开始前，必须预先在媒体上发布信息，以告知公众这一调查的开始时间和内容。其次，这一程序的整个执行过程，由专门的"民意调查专员"或"调查委员会"负责。他们通过组织会议等方式，帮助公众了解项目内容，负责接收他们发表的意见，并在"民意调查"结束后对意见进行归纳总结，向地方行政长官提交《民意调查报告》。[①] "民意调查"最后形成的决议有可能否决已经编制好的城市规划方案。

---

① 卓健：《法国：城市规划中的公众参与》，载《北京规划建设》2005 年第 6 期。

（七）防止大城市过度集中的分散性治理

国外相对一部分城市也表现出明显的"一极集中"特征，因此中心城市的分散化就成为常见的一种治理手段，这种手段在美国、法国巴黎和韩国首尔得到了较好的实践。

1. "精明增长"

美国学者针对"城市蔓延"问题提出"精明增长"模式，强调混合利用土地，用足城市存量空间，采用紧凑式城市规划；重新开发废弃污染工业用地；创造适宜步行的社区，保护公共空间、农田、自然美景和对环境有重要影响的区域；提供多样的交通方式；城市建设相对集中，生活和就业单元尽量拉近距离等。美国至今已有 30 多个州采用了这种模式，其中一些州还通过立法措施，将"精明增长"法制化。

2. 建设卫星城

早在 20 世纪四五十年代的巴黎地区规划中曾希望找到解决城市主要公共服务设施过于集中于巴黎中心区的途径，设想变单中心城市结构为多中心城市结构，这一问题在 1994 年大巴黎地区城市总体规划中再次提及并开始着手实施。其中途径之一就是在巴黎附近沿两条平行轴线建设五个新城，几十年的城市发展完全实现了这一目标，在世界上引起广泛重视。[①] 纽约也通过建立周边小城镇和城市郊区化的手段，分散了市中心的人口。

80 年代以后，韩国的大城市圈面临着如何解决严重的住宅不足和土地、住宅价格上涨等问题。因此，80 年代新城市政策以宅地、住宅供给增加为目的，在首尔郊外的尚溪洞和木洞建设了新城市。这种新城市和首尔的已建住宅地联结起来，成为位于绿色带内的"城市中的新城市"。到了 80 年代后半期，由于开发用地的不足，首尔的"城市中的新城市"政策显露出了有限性。为了解决这一问题，1988 年韩国建设部决定在首尔的绿色带外建设五个新城市，即盆唐、一山、坪村、山本和中洞。

---

① 李廉水、〔美〕Roger R. Stough 等：《都市圈发展——理论演化·国际经验·中国特色》，科学出版社 2006 年版。

3. 划定开发限制区域

1971 年韩国城市规划法的修订，引进了开发限制区域制度。其目的在于防止城市的无序扩散、保护自然环境、维护国家安全。在开发限制区域里只允许建设现有建筑物、农业水产业用附属建筑物以及公共设施。于是实际上成了开发禁止区域。韩国现已制定了 14 个城市面积为 5400 平方公里的开发限制区域，占全国面积的 5.5%（见表 8 - 14）（梁龙男，1998）。

表 8 - 14　　　　　　　韩国部分城市开发限制区域的制定和居住者

区分	面积（平方公里）	居住人数（人）
首尔市	166.82	139986
仁川市	55.22	7774
京畿道	304.22	423018
总计	1526.26	570778

资料来源：梁龙男：《论韩国的城市规划及城市开发》，载《国外城市规划》1998 年第 2 期。

4. 城市职能的转移与分散

东京采取了限制新建大学和工厂等措施，鼓励中心地区的企业特别是重工业企业外迁，以缓解东京的"过度密集问题"。墨西哥从 20 世纪 70 年代开始实施的"分散化"战略，规定凡是在墨西哥城等三个最大城市以外的地区开办企业，可以得到政府的补贴，享受政府的优惠政策。随后，又通过"生产联盟"计划，引导企业向中等城市转移（袁东振，2005）。

鉴于首都圈的过度集中，70 年代以后韩国提出在新的区域里建设一个全新首都的主张。但是，最后的结果认为新首都的建设需要大量的投资，因此这种主张遭到反对。于是，在首尔南部果川建设一个小城市，把建设部等政府机关的一部分转移到果川；另外在大田建设国家研究园城市。

5. 旧城重振与城市外围的新城区开发

增加大城市以外城市的吸引力，促进城市布局的合理化。日本通过推行"全国综合开发计划"，缩小各地方与东京的差距，减少人口与产业向首都圈集中的压力。从 70 年代初开始，墨西哥明确提出实行经济地区化政策，制订了"重新规划全国经济布局方案"，试图改变经济过度集中在少数城市和地区的局面。近年来，一些新兴工业化国家和发展中国家借经济发展战略转变的契机，通过各种激励措施，鼓励有关企业搬迁到新兴的中小城市，减轻了大城市在人口、基础设施、社会服务等方面的压力，完善了城市布局（袁东振，2005）。

2002年，首尔市制定了《地区均衡发展十年计划》，以消除首尔的地区差距。规划重点是发展滞后地区的旧城重振和城市外围的新城区开发。旧城改造以仁川旧城的开发为典型；"新城区示范区"则包括了吉音、往十里、恩平等的发展。首尔通过支援城市基础设施建设、减免地方税收等措施，将城市空间转变为多元化结构，以期达到城市整体的和谐和均衡发展（屠启宇，金芳等，2007）。

（八）行政手段

1. 行政强制

行政强制的方式，一是对某些危害生态环境的生产方式或消费方式实行直接禁止，例如对严重污染生态环境的企业实行取缔、责令停产等，城市中对某些类型的汽车行驶路线的限制，实行私家车单双日轮流上路，强制汽车安装尾气净化设备等；二是提高新企业进入的生态环境门槛，限制某些污染严重的企业进入。行政强制虽然有法律、法规依据，但缺乏正常的司法程序，更多的是政府行政行为。因此，执行中要防止权力的滥用（阮正福，2008）。

2. 适度的行政区划调整

超越行政界线是大都市区中心城市发展的必然趋势。而为了克服行政分割，能够有效贯彻实施某些涉及大都市区整体利益的决策，适度的行政区划调整就是一种直接而重要的手段。其中，最常用的方式是兼并或市县合并。① 但美国的市县合并是以城郊双方自愿和公民投票表决为基础的，

---

① 兼并，是指由中心城兼并郊区的某一部分，并由中心城政府行使新区的管辖权；市县合并，是中心城和郊区直接合二为一的过程，如迈阿密市和戴德县，纳什维尔市和戴维森县，印第安纳波利斯市和马里恩县，哥伦比亚市、乔治亚市和马斯科吉县等。

由于各方利益存在差异以及合并的短期效益，市县合并议案的通过率和流行程度已大大降低。可见在具有"自治传统"的美国通过市县合并来实现大都市区协调管理的难度很大（黄勇，2003）。

（九）经济手段

1. 对交通问题的解决

城市交通问题的实质是私人成本与社会成本的不同，导致了均衡交通流量超出最优交通流量（蔡孝箴，1998），解决这一问题的有效办法就是外部成本内部化。

（1）拥挤定价。1975～1994年，新加坡对高峰期进入市区中心的车辆实行收费，起初只在早上高峰期收费，后来早上与下班的高峰期都收费；从1995年开始，收费扩展到工作日全天，并且改进了通往中心地区的两条高速公路的收费系统。这一措施，使高峰期进入中心区的交通量减少了47%（保罗·切希尔，埃德温·S·米尔斯，2003）。2003年，英国伦敦开始实施拥挤收费，对内环线区域内113条道路和8座桥梁分时段、分车种进行收费。方案实施后，收费区域拥挤减少了40%，区内交通量减少了16%，车速提高了37%，公交出行比例增加，公交营运速度和可靠性不断提高。[1]

瑞典等国家正力图通过这一手段解决城市交通问题；纽约[2]、旧金山也开始研究征收城市交通拥堵费（刘士林，2008）。

（2）交通需求管理。主要措施有：车辆控制政策，如车辆税、车辆定额配给、停车库许可制和车辆标准限制等；车辆使用政策，如道路拥挤收费、停车收费和车牌限制通行、鼓励合乘车和错峰上下班等。经过一系列交通需求管理政策的实施，韩国首尔的城市交通状况得到较大改观（见表8-15）。

---

① 中国科学技术协会：《中国城市承载力及其危机管理研究报告》，中国科学技术出版社2008年版。

② 纽约的收费计划是对在周一至周五早6点到晚6点之间每次进入曼哈顿的小汽车收费6美元，对商业货车收费21美元；对于已经在交通拥挤区的车主，如果他们选择在上述时段在区内使用小汽车，也要交费4美元。

表 8－15   首尔市政府交通运行主要指标

	2001 年	2002 年	2006 年
注册车辆（千台）	2550	2641	2980
公路比率（%）	21.2	21.4	22.1
行驶速度（城区，公里/小时）	21.7	22.5	25.0
地铁扩建（公里）	341.5	348.1	355.4
停车位（千个）	2132	2292	2448

资料来源：屠启宇、金芳等：《金字塔尖的城市：国际大都市发展报告》，世纪出版集团、上海人民出版社 2007 年版。

2. 对污染问题的解决

（1）排污权交易。目前，世界上已有 10 多个国家设立了排污权交易制度。美国于 1976 年开始实施这一制度，可交易的许可证主要包括空气污染许可证、汽油含铅量许可证和向水体排放污染物许可证。美国的"芝加哥气候交易所"就是一个关于废气排放的交易所。按照协议，所有成员必须在 2006 年之前将各自的温室气体排放量在 1999～2001 年平均水平的基础上削减 4%。如果届时不能达标，它们将受到相应的惩罚。[①]

（2）财政补贴。补贴可以采取减税的形式，也可以采取直接补贴的形式。财政补贴可用于生产者补贴，也可用于消费者补贴。相对来说，直接补贴消费者对于扩大市场可能更为有效。在美国，每购买一辆使用新能源的汽车，可减免联邦所得税 2000 美元（阮正福，2008）。

（十）采用先进技术

从 80 年代开始，美国、日本等发达国家就致力于 ITS（智能交通系统）[②] 的研究与运用，将道路、驾驶员和车辆三者有机结合，让驾驶员可以实时了解道路交通及车辆行驶情况，指导驾驶者选择最为合理的路径和方式，以达到充分利用交通资源、缓解交通堵塞的目的，已经取得了显著成效。应用智能交通系统后，可以大大提高驾车出行的效率，使交通拥挤

---

① 阮正福：《城市现代化研究》，上海辞书出版社 2008 年版。
② 智能交通系统，是指将信息技术、通信技术、自动控制技术、计算机技术和网络技术综合地运用于交通运输管理体系，综合考虑道路、驾驶员和车辆等因素，建立起一种全方位的实时、准确的交通运输综合管理、控制和输导系统。

降低 20%，延误损失减少 10% ~ 25%，车祸降低 50% ~ 80%，油料消耗减少 30%，废气排放减少 26%。

六、我国治理大都市区膨胀病的手段和措施

就我国大都市区膨胀病的发展趋势而言，面临着两种可能趋势：一种是膨胀病加重，由发达地区转变为萧条地区；另一种是膨胀病得到有效治理，繁荣得以持续。因此，重视大都市区的膨胀问题，及早预防或治理膨胀病，是延续区域和城市发达与繁荣的基本要求。大都市区膨胀病治理的有效途径是严格科学的城市规划和良好的城市管理。

（一）依法治理

我国区域政策的一个突出特点是以行政手段调控为主。行政手段由行政机关直接做出，以政府"红头文件"形式出现，具有权威性和强制性，措施颁布简便灵活，见事早，反应快，措施出台迅速，直接作用于调节对象，因此可以较快的达到预期效果。但是由于政策制定者本身也是社会中的一个特定利益群体，政府的自由裁量权过大，随着市场环境的变化以及决策者本身的有限理性，最容易"朝令夕改"。而且不加规范的行政行为有可能只是行政官员"拍脑袋"的结果。

美国、新加坡等国家大都市区治理的成功在很大程度上是由于建立了一套健全的城市管理法规体系，使得城市管理（大都市区治理）完全成为一个法制化的过程。虽然我们各类法律都在不断地完善，但是关于区域政策方面的法律基本没有，这就迫切需要在城市治理（大都市区）法规方面下功夫去补充和完善，使对大都市区膨胀病的治理由以经济手段和行政手段为主，尽快过渡到以法律手段和经济手段为主，以保证区域政策的连续性和稳定性，使城市治理（大都市区治理）真正能够做到有法可依，以保证大都市区膨胀病治理的持续性。

（二）完善城市规划编制、执行、监督和民主管理体制

要充分发挥城市规划克服市场失效问题，编制要按照《城乡规划法》

规定的程序执行。编制城市规划，应当考虑人民群众的需要，改善人居环境，方便群众生活，充分关注中低收入人群，扶助弱势群体，维护社会稳定和公共安全；编制城市规划，应当坚持政府组织、专家领衔、部门合作、公众参与、科学决策的原则（饶会林等，2008）。在编制和执行城市规划过程中，要随时注重市民有什么意见、要求，随时根据群众反馈，完善城市规划的管理。为此要学习发达国家建立健全城市规划的听证制度和公示制度。

以行业协会等独立于政府的机构为依托，建立起类似于工程建设监理制度的规划监督制度。只有设立一个中立、公正的第三方，才能对规划中的长官意志有所制约，才能对规划的质量和效果进行客观地评估，公众的利益才有可能在规划中得以真正体现（陆大道，姚士谋，刘慧等，2007）。

规划执行过程要严格按法规办事，做到法律面前人人平等；要增加规划的透明度，防止频繁、随意变更规划，规划批准后要予以公布，任何单位和个人都有权查阅；必须强化法律监督机制，建立一支过硬的监察执法队伍，做到执法必严、违法必究，防止和抵制以言代法、以权代法的行为，对一切违背城市规划和有关城市规划管理法则的违法行为，都要依法追究当事人应负的法律责任，维护法律尊严。

（三）制定科学合理的城市领导政绩考核制度和考核体系

近年来，我国城市中一个很大的问题是贪大求快、求新，经常在"发展是硬道理"的旗帜下争项目、建树政绩形象的工程。这一问题的存在与我国的干部考核机制有很大关系。城市领导的政绩考核，要对城市在经营、管理、规划城市的发展中所做的工作业绩进行全面考核和科学评估。要全面地将环境保护、资源节约、社会发展、人文指标纳入规划的强制内容，列入领导干部政绩考核体系中（中国科学技术协会，2008）。具体而言，包括如下几个方面：一是以公共利益、社会发展为依据，进行全面考核；二是注重为公众提供公共基础设施、秩序维护等公共产品和公共服务的考核；三是对城市规划、建设、管理相互衔接与制衡的考核（饶会林，2003）。

（四）改善都市区发展环境，加强城镇密集地区的整体协调

1. 用组团式城市群发展代替单一城市的扩张

用组团式城市群发展代替单一城市的扩张，以改善都市区发展环境：（1）都市区的发展不能超过本身的环境承载力和有限的环境容量；（2）城市功能中最基本的生产与生活要素应当相互协调，减少城市物质生活中的高能耗、高成本、大耗水与大量占用耕地的工业项目，特别要努力避免环境污染严重的重化工、钢铁等项目过多地聚集在城市；（3）减少城市中废弃物排放量，提高城市中工业垃圾、生活垃圾的综合利用率和回收处理率（陆大道，姚士谋，刘慧，2007）。

2. 加强城镇密集地区的整体协调

从政府角度而言，要按照互惠互利、优势互补、共同发展的原则，在尊重和兼顾都市区内各方利益的基础上，加强协调和协作。要引导和扶持核心城市发展，增强核心城市对周边地区的吸引力、凝聚力和辐射力；协调各个城市产业、居民点和基础设施的规划建设，提出鼓励、引导、控制和限制城市发展的措施和要求，避免重复建设，防止生态环境污染和破坏；制定都市区内产业、边界协调以及空间资源利用、生态环境保护、基础设施建设共建共享等方面的规范性文件；合理配置区域基础设施和重要的公共设施，统一安排市政、交通、能源、通信、水利环境等基础设施项目（姚士谋，陈振光，朱英明等，2006）。

加强跨城市的联系与协作，制定有效的、具有可操作性的协调组织形式，制定共同遵守的准则，实现跨行政地域的要素流动、产业协作、城镇空间和优势资源整合、污染治理和生态环境保护。加强城镇密集地区的统一规划管理，有三种模式可供选择（胡欣，江小群，2005）：一是同级政府之间建立联合专门委员会；二是提升核心城市的行政级别；三是单独设立大城市地区的管理机构。三种模式各有利弊，在实际操作中需要对现行行政、立法、技术等方面体制做出调整。近期，可以结合"京津冀区域规划"和"长三角区域规划"的编制，在吸收借鉴发达国家城市连绵地带规划管理成功经验的基础上，根据我国地方行政管理系统的运作特点和

改革趋势，积极探索跨行政区域城镇发展规划管理的有效途径，尽快建立起具有跨区域功能的规划管理协调监督机制。

（五）综合解决大都市区的交通拥堵问题

1. 构筑一体化的大都市区交通圈

在沿海京津冀、长三角和珠三角地区大都市区密集区，构筑一体化的交通圈，加快高速铁路和城际铁路的建设，在主要城市和产业区之间实现两小时直达，以有效疏解大、中城市市内的交通压力，带动城市土地—交通的合理发展。

2. 优先发展公共交通

除了原有马路加宽、增辟新的马路、消除交通"瓶颈"、提高道路质量之外，要更加侧重提高运输设备的运输能力，大力发展公共交通，实施交通需求管理政策。

切实保障公交优先，提升公交分担比例。整合优化公交线路，给予公共交通优先行驶的权利，在高峰时间可以优先通行，设置专用车道、专用线路保证空间上的优先，建设大运量公交，让公共交通安全优先；在财政补贴、用地、项目审批等方面，也保证给予优惠的政策措施；提高公交服务质量。

建设发达的公交系统，承担消化城市主要客流量的任务，缓解交通拥堵状况；鼓励在适当范围内采取步行交通和自行车交通，充分尊重自行车和行人通行空间；改善出租车公司的运营状况，尽快完善牌照发放制度，进行市场化运作；大力发展新型的交通工具，例如轻轨、地铁及城际铁路，建立功能互补的城市交通网络；搞好站场和交通枢纽建设，合理配置不同交通工具和不同线路之间的换乘关系，提高换乘的方便度；尽快完善交通引导系统，通过通讯、信息显示板，准确、及时发布道路交通即时信息，引导驾驶员避开拥挤路段，或寻找合适的停车场；完善交通综合服务系统，准确、及时提供有关交通管理、道路交通状况、天气预报等即时信息，为出行者选择交通工具，安排出行时间，避开交通拥挤路段和时段提供信息。

在城市新区开发和旧城改造过程中，要综合考虑公交基础设施和公交线网的规划建设，逐步形成地面交通和轨道交通密切衔接，协调发展的城市公共交通新格局。

3. 在大都市区范围内建立以步行交通为主的次中心

为了使大城市内必要的交通路程变得方便迅速，不必要的路程以及不必要路程的长度必须减少。只有把住家与工作场所之间的距离安排得近一些，才能做到这一点。在一些多中心的，以及部分疏散开的城市，如伦敦，由于重新组成多个自治区，大约有 40% 的常住人口能在他们本区内找到工作（刘易斯·芒福德，2005）。

4. 利用经济杠杆，限制和引导家用汽车的使用

2009 年，北京市城镇居民平均每百户拥有家用汽车 29.55 辆，上海为 14.04 辆，广东为 23.31 辆。这表明，在相当一部分大城市，家用汽车开始进入普及阶段。我国人多地少，人均资源贫乏，不可能像美国那样完全依赖私人汽车，因为不但道路、停车场地十分缺乏，环境容量有限，就连汽油供应也不允许。但这并不等于完全否定私人汽车方式，关键是要适度控制私人汽车的发展。

1994 年，舒普对洛杉矶、华盛顿（哥伦比亚特区）、渥太华等 7 个案例的研究表明，在大城市按实际市场费率收取停车费，则可以平均减少25% 的开私人车上班者的比例。① 可以借鉴这一做法，限制和引导家用汽车的使用。通过经济手段如差别停车费、收取拥挤费等，将隐性费用显性化，科学引导市民小汽车出行的时空分布。时间上，通勤高峰期鼓励公交出行；空间上，采取限制或收费手段，调控车流量出行空间分布。

5. 采用先进技术，有效疏导交通

智能交通系统（ITS）是解决交通拥堵问题的高效率方式，应加快研究适应我国城市交通发展现状的系统和设备，研究相应的管理技术，全面引进和应用智能交通系统，以缓解日益严重的城市交通拥堵问题（中国科学技术协会，2008）。

---

① ［英］保罗·切希尔、［美］埃德温·S·米尔斯：《区域和城市经济学手册（第 3 卷）：应用城市经济学》，经济科学出版社 2003 年版。

（六）切实解决城市环境污染问题

1. 经济手段

（1）排污许可证。政府依照一定的环境质量标准向可能造成污染的企业发放排污许可证，企业则根据排污许可证向特定地点排放特定数量的污染物。而且，排污许可证及其所代表的排污权是可以买卖的，企业可以根据自己的需要在市场上买进或卖出排污权。

（2）征收排污费。政府还可以向使用环境资源的企业或个人征收一定的排污费。征收原则是，当污染物排放量达到最优污染水平时，政府征收的边际排污费用应该等于企业治理污染的边际治理成本。这样，企业便可以在缴费与治理之间进行权衡，选择最经济有效的办法降低污染。

（3）收取排污押金。即对有潜在污染的产品收取的一项额外费用，当该产品使用后残余物回送到指定的收集系统或污染处理达到规定标准时，就把押金退还给生产者或消费者。这一方法可以收到十分有效的环保监督和督促作用。

2. 加大对环境污染治理的投入

大力推广使用电力、天然气、清洁煤和其他无污染的能源，研究发展燃气车、电力汽车、太阳能汽车，改变能源结构，治理尾气污染；发展低消耗、无污染的新技术产业，减少"三废"排放；推广生活垃圾分装处理技术；成立工业垃圾再生使用的中介市场，便于工业垃圾的回收再利用（饶会林，2003）。

3. 制定城市环境规划

编制城市环境规划，审查、批准和确定城市环境规划方案或各项专项环境治理方案，严格监督规划方案的实施。

（七）建立和完善大都市区治理结构中的公众参与机制

1. 重视公众参与

从目前我国实际情况看，公众参与尚处于起步阶段，虽然已经出现公示、征求市民意见、听证会、人大代表提案等形式，越来越对政府决策产生影响，但还需要进一步完善（周振华，2008）。首先政务要公开透明。政府应及时公布有关规划的政策、法规和管理程序，增强公众在大都市区规划、建设和管理上的知情权、参与权和管理权。政府的某些会议可以吸引市民参与，政府办公场所也可以实行开放日，以缩短政府与民众的距离，增强政府对民众的亲和力。

其次，要培育公众参与意识。城市政府真正允许并鼓励公众讨论、评判；城市政府通过家庭、学校和各种舆论工具等政治社会化途径，使公众乐于发表自己的观点和建议，主动参与政府的决策和执行过程。

最后，要完善公众参与机制。作为一种有效的社会监督方式，公众必须贯穿城市规划的全过程。建立公众参与程度较高的规划审批机构，规定在规划编制和审批过程中不仅有政府相关职能部门参与，而且应当有法律、经济、社会、心理等专业的专家参与，有受影响的不同利益集团和个人参与，广泛分配权力，集体行使权力，优化权力结构，确保规划编制审批成为政府、专家、公众等的研究、磋商、讨论的互动过程，真正使城市规划成为上至政府、下至社会公众均能接受和遵守的"契约"。及时公布规划执行的进展，建立"阳光规划"，使公众享有充分的规划知情权，同时建立专门的机构，保障公众对规划实施的影响和制约权力；城市规划实施的监督和检查也要征求公众意见，激励公众参与，接受公众监督（冯现学，2006）。

2. 大力发展非政府组织

从我国现阶段实际情况看，非政府组织等将在市场经济中扮演越来越重要的角色。仅 2002～2003 年度在民政部正式登记注册的非政府组织就达到 4364 家。[①] 到 2005 年年底，深圳市的行业协会已发展到 160 余家，涵盖了当地国民经济各主要领域，涌现出了一批在国内同行中有一定影响力和知名度、有比较超前的理念和比较先进运作机制的品牌协会，已成为推动深圳经济建设和社会发展的重要力量（孙荣，徐虹，邹珊珊，2007）。随着政治体制改革步伐的加快，这一趋势将逐渐明确。

---

① 龙菲：《西方的城市治理及其对我国的启示》，载《城市问题》2004 年第 2 期。

但总的来说，中国的非政府组织仍然十分弱小，在自治性方面有所欠缺，对于政府的依赖性较大。实现非政府组织的广泛参与，其前提条件是要形成各种类型、不同功能的组织团体（周振华，2008）。这就要培育和引导非政府组织的发展，理顺政府与非政府组织的关系，进一步改革政府对行业协会、研究咨询机构和社会中介组织的管理，减少官办和垄断色彩，充分发挥该类组织在促进城市政府职能转变中的桥梁和纽带作用（苏珊，2005）。鼓励非政府组织在规范化、法制化的环境下积极参与大都市区的建设和管理。

对于经营性的市场中介组织（饶会林，2003），要完善立法，巩固其经济主体地位。首先，城市政府要努力扭转政出多门，导致中介组织无所适从的状况，必须承认中介机构的法律地位，使之成为有法律保障、与政府机关有平等地位的社会经济组织。其次，要改善管理，促进公平竞争。作为独立的社会组织，中介组织不宜由政府直接管理，但是通过法律规范和利用行业自律管理仍然是必要的。政府的主要职能是制定并维护市场游戏规则，为中介组织创造一个宽松的社会环境和执业环境。加强非政府组织的诚信建设。最后，要提高中介机构的人员素质和业务素质，在市场竞争中促进中介组织的发展。

对于非经营性的商会或行业协会，政府要以加强规范性、自律性建设的间接管理为主，在商会法律地位明确的前提下，逐步提高这类组织所独有的、政府和个人企业又不能代替的自我约束、自我发展的作用。

（八）积极促进都市区的产业升级

近年来，珠三角、长三角等沿海部分大都市区产业竞争力在逐步下降，目前已经进入到加快经济转型升级的新阶段。在新的形势下，应尽快研究制定大都市区的经济转型升级规划，鼓励和引导从工业经济为主向服务经济为主的转变，大力发展高端制造业及高端服务业，加强自主品牌和创新能力建设，加快产业结构调整和升级步伐。

促进都市区衰退产业的退出（安树伟，母爱英，2008）。鼓励通过兼并、收购、在外地设立生产基地和外包等措施，积极推进现有高能耗、高物耗、高污染、低附加值以及破坏人文生态环境的产业逐步退出；严格控制并淘汰资源开采型产业，限制并淘汰落后工艺与装备；制定鼓励退出产业实行有序收缩和资本存量向高增长产业部门有效转移的政策措施，以腾出空间承接高层次国际产业转移。

提高产业进入标准。有选择地承接国际产业转移，如现代服务业、高新技术产业、环境友好型产业及前瞻性产业、先进制造业和高级制造业；利用全球商品价值链向我国延伸的趋势，不断向全球商品价值链上游攀升，构建合理的产业体系。

大力发展现代服务业。从服务价值链的低端，即具有广泛就业带动作用且发展不够充分的低端行业，向金融、商贸、文化、物流、信息、软件、教育、物业、会展、知识服务等高端行业转变，促使其保持与制造业相适应的稳定增长速度，并逐步成为支撑经济增长的主导力量，转换经济的产出功能，提高土地的产出水平。处理好现代服务业与先进制造业、现代服务业与传统服务业的关系，促进产业的融合发展；重视都市型工业的发展，防止都市型工业园区转变为创意产业园区和服务业集聚区，以更好地解决都市区的就业问题（王战，周振华，2007）。

参考文献：

1. Hamilton, David K. 1999. Governing Metropolitan Areas: Response to Growth and Change Garland Publishing, Inc: Newyork. P. 36.

2. ［美］埃德加·M·胡佛：《区域经济学导论》，商务印书馆1990年版。

3. 安树伟、魏后凯：《北京工业发展中商务成本的判断及其控制》，载《中国工业经济》2005年第5期。

4. 安树伟：《中国未来区域政策需要关注大都市区管治》，载《中国经济时报》，2006年9月5日。

5. 安树伟：《资源环境约束下长江三角洲地区的工业发展》，载《资源与产业》2007年第2期。

6. 安树伟、母爱英：《国际产业转移对北京产业发展的影响及对策》，载《当代财经》2008年第1期。

7. 安树伟：《中国农村贫困问题研究——症结与出路》，中国环境科学出版社1999年版。

8. ［英］保罗·切希尔、［美］埃德温·S·米尔斯：《区域和城市经济学手册》（第3卷）：应用城市经济学》，经济科学出版社2003年版。

9. 彼得·梅什科夫斯基：《城市经济学》，载约翰·伊特韦尔、默里·米尔盖特、彼得·纽曼：《新帕尔格雷夫经济学大辞典》，经济科学出版社1996年版。

10. 蔡孝箴:《城市经济学》(修订本),南开大学出版社 1998 年版。

11. 陈根增:《澳大利亚、新西兰的城市管理情况及其对我们的启示》,载《人才瞭望》2002 年第 2 期。

12. 陈洁华:《以危机管理推动中国行政改革》,载巴忠倓:《城市发展与国家安全——第六届中国国家安全论坛论文集》,时事出版社 2008 年版。

13. 陈来生:《城市管理:"治理"缺位与权威构建》,载《毛泽东邓小平理论研究》2004 年第 6 期。

14. 陈伟新:《法国城市建设与管理经验和做法》,载《国外城市规划》2002 年第 1 期。

15. 陈宣庆、张可云:《统筹区域发展的战略问题与政策研究》,中国市场出版社 2007 年版。

16. 丁成日:《城市经济与城市政策》,商务印书馆 2008 年版。

17. 段小梅:《城市规模与"城市病"》,载《中国人口·资源与环境》2001 年第 4 期。

18. 冯现学:《快速城市化进程中的城市规划管理》,中国建筑工业出版社 2006 年版。

19. 傅崇兰、周明俊:《中国特色城市发展理论与实践》,中国社会科学出版社 2003 年版。

20. 耿耀华:《城市管理亟待解决的几个问题》,载《南宁职业技术学院学报》2000 年第 3 期。

21. 顾朝林:《论城市管治的研究》,载《城市规划》2000 年第 9 期。

22. 顾朝林等:《经济全球化与中国城市发展——跨世纪中国城市发展战略研究》,商务印书馆 1999 年版。

23. 何兴刚:《城市开发区的理论与实践》,陕西人民出版社 1995 年版。

24. 胡军、桂馨:《当代中国城市治理体系的重塑与完善》,载《财会研究》2003 年第 4 期。

25. 黄光宇、张继刚:《中国城市管治研究与思考》,载顾朝林、沈建法、姚鑫等:《城市管治——概念·理论·方法·实证》,东南大学出版社 2003 年版。

26. 黄丽:《国外大都市区治理模式》,东南大学出版社 2003 年版。

27. 黄勇:《美国大都市区的协调与管理》,载《城市规划》2003 年第 3 期。

28. 季任钧、安树伟、母爱英等:《中国沿海地区乡村—城市转型与协调发展研究》,商务印书馆 2008 年版。

29. 蒋明君:《生态安全是构建和谐社会和可持续发展的基础》,载巴中倓:《城市发展与国家安全——第六届中国国家安全论坛论文集》,时事出版社 2008 年版。

30. 雷仲敏：《中国城市能源发展现状与结构优化对策》，载编委会：《中国城市经济学会学科建设专业委员会 2008 年年会暨城市群优化整合与城镇文化资源开发保护研讨会论文集》，2008 年。

31. 李德华：《城市规划原理》（第三版），中国建筑工业出版社 2001 年版。

32. 李俊夫：《城中村的改造》，科学出版社 2004 年版。

33. 李廉水、[美] Roger R. Stough 等：《都市圈发展——理论演化·国际经验·中国特色》，科学出版社 2006 年版。

34. 李强、杨开忠：《城市蔓延》，机械工业出版社 2007 年版。

35. 李颖：《西安都市区界定及其发展初步研究》，西北大学硕士学位论文，2003 年。

36. 厉无畏、王振：《中国开发区的理论与实践》，上海财经大学出版社 2004 年版。

37. 梁龙男：《论韩国的城市规划及城市开发》，载《国外城市规划》1998 年第 2 期。

38. 梁茂信：《当代美国大都市区中心城市的困境》，载《历史研究》2001 年第 6 期。

39. 刘金声：《法国对城市规划和遗产保护的监管机制：介绍法国国家建筑师驻省代表处》，载《国外城市规划》2003 年第 4 期。

40. 刘士林：《2007 中国都市化进程报告》，上海人民出版社 2008 年版。

41. [美] 刘易斯·芒福德：《城市发展史——起源、演变和前景》，中国建筑工业出版社 2005 年版。

42. 刘玉亭：《转型期中国城市贫困的社会空间》，科学出版社 2005 年版。

43. 陆大道、姚士谋、刘慧等：《2006 中国区域发展报告——城镇化进程及空间扩张》，商务印书馆 2007 年版。

44. 庞玉平：《中国大都市区形成发展的实证研究》，郑州大学硕士学位论文，2001 年。

45. [美] 乔尔·科特金：《全球城市史》，社会科学文献出版社 2006 年版。

46. 饶会林：《中国城市管理新论》，经济科学出版社 2003 年版。

47. 饶会林等：《现代城市经济学概论》，上海交通大学出版社 2008 年版。

48. 阮正福：《城市现代化研究》，上海辞书出版社 2008 年版。

49. 邵景安、刘秀华：《城市病及大城市发展对策》，载《湖南农业大学学报》（社会科学版）2002 年第 3 期。

50. 邵益生、石楠等：《中国城市发展问题观察》，中国建筑工业出版社 2006 年版。

51. [美] 苏珊：《城市反思》，光明日报出版社 2005 年版。

52. 孙斌栋等：《我国特大城市交通发展的空间战略研究——以上海为例》，东南大学出版社 2009 年版。

53. 孙荣、徐虹、邹珊珊：《城市治理：中国的理解与实践》，复旦大学出版社 2007 年版。

54. 谭纵波：《日本城市规划行政体制概观》，载《国外城市规划》1999 年第 4 期。

55. 屠启宇、金芳等：《金字塔尖的城市：国际大都市发展报告》，世纪出版集团、上海人民出版社 2007 年版。

56. 王华庆、刘建军：《北京城市交通现状、问题及对策》，载《综合运输》2002 年第 8 期。

57. 王玲慧：《大城市边缘地区空间整合与社区发展》，中国建筑工业出版社 2008 年版。

58. 王明浩：《谈当前我国城市发展中的一些问题》，载编委会：《中国城市经济学会学科建设专业委员会 2008 年年会暨城市群优化整合与城镇文化资源开发保护研讨会论文集》，2008 年。

59. 王兴平：《都市区化：中国城市发展的新阶段》，载《城市规划汇刊》2002 年第 4 期。

60. 王战、周振华：《城市转型与科学发展：2006/2007 上海发展报告》，上海财经大学出版社 2007 年版。

61. 吴良镛等：《京津冀地区城乡空间发展规划研究二期报告》，清华大学出版社 2006 年版。

62. 阎川：《开发区蔓延反思及控制》，中国建筑工业出版社 2008 年版。

63. 杨戍标：《中国城市管理研究：以杭州市为例》，经济管理出版社 2005 年版。

64. 杨伟民：《推进形成主体功能区　优化国土开发格局》，载《经济纵横》2008 年第 5 期。

65. 杨宜勇：《城市发展与安全的思考》，载巴忠倓：《城市发展与国家安全——第六届中国国家安全论坛论文集》，时事出版社 2008 年版。

66. 姚士谋、陈振光、朱英明等：《中国城市群》，中国科学技术大学出版社 2006 年版。

67. 袁东振：《国外如何应对"城市病"》，载《科学决策》2005 年第 8 期。

68. 张海生、刘希凤：《探析工业化、城镇化、市场化、国际化深入发展进程中的城市安全》，载巴中倓：《城市发展与国家安全——第六届中国国家安全论坛论文集》，时事出版社 2008 年版。

69. 张可云：《区域经济政策》，商务印书馆 2005 年版。

70. 赵成根：《国外大城市危机管理模式研究》，北京大学出版社 2006 年版。

71. 中国科学技术协会：《中国城市承载力及其危机管理研究报告》，中国科学技术出版社 2008 年版。

72. 周婕、龚传忠：《基于管治思维的中国城市建设行政管理体制》，载《城市规划》2001 年第 9 期。

73. 周振华：《崛起中的全球城市——理论框架及中国模式研究》，上海人民出版社、格致出版社 2008 年版。

74. 诸大建：《管理城市发展：探讨可持续发展的城市管理模式》，同济大学出版社 2004 年版。

第九章 近年来我国城镇体系的 演变趋势与结构优化

城镇体系是在一定地域范围内，以中心城市为核心，由一系列不同等级规模、不同职能分工、空间相互作用关系密切的城镇群体组织。2000年，我国有城市 663 座，城市化水平 36.2%。2002 年，中央提出"大中小城市与小城镇协调发展"的具有中国特色的城市化方针；2006 年《国家"十一五"规划纲要》指出："坚持大中小城市和小城镇协调发展，提高城镇综合承载能力，按照循序渐进、节约土地、集约发展、合理布局的原则，积极稳妥地推进城镇化，逐步改变城乡二元结构。"2007 年中央提出"以超大城市和特大城市为核心，形成以城市群为载体的城市化模式。"经过几年发展，我国城镇体系不断完善，城市格局日趋合理，到 2008 年，全国城市总数达到 655 座，拥有人口超过 200 万人的超大城市 33 座；2010 年全国城市化水平提高到 47.5%。本章重点探讨"十一五"我国城镇体系的演变特点和存在问题，分析"十二五"城镇体系演变趋势，提出城镇体系优化途径和措施。

一、"十一五"以来我国城镇体系演变特点和存在问题

（一）城镇体系演变的特点

1. 城镇体系逐步完善，城市结构日趋合理
城镇规模结构呈"金字塔形"，结构基本合理，已经在全国范围内初

步形成以大城市为中心、中小城市为骨干、小城镇为基础的多层次的城镇体系（见图9-1）。根据《中国城市建设统计年鉴》提供的数据，以城市城区总人口（含暂住人口，下文同）为标准，2008年全国有人口大于800万人的城市5个、400万～800万人的城市8个、200万～400万人的城市20个、100万～200万人的城市31个、50万～100万人的大城市92个、20万～50万人的中等城市253个、20万人以下的小城市246个，分别占城市总数的0.8%、1.2%、3.1%、4.7%、14.0%、38.6%、37.6%；有县城1617个、一般建制镇17617个。

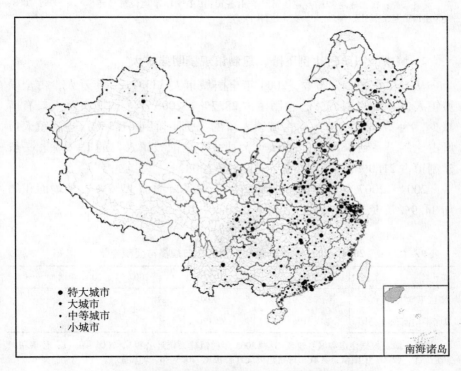

图9-1　2008年中国城镇体系人口等级规模结构分布图

资料来源：顾朝林：《中国城市化空间及其形成机制》，中国发展研究基金会研究项目《中国发展报告2010》背景报告，2010年。

与2004年相比，全国城市总数减少了4个，超大城市数量略有增加，中等城市增加较多，而人口介于50万～200万人的城市和小城市数量明显减少（见表9-1）。

表9-1　　2004～2008年我国不同人口规模城市数量增减情况　单位：万人、个

	>800	400~800	200~400	100~200	50~100	20~50	<20	合计
2004年	4	8	20	43	98	222	264	659
2008年	5	8	20	31	92	253	246	655
2008年比2004年±	1	0	0	-12	-6	31	-18	-4

资料来源：根据住房和城乡建设部综合财务司：《中国城市建设统计年鉴》（2005，2008；中国建筑工业出版社）整理。

2. 城市人口所占比例下降，建制镇规模明显扩大

从人口在城镇分布看，2004年全国城市人口38712.36万人，占全国城镇人口总数的71.3%，建制镇占28.7%；2008年全国城市总人口有所减少，为37065.15万人，占城镇人口的比例下降到61.1%，建制镇人口所占比例提高到38.9%。2007年，县城占全国城镇人口的19.9%、一般建制镇占21.0%（住房和城乡建设部，2008）。

2004～2007年，全国建制镇镇区平均人口增加15.2%，平均面积增加34.9%（见表9-2）。

表9-2　　2004～2007年全国建制镇镇区人口规模与面积变化

	2004年	2007年	2007年比2004年增加（%）
镇区平均人口（人）	8059	9280	15.2
镇区平均面积（公顷）	126	170	34.9

资料来源：根据住房和城乡建设部：《2005年村镇建设统计公报》，2006-6-1；住房和城乡建设部：《2007年城市、县城和村镇建设统计公报》，2008-6-24.整理。

3. 城市人口以特大城市为主，城市增加的人口以巨型城市和中等城市为主

2008年人口大于100万的特大城市人口19507.51万人，占城市人口总数的52.6%，中、小城市占30.1%。2004～2008年，全国城镇人口增

加了 11.8%，城市人口减少了 4.3%，巨型城市①人口增加了 25.0%，中等城市人口增加了 12.7%（见表 9-3）。这说明，一方面在集聚经济作用下，近年来我国巨型城市发展很快；另一方面若干小城市迅速跨入中等城市行列。

表 9-3　　　　　　2004~2008 年中国城镇体系人口规模分布变化

城市规模等级	2004 年		2008 年		2008 年比 2004 年增加（减少）（%）
	数量（万人）	比重（%）	数量（万人）	比重（%）	
>800 万	4775.62	12.2	5970.90	16.1	25.0
400 万~800 万	4558.97	11.8	4229.55	11.4	-7.2
200 万~400 万	5798.46	15.1	5046.50	13.6	-13.0
100 万~200 万	6093.71	15.7	4260.56	11.5	-30.1
50 万~100 万	7056.46	18.2	6407.46	17.3	-9.2
20 万~50 万	6973.08	18.1	7857.87	21.2	12.7
<20 万	3456.06	8.9	3292.31	8.9	-4.7
合计	38712.36	100.0	37065.15	100.0	-4.3

资料来源：同表 9-1。

4. 中等城市数量增加明显，城市地域分布格局基本未变

2004~2008 年，100 万人以上的特大城市全国总体上是减少的，其中东部减少了 7 个；人口介于 50 万~100 万的大城市，除东部明显增加外，其他三大区域均是减少的；人口介于 20 万~50 万的中等城市数量明显增加，其中以中部地区最多；小城市数量明显减少，以东部地区减少最多，主要是由于小城市成长为中等城市所致。东、中、西、东北四大区域城市地域分布格局基本未变（见表 9-4）。

表 9-4　　　　　　2004~2008 年全国四大区域不同规模城镇变化情况　　　　单位：个

地区		>800 万	400 万~800 万	200 万~400 万	100 万~200 万	50 万~100 万	20 万~50 万	<20 万	城市合计	建制镇
东部	2004 年	4	4	10	23	27	85	80	233	6348
	2008 年	4	3	9	18	35	94	69	232	5640
	±	0	-1	-1	-5	8	9	-11	-1	-708

---

①　指人口超过 800 万的城市——笔者定义。

续表

地区		>800万	400万~800万	200万~400万	100万~200万	50万~100万	20万~50万	<20万	城市合计	建制镇
中部	2004年		1	3	9	37	57	61	168	5001
	2008年		2	5	3	27	74	57	168	4931
	±		1	2	-6	-10	17	-4	0	-70
西部	2004年		2	4	6	19	60	77	168	6994
	2008年	1	1	4	5	16	63	76	166	7201
	±	1	-1	0	-1	-3	3	-1	-2	207
东北	2004年		1	3	5	15	20	46	90	1540
	2008年		2	2	5	14	22	44	89	1462
	±		1	-1	0	-1	2	-2	-1	-78
全国	2004年	4	8	20	43	98	222	264	659	19883
	2008年	5	8	20	31	92	253	246	655	19234
	±	1	0	0	-12	-6	31	-18	-4	-649

资料来源：根据住房和城乡建设部综合财务司：《中国城市建设统计年鉴》（2005，2008），中国建筑工业出版社；国家统计局：《中国统计年鉴》（2005，2009），中国统计出版社整理。

2004~2008 年，全国建制镇减少了 649 个，除西部明显增加外，其余三大区域均是减少的，其中东部减少了 11.2%，这主要是由于建制镇撤并的结果（见表 9-4）。

5. 城市群发展迅速，成为我国区域经济发展的重要支撑点

城市布局由单一中心向多元中心的转变是城市现代化发展的必然趋势，也是城市布局的重要指导思想。我国经历了 60 多年的城市建设，城镇体系已逐渐走向成熟，以大城市发展为代表的、城市区域空间为主体发展格局日益显现。一些区域具有区位、资源和产业优势，已经达到了较高的城市化水平，形成了城市发展相对集中的城市群或都市圈，除原有的长三角、珠三角、京津冀、闽南三角地带外，山东半岛、辽中南、中原、长江中游、海峡西岸、成渝、关中城市群也开始初露端倪，成为我国区域经济发展的重要支撑点。

在东部沿海地区密集的城市群，聚集的城市人口和经济总量已经成为我国经济发展的核心。2008 年京津冀、长三角和珠三角三大都市圈地级及以上城市地区生产总值（包括市辖县）106242.6 亿元，占全国地级及以上

城市地区生产总值（包括市辖县）的 33%（国家统计局综合司，2009）。

6. 城市（镇）职能明显增强

城镇职能结构在一定程度上反映城镇之间分工协作关系以及地区专业化程度。大中小城市和小城镇协调发展不仅要求城镇规模和人口结构合理，更要求各类城市相互之间的职能分工协调。近年来，我国综合性城市和专业性城市均快速增长，各类城市（镇）之间以及城市群内部分工日趋合理，产业协调逐步增强，已呈现出专业职能与综合职能协调互动、共同促进的积极态势（范恒山，陶良虎，2009）。

大中小城市对自身职能定位更加科学。香港成为全球城市体系的核心之一，起到对区域经济乃至世界经济组织、控制和管理的职能。北京、上海、广州等城市随着国际机构和跨国组织的进一步集聚，逐步具备国际性城市的雏形，特大城市和大城市不再追求政治、经济、文化等"多中心论"。[①] 城市群内部不同规模等级的城市加强了产业分工协调，不再追求过去的"小而全、大而全"，而是把资源集中于发展具有比较优势的特色产业。独具特色的专业城市发展迅速，大大提高了城市品位。

建制镇是分布广泛的乡村中心，并正在发展成为以农业服务、商贸旅游、工矿开发等多种产业为依托的、各具特色的新型小城镇。2004～2008年，全国建制镇由 19883 个调整为 19234 个，聚集效应逐步显现。据 2007年对 16711 个建制镇统计，建制镇建成区人口 1.311 亿人，占村镇总人口的 14.1%（住房和城乡建设部，2008），占全国城镇人口的 22.1%。

7. 形成了三种不同类型的省域城镇体系

一是以广东为代表的集聚经济型城镇体系，2008 年广州、深圳、东莞三市城区人口达到 2490.75 万人，占全省城区人口总数的 56.9%；二是以山东为代表的规则型城镇体系，除小城市之外，其余城市按规模等级呈"2"的倍数；三是以云南为代表的高首位度型城镇体系，2008 年云南城市首位度高达 8.35。三种不同类型的城镇体系与省域城市化水平有直接关系（见表 9－5）。

[①]　如北京作为首都，在修编的城市总体规划中关于城市职能定位已不再提及"经济中心"。

表 9 - 5   2008 年广东、山东、云南三省城镇体系比较

城市规模等级	广东		山东		云南	
	数量（个）	城市	数量（个）	城市	数量（个）	城市
>800 万	2	广州、深圳				
400 万 ~ 800 万	1	东莞				
200 万 ~ 400 万	2	汕头、佛山	2	济南、青岛	1	昆明
100 万 ~ 200 万	2	江门、惠州	4	淄博、烟台、潍坊、临沂		
50 万 ~ 100 万	7	韶关、珠海、湛江、肇庆、清远、中山、揭阳	10	枣庄、东营、济宁、泰安、威海、日照、德州、聊城、滨州、菏泽		
20 万 ~ 50 万	20	增城、从化、乐昌、开平、茂名、高州、化州、信宜、四会、梅州、兴宁、汕尾、陆丰、河源、阳江、阳春、潮州、普宁、云浮、罗定	24	章丘、胶州、即墨、平度、胶南、莱西、滕州、龙口、莱阳、莱州、海阳、青州、诸城、寿光、安丘、高密、兖州、邹城、新泰、肥城、文登、荣成、莱芜、临清	5	曲靖、宣威、昭通、楚雄、大理
<20 万	10	南雄、台山、鹤山、恩平、廉江、雷州、吴川、高要、英德、连州	8	蓬莱、招远、栖霞、昌邑、曲阜、乳山、乐陵、禹城	11	安宁、玉溪、保山、丽江、普洱、临沧、个旧、开远、景洪、瑞丽、潞西
城市合计（个）	44		48		17	
建制镇（个）	1139		1111		580	
城市化水平（%）	63.4		47.6		33.0	

资料来源：同表 9 - 3。

（二）城镇体系存在的问题

1. 城市数量偏少，城镇体系发育不完善

2009 年年底，我国城镇人口达到 6.22 亿人，但设市城市只有 655 个，美国、日本等人口较多的国家城市总数都达到 2000 个（顾朝林，2005）。以人口大于 400 万城市数量为"1"，2008 年我国不同规模城市数量之比为 1.00∶1.54∶2.38∶7.08∶19.46∶18.92，人口介于 100 万~200 万人的城市数量偏少，介于 20 万~50 万人的中等城市数量则偏多。

许多经济区内的城市职能结构趋同，辐射强度不高，各中心城市之间以及各级城镇体系内的城镇之间横向联系薄弱，经济、人才、信息、资本交流缺乏畅通渠道。城市体系内的各城市之间区域性交通、通信等基础设施远不能适应区域市场经济发展（顾朝林，2005）。

2. 特大型都市集聚效应有待提高

世界上国际大都市的发展都是以人口集聚为必要前提的（见表 9-6）。多数大都市都达到或超过 500 万人，而亚洲大都市在规模上往往更大，多数接近或超过 1000 万人。作为所在国的大都市，往往在人口规模上成为最大城市，甚至以一个城市的规模在全国总人口中占据显著份额，从而反映出大都市举足轻重的地位。个别大都市（如东京、首尔、墨西哥城）虽然不是城市国家，但由于所占份额都超过全国的 10%，在一定意义上成为国家的代名词（屠启宇，金芳等，2007）。2008 年北京、上海、广州三大城市城区人口数量不少，但在所在区域比例并不高。中国特大型都市城区的人口密度也大大低于巴黎、伦敦、东京和纽约等国际大都市（见表 9-7）。

表 9-6　　　　部分国内外大都市人口规模比较

城市	年份	总人口（万人）	人口规模地位
纽约	2000	800	
伦敦	2001	719	
东京	2005	1254	
（东京圈）	2005	3300	占日本总人口的 25.8%

续表

城市	年份	总人口（万人）	人口规模地位
洛杉矶郡	2005	1023	占加利福尼亚州人口的28%
（洛杉矶城）	2004	390	
悉尼	1999	400	占新南威尔士州的2/3、澳大利亚的1/5
多伦多	2004	256	
（大多伦多）	2004	540	占加拿大总人口的16%、安大略省的1/2
首尔	2003	1028	占全国总人口的1/4
（首都圈）		2252	
香港	2008	698	
新加坡	2007	459	
圣保罗州	—	4000	占巴西人口的22%
约翰内斯堡	2001	323	占南非总人口的7.2%
曼谷	—	1000	
孟买	2001	1191	
墨西哥城	2000	861	
（墨西哥大都市区）	2000	1770	
北京	2008	1439	占京津冀三省（市）的14.6%
天津*	2008	639	
上海	2008	1888	占苏沪浙三省（市）的9.0%
广州*	2008	887	占广东省的9.3%

注：＊包括城区人口和城区暂住人口。

资料来源：根据屠启宇、金芳等：《金字塔尖的城市：国际大都市发展报告》，世纪出版集团、上海人民出版社2007年版；国家统计局：《中国统计年鉴（2009）》，中国统计出版社2009年版；住房和城乡建设部综合财务司：《中国城市建设统计年鉴（2008）》，中国建筑工业出版社2009年整理。

表9-7　　　　部分国内外大都市人口密度比较　　　单位：人/平方公里

城市	年份	人口密度	城市	年份	人口密度
纽约	2000	10194	首尔	2003	26000（市中心区）
伦敦	2001	4486（内城8439、外城3469）	巴黎	2003	20448（巴黎市）927（大巴黎）
中国台北	2004	9649（市中心区27510）	新加坡	2007	6660
东京	2005	13510（中心城区）	香港	2008	6322
北京	2008	1181（城区）	天津*	2008	2858（城区）
上海	2008	2978	广州*	2008	2305（城区）

注：＊包括城区人口和城区暂住人口。

资料来源：同表9-6。

3. 城市平均人口规模缩小，而建成区扩张过快

2004～2008 年，除巨型城市和小城市平均人口规模略有增加之外，其余城市均是减少的，其中 200 万～400 万人的城市平均规模减少了 12.97%。与此同时，所有不同规模等级城市的建成区平均面积大幅度增加，其中 100 万～200 万人规模的城市增加了 40.3%（见表 9－8），只有巨型城市和中小城市增加较少，这说明"冒进式"城市化是近年来的一种普遍现象（陆大道，姚士谋，刘慧等，2007）。

表 9－8　　　　2004～2008 年中国城市城区平均人口规模与面积变化

城市规模等级	城市平均规模（万人）			建成区平均面积（平方公里）		
	2004 年	2008 年	2008 年比 2004 年增加（减少）%	2004 年	2008 年	2008 年比 2004 年增加（减少）%
＞800 万	1193.91	1194.18	0.02	796.21	905.58	13.7
400 万～800 万	569.87	528.69	－7.23	373.58	480.18	28.5
200 万～400 万	289.92	252.33	－12.97	189.42	243.28	28.4
100 万～200 万	141.71	137.44	－3.01	103.25	144.83	40.3
50 万～100 万	71.96	69.65	－3.21	55.98	72.83	30.1
20 万～50 万	31.41	31.06	－1.11	29.81	33.83	13.5
＜20 万	13.09	13.38	2.22	14.77	16.34	10.6
合计	58.74	56.59	－3.66	46.14	56.50	22.4

资料来源：同表 9－1。

4. 建制镇规模偏小，集聚效应不明显

根据对全国 1806 个重点镇统计问卷的资料分析，重点镇的人口规模与大部分经济社会指标相关性良好，且均呈正相关关系。中心镇镇区人口每增加一个统计级别，GDP 增加 1.5 亿元，人口城镇化率增加 5.4 个百分点，财政收入增加 500 万元，人均收入增加 400 元，第三产业产值增加 0.9 亿元，人均建设用地减少 10 平方公里，贫困人口比重降低 1 个百分点。当重点镇的镇区人口规模大于 2 万人时，城镇化进入加速发展阶段，小城镇的集聚效应形成；超过 5 万人则可以对周边若干乡镇起到明显的带动作用（袁中金，2007）。2007 年全国建制镇镇区平均面积 170 公顷、平均人口 9280 人，与 2 万人的起点规模还有相当距离。镇区人口达到 1.0 万人以上的仅占建制镇总数的 17.9%（见表 9-9），超过 3 万人的仅占 5.0%。虽然有 92 个镇的镇区人口超过了 10 万人，7 个镇超过了 20 万人，但二者合计仅占建制镇总数的 0.47%，且主要分布在经济发达、人口稠密的东部地区。建制镇规模过小，往往导致城镇功能不健全，基础设施建设成本高，使用效率低，配套服务能力弱，也妨碍城镇集聚效应的发挥和第三产业的发展，影响小城镇的产业升级和优势产业形成，对周边地区缺乏辐射带动能力（中国人民大学农业与农村发展学院，国家统计局农村社会经济调查总队，2006）。

表 9-9　　　　　　　　我国建制镇镇区人口规模分布

镇区人口规模（人）	建制镇数量（个）	占总数的比例（%）
<2000	5495	25.8
2000~4000	5949	28.0
4000~6000	3278	15.4
6000~8000	1730	8.1
8000~10000	1031	4.8
10000~12000	693	3.3
>12000	3114	14.6
合计	21290	100.0

资料来源：中国人民大学农业与农村发展学院、国家统计局农村社会经济调查总队：《中国小城镇发展报告》（2005~2006），中国农业出版社 2006 年版。

上述问题的存在，既有城镇体系本身的原因，也与我国城镇化整体滞后有关。

二、"十二五"期间影响我国城镇体系演变的因素

（一）中国经济仍将有一个较快增长的阶段，城市化进程加速

1978~2003 年中国实现了人均收入每年 6.6% 的增长速度。这个速度超过了所有其他亚洲国家，而且大大快于美国和西欧 1.8% 的增长速度，

相当于世界平均水平的 4 倍；中国的人均 GDP 水平从世界平均水平的 22% 提高到 63%；中国在世界 GDP 中的比重从 5% 提高到 15%，已经成为世界上仅次于美国的最大经济体。中国的 GDP 水平可能会在 2030 年时达到世界总量的 1/4，其人均收入水平会超过世界平均水平的 1/3（安格斯·麦迪森，2008）。

中国是城市化相对落后的国家，1949 年全国城市化水平只有 10.6%，2010 年达到 47.5%。1949～1978 年，城市化水平平均每年仅提高 0.25 个百分点；1979～2000 年，平均每年提高 0.83 个百分点；2001～2010 年，平均每年提高 1.13 个百分点，城市化速度明显加快。按照美国城市地理学家 R. 诺瑟姆（Ray M. Northam）1975 年提出的城市化过程曲线推测，我国城市化的实际进程已进入城市化加速发展时期。

（二）国内各区域经济实力增强，拓展发展空间加速

2000 年，国内各省区地区生产总值超过 1 万亿元的只有广东，2005 年增加到河北、山东、江苏、浙江、广东、河南 6 省，2008 年则达到 13 个，2009 年达到 14 个，其中山东、江苏、广东均超过了 3 万亿元。

2009 年国家共出台了 10 余个关于区域发展的意见和规划，数量之多、时间之密集、影响范围之广泛是前所未有的。2010 年，结合一些重点地区的实际，我国将把一些应该在国家层面加以研究推进的重点区域纳入国家发展战略，研究制定一些区域发展规划和政策性文件，最近正在研究制定长江三角洲区域发展规划、京津冀都市圈发展规划和成渝经济区发展规划。这表明全国各地区都在积极拓展发展空间，增强整体竞争力。这为城市体系的培育创造了良好条件。

（三）社会主义新农村建设的推进

农业是国民经济的基础，在积极稳妥地推进城镇化的同时，巩固和加强农业基础地位，推进农业结构战略性调整，妥善解决农民的进城问题，扎实稳步推进新农村建设，是当前和今后相当长一段时期的重要任务。搞好城乡统筹，推进健康城镇化是解决三农问题的重要途径。"提高城镇规划水平和发展质量，当前要把加强中小城市和小城镇发展作为重点。深化户籍制度改革，加快落实放宽中小城市、小城镇特别是县城和中心镇落户

条件的政策,促进符合条件的农业转移人口在城镇落户并享有与当地城镇居民同等的权益。"①这要求城市特别是中小城市和小城镇在农业金融、技术服务、商业服务、农产品加工、流通、检疫、检测、出口、农村医疗、卫生、教育等方面将发挥越来越大的作用(中国城市规划设计研究院,2006)。

(四) 区域协调发展政策的调整

"十一五"以来,我国区域发展总体战略稳步实施,国土开发格局明显优化,区域发展的协调性显著增强。虽然东部地区领先发展格局未变,但主要经济指标在全国所占比重呈下降态势,西部地区不仅扭转了多年来经济总量占全国比重连续下降的态势,在 2005 年达到最低点之后开始上升。2004 年,东西部地区之间人均 GDP 相对差距达到了历史最高值(2.64∶1),2005 年以来出现了连续缩小的趋势,到 2009 年下降为2.23∶1。在这种情况下,必须及时调整和完善国家区域政策,逐步形成科学合理的国家区域政策体系。

"十二五"时期我国区域政策调整重点是,切实提升东部地区国际竞争力,大力促进中部地区崛起,进一步深入推进西部大开发,全面振兴东北等老工业基地,积极支持问题区域发展,建立健全区域协调机制(安树伟等,2010)。这将影响到四大区域城镇体系的发展和优化。

(五) 资源约束日益强化,环境问题更加严峻

从全国范围看,不适宜和较不适宜人居的地区约占国土面积的 75%,主要受地貌、气候、水资源、土地利用类型等自然生态条件的限制;较适宜人居的地区约占 22%,也是粮食主产区;最适宜人居的地区约占 3%,其所处地貌、气候、水资源、交通等对城市发展均有良好保障(中国城市规划设计研究院,2006)。我国适宜城镇建设的国土面积仅占总面积的19%,其中还有一半以上是耕地,真正可用于城镇建设的用地不到 9%,这是我国人居环境建设的基础(王凯,2007)。

随着工业化、城市化进程的加快,特别是进入全面建设小康社会新的

---

① 《中共中央、国务院关于加大统筹城乡发展力度 进一步夯实农业农村发展基础的若干意见》,中发〔2010〕1 号,2009 年 12 月 31 日。

发展阶段后，经济总量的扩大，城市化水平的提高，居民生活方式的改变，我国能源、资源消耗加快增长可能在较长时期内存在。城镇化过程是一个消耗自然资源的过程，其发展过程需要遵循人文生态系统的生存法则（见表9-10）。

表9-10　　　　社会生产的资源直接占用及消费部门构成　　　单位：%

资源种类	社会生产总占用量	农业	工业	服务业
土地资源	100	85~90	3~5	7~10
淡水资源	100	70~75	15~20	5~15
金属矿产	100	>1	92~95	4~7
矿物燃料	100	3~5	65~70	27~30
大气环境	100	10~15	60~70	20~25

資料来源：顾朝林：《中国城市化空间及其形成机制》，中国发展研究基金会研究项目《中国发展报告2010》背景报告。

2005~2009年，全国能源消费总量由22.48亿吨标准煤增加到31.0亿吨标准煤，年均增长8.37%；人均能源消费水平由1.72吨标准煤增加到2.32吨标准煤，年均增长7.77%。2009年，全国水资源总量23763亿立方米，比上年减少13.4%；人均水资源1784.9立方米，减少13.8%，不到世界平均水平的1/4。京津冀、中原、长三角城市群的城市已全部处于水危机和土地危机之中（中国科学技术协会，2008）。能源供给和环境问题已经成为中国未来发展的新的严重挑战（安格斯·麦迪森，2008）。

2008年我国污染减排工作取得突破性进展，部分环境质量指标明显改善，但所面临的环境形势仍然严峻。京津冀城市群的全部城市，长三角、珠三角和中原城市群的多数城市，成渝城市群的个别城市均处于环境危机状态之中（中国科学技术协会，2008）。我国的环境问题主要是由于粗放的经济发展方式造成的，传统的资源开发利用的方式没有根本性改变，而且还需要一段很长的时间。当前我国生态恶化的范围在扩大，程度在加剧，危害在加重；生态环境建设中边治理边破坏、点上治理面上破坏、治理赶不上破坏的问题仍很突出；生态环境整体功能在下降，抵御各种自然灾害的能力在减弱（国家环境保护部，2009）。

三、"十二五"时期我国城镇体系演变趋势

城镇体系结构决定城镇功能。城镇体系的结构是否合理,在很大程度上决定了城市综合功能的发挥和城市个性的体现,进而决定了城市产业集聚能力的强弱,最终反映在城市形象和城市竞争力乃至国家经济协调发展方面。

(一)城镇体系演变的基本规律

1. 城镇体系的规模—位序分布规律

在城镇体系中,城市数目随城市规模大小而呈现有规律的数量变化。戴维斯(Davis,1978)在研究 10 万人以上的城市规模分布时,发现了"二倍数"规律:当城市规模按二进制规则自下而上分级时,各规模级的城市数自上而下倍增。顾朝林等(2005)根据建设部 2002 年全国设市城市及其人口统计资料进行城市位序—规模模型拟合,证实用幂函数是描述全国城市体系等级规模的合理模型。

2. 顶级城市城市化优先与城镇体系城市化联动规律

在农村人口流向城市的过程中,流入顶级大城市的人口总是多于流入次级大城市的人口,流入次级大城市的人口总是多于流入中小城市的人口。城镇体系联动法则是指顶级城市作为区域的增长极首先增长、超前增长,并带动中小城市增长,同一城市体系的不同规模级别城市人口增长率之间存在着较大的相关关系(魏后凯,2006)。未来 30 年,我国将处于城市化中后期阶段,也将出现小城镇人口向县城和小城市、县城和小城市人口向大中城市集聚的现象,其速度也将呈现先快后慢的趋势(刘治彦,2009)。

3. 聚集经济规律

城市经济的本质是聚集经济。聚集经济来源于共享、配置和学习机

制，不仅依赖规模（大城市或大产业），而且依赖城市互动（世界银行，2009）。从世界城市化进程看，全球化使越来越多的大都市人口向巨大城市集聚，并且超级大都市形成速度越来越快。近年来我国沿海地区城镇体系的变化也体现了这一趋势（见表9－11）。

表9－11　　　　　　　2004～2008 年广东城镇体系变化　　　　　单位：个

城市规模等级	2004 年	2008 年
>800 万	2	2
400 万～800 万	2	1
200 万～400 万		2
100 万～200 万	4	2
50 万～100 万	5	7
20 万～50 万	20	20
<20 万	12	10
城市合计	45	44
建制镇	1188	1139

资料来源：同表9－1。

（二）我国城镇体系演变趋势

考虑到我国城镇体系中特大城市数量偏少、中等城市数量偏多、城市发展较慢的现实，结合城镇体系演变的一般规律，"十二五"时期城镇体系的演变趋势是：金字塔型城镇体系结构将长期存在，小城市（镇）数量受到一定限制而趋于缩小，其他各级城市的数量和规模都将不断扩大，规模等级结构将日趋合理；城镇规模结构和等级结构的区域性差异和省际差异将长期存在；随着市场经济体制的建立、经济全球化的发展，城市原有的行政关系决定的等级观念将逐渐淡化，而逐渐呈现水平网络关系，城市地位将更多地取决于其在城市网络中的地位及其与重要交通枢纽的关系（陆大道，姚士谋，刘慧等，2007）；大城市尤其是超大城市的集聚性将日益增强，要以提高城市化质量为重点，充分发挥城市聚集效益，促进具备条件的中等城市尽快成长为大城市和特大城市，以弥补特大城市在城镇体系中偏少的不足；保持全国城市建成区基本稳定；从城市职能而言，将形成全球职能城市、区域中心城市、门户城市、老工业基地城市、矿业

（资源）型城市、交通型城市、历史文化名城、革命老区和少数民族地区城镇等独具特色而又良性互动的城镇职能结构。

四、"十二五"时期我国城镇体系结构优化的重点

"十二五"时期我国城镇体系结构优化的重点是：再培育 2 个左右的巨型城市，建设好国际化大都市和全国中心城市；创造条件，使一批中等城市尽快成长为大城市，一批大城市尽快成长为人口介于 100 万 ~ 200 万的超大城市；加快县城发展，建设一批重点镇。

（一）积极建设国际化大都市

如果没有与中国在世界上日益增强的经济地位相称的都市圈和国际大都市，中国经济的可持续性和未来的国际竞争力将难以保证。在全球化背景下，全球中心城市和国际化城市发展对于我国经济融入世界经济体系、我国城市体系接轨世界城市体系具有十分重要的作用。

近期我国大陆有条件建设成为国际化大都市的城市有北京、上海、广州，这些城市有可能发展成为亚洲乃至于世界的金融、贸易、文化、管理等中心。要积极推动城市经济转型发展，加快建立以服务经济为主的产业结构，推进城市空间结构优化，提高承接国际产业转移的质量，尽快实现与全球城市体系的顺利接轨。

（二）促进人口向特大型都市的集聚

中国特大型都市城区的人口密度偏低。城市理性增长首先推崇高密度的、紧凑密集型的城市发展模式（丁成日，2009）。欧洲标准地区统计单元区域的经济活动密度增加一倍，一年的全要素生产率就可以增长 0.42 个百分点；巴西和美国的证据显示，与密集城市中心的距离每增加一倍，生产率将降低 15%；距离从 280 公里增至 550 公里，利润将降低 6%（世界银行，2009）。日本东京都人口规模从增长到减少再到重新增长的历史，及其与东京都乃至整个日本经济增长的关系都值得中国的大都市圈借鉴。现在，东京圈以其总量 3500 万人的规模成为全球最

具活力的地区。"3M"① 方面的成本降低，即是城市在集聚中和谐发展的秘诀。

统筹城乡发展战略要求中国加快人口向有条件的城市，特别是特大型都市集聚，继续提高人口、经济在京津冀、长三角、珠三角的集聚程度，积极构建世界产业发展的高地，提高对中西部地区的辐射带动能力；在中西部和东北地区的武汉、重庆、成都、西安、沈阳等形成区域性的工业和经济中心，用十年左右的时间发展成为巨型城市。通过交通便捷、环境宜人和社会安定降低成本，求得国际地位的提高（陈钊，陆铭，2009）。

（三）促进中等城市尽快成长为大城市和特大城市

大城市和特大城市具备较高的经济发展水平，较完善的科学发展的人文和制度基础，较低的公共基础设施建设及运行成本，对人口和产业的吸引力也更强。从提升中国整体发展水平、能力及质量的角度考虑，中国城镇体系优化的重点之一是促进中等城市尽快成长为大城市和特大城市。

（四）把县城作为建制镇发展的重点

城市规模一般应达到 25 万人以上，才能形成专业化分工的优势（中国人民大学农业与农村发展学院，国家统计局农村社会经济调查总队，2006）。县城是建制镇中发展最快、最好的一部分。2007 年对全国 1617 个县、13 个特殊区域以及 141 个新疆生产建设兵团师团部驻地统计，平均每个县城拥有人口 71146 人、建成区面积 7.91 平方公里（住房和城乡建设部，2008）。其经济发展状况、公共服务水平、辐射带动能力明显高于非城关镇类型的建制镇。因此，要将县城作为建制镇发展的重点所在，在土地、资金等方面进行重点扶持。到 2015 年，使 20% 左右的县城人口达到 20 万人规模。

建设一批重点镇。依托基础设施和公共设施条件较好、交通便利、镇区建设和人口有一定规模、乡镇工业相对集中、个体私营经济和专业市场比较发达、有发展前途的中心镇，将政府可以支配的公共资源向中心镇倾

---

① "3M" 指时间（time）、粉尘（grime）、犯罪（crime）。

斜，集中资金进行重点开发建设，以吸引更多的产业和人口，增强其集聚效应并使之具有自我发展能力。

五、"十二五"时期我国城镇体系结构优化的对策

（一）实行差别化的区域城镇体系优化政策

2008年，东、中、西、东北四大区域城市化水平分别为55.89%、39.19%、38.08%和56.69%，东部和东北已经步入城市化发展中期阶段，而中部与西部刚进入城市化加速发展阶段。在城市化初期，由于小城镇和小城市门槛较低，可以获得优先发展；城市化中期，工业化也处于中后期阶段，工业聚集程度必须强化，规模经济效应显著，大中城市应该成为人口和非农产业的主要载体，大中小城市和小城镇应协调发展；城市化中后期，城市聚集效应显著，通过现代化交通联系围绕大都市和超大城市形成城镇密集区、城市群成为主要趋势（刘治彦，2009）。

四大区域的城市体系也有较大不同。以人口大于400万城市数量为"1"，2008年四大区域不同规模等级城市数量之比分别为1.00∶1.29∶2.57∶5.00∶18.80∶13.80、1.00∶2.50∶1.50∶13.50∶37.00∶28.50、1.00∶2.00∶2.50∶8.00∶31.50∶38.00、1.00∶1.00∶2.50∶7.00∶11.00∶22.00。因此，东部和东北城镇体系优化的重点是以现代化为主要内容的城市化，强化城市功能，建设现代化的城市设施支撑体系，提高城市质量，建设中心区与郊区之间的快速公共交通通道，推进城乡整体的现代化（安树伟等，2010）；大城市发展要注重土地的集约利用，防止人口的过度增长，空间的无序蔓延；鼓励中小城市与小城镇向专业化方向发展，与中心城市形成产业互补、联系便捷、网络状的城镇空间体系（中国城市规划设计研究院，2006）。中、西部地区在积极提高城市化进程的同时，着力培育城镇群和中心城市，突出城市成为市场、信息、服务、文化教育中心的内涵，提高中心城市的经济能量和对整个区域的辐射带动作用。

（二）夯实城镇产业基础，构筑不同规模城市的产业分工格局

随着经济全球化和经济一体化的加快，大城市倾向于以服务业为主

导，多元发展：创新、发明、培育新公司，将成熟的产业驱逐出去；中等规模的城市倾向于成熟产业而非新产业的专业化；小城市倾向于发展专业化产业：制造产品并接收和重新安置多元化城市驱赶出来的产业，这主要是由于小城市基础设施的改善和运输成本的下降（世界银行，2009）。

从这种新的发展理念出发，加快构筑不同规模城市的产业分工格局。发展水平高的大都市区，一方面要控制总部和研发、市场营销环节；另一方面，要把加工制造业转移到大都市区近远郊以及周边地区；一般中等城市以发展制造业为主，而中小城市则专门发展一般制造业和零部件生产。

（三）搞好大城市的环境治理，提高城市的承载能力

提高环境保护和可持续发展意识，发展循环经济，减少污染物排放，遏制环境恶化趋势。城镇建设应建立在合理的环境容量（大气环境容量、水环境容量）基础上。研究城镇发展可能对水环境、大气环境、噪声和生态环境造成的影响，并提出切实可行的环境保护对策。

加快污水设施的建设进程、控制污水排放量，并使河流的水资源开发利用程度控制在合理水平之内。逐步调整能源结构，提高清洁能源的比重，减少大气污染物排放量。推广使用脱硫煤或低硫煤，改进燃烧技术，加大废气处理力度，减少二氧化硫和粉尘的排放量（中国城市规划设计研究院，2006）。

加强城市绿化建设，建设生态绿色廊道，增加绿色开敞空间，构筑绿色生态屏障，改善城市生态环境。

（四）彻底改革户籍等阻碍中等城市成长为大城市和特大城市的各种制度障碍

逐步改革户籍管理制度，放松人口向大城市流动的过度限制。交通、环境压力等不是人口增长的必然结果，不应成为限制大城市扩张的理由。城市建设、城市组织、城市管理等方面的改进和科技进步，可以有效地应对这些问题。在户籍政策不能根本变化的形势下，大城市和特大城市近期应积极探索"居住证"等多种准入制度。城镇土地制度改革的关键在于建立城镇土地的年租制，降低企业和个人进入城市的门槛；社会保障制度创新的关键在于扩大保障面，根据不同的保障内容实行不同的过渡性保障

办法，逐步将农民工纳入社会保障系统，为未来 20～30 年中国切实实现由农村社会向城市社会转换提供制度保障（叶裕民，2001）。

参考文献：

1. Davis K, World Urbanlsation：1950 – 1970. In Bourne L. S. and Simmons J. W. (eds) System of Cities, Oxford University Press, 1978.

2. 安格斯·麦迪森：《中国经济的长期表现（公元 960～2030 年）》（第二版），上海人民出版社 2008 年版。

3. 安树伟等：《"十二五" 时期我国区域政策调整研究》，国家发改委事业费项目研究报告，2010 年。

4. 安树伟、任媛：《"十一五" 以来我国区域经济发展的新态势与新特点》，载《发展研究》2009 年第 9 期。

5. 陈钊、陆铭：《在集聚中走向平衡：中国城乡与区域经济协调发展的实证研究》，北京大学出版社 2009 年版。

6. 丁成日：《城市增长与对策——国际视角与中国发展》，高等教育出版社 2009 年版。

7. 顾朝林：《城镇体系规划——理论·方法·案例》，中国建筑工业出版社 2005 年版。

8. 顾朝林：《中国城市化空间及其形成机制》，中国发展研究基金会研究项目《中国发展报告 2010》背景报告。

9. 国家环境保护部：《2008 年中国环境状况公报》，2009 年。

10. 国家统计局综合司：《城市社会经济发展日新月异》，新中国成立 60 周年经济社会发展成就回顾系列报告之十，2009 年 9 月 17 日。

11. 刘治彦：《中国城市体系与空间格局演变》，载牛凤瑞、潘家华、刘治彦：《中国城市发展 30 年（1978～2008）》，社会科学文献出版社 2009 年版。

12. 陆大道、姚士谋、刘慧等：《2006 中国区域发展报告——城镇化及其空间扩张》，商务印书馆 2007 年版。

13. 世界银行：《2009 年世界发展报告：重塑世界经济地理》，清华大学出版社 2009 年版。

14. 屠启宇、金芳等：《金字塔尖的城市：国际大都市发展报告》，世纪出版集团、上海人民出版社 2007 年版。

15. 王凯：《全国城镇体系规划的历史与现实》，载《城市规划》2007 年第 10 期。

16. 魏后凯：《现代区域经济学》，经济管理出版社 2006 年版。

17. 叶裕民：《中国城市化的制度障碍与制度创新》，载《中国人民大学学报》

2001 年第 5 期。

18. 袁中金：《中国小城镇发展战略》，东南大学出版社 2007 年版。

19. 中国城市规划设计研究院：《全国城镇体系规划纲要 （2005～2020 年)》，2006 年。

20. 中国科学技术协会：《中国城市承载力及其危机管理研究报告》，中国科学技术出版社 2008 年版。

21. 中国人民大学农业与农村发展学院、国家统计局农村社会经济调查总队：《中国小城镇发展报告 （2005～2006)》，中国农业出版社 2006 年版。

22. 住房和城乡建设部：《2007 年城市、县城和村镇建设统计公报》，2008 年 6 月 24 日。

后 记

本书是在我主持完成的 2008 年国家发改委国土整治事业费项目《主体功能区建设中区域利益的协调机制与实现途径研究》（编号：2008—35—09）、2009 年国家发改委地区司招标项目《"十二五"时期我国区域政策调整研究》（编号：2009—39—04），以及参与完成的中国社会科学院重大课题《我国国家区域政策与区域发展新格局研究》、国家发改委西部司委托项目《西部地区吸纳东部产业转移若干问题研究》、国务院三峡办委托项目《三峡库区经济社会发展现状、功能定位与未来发展研究》的基础上完成的。最终以《"十二五"时期的中国区域经济》为书名出版，希望通过正式出版课题研究成果，为国内外同行研究提供参考，并促进相关问题研究的进一步深化。书中数据除特殊注明之外，均根据相关年份的《中国统计年鉴》和《中国区域经济统计年鉴》计算整理得到。由于研究视角的不同，时间和认识水平的局限性，研究结果挂一漏万在所难免，我们衷心希望得到读者和同行的指正。

本书各部分分工如下：第一章：一、安树伟、郁鹏，二、三、王思薇；第二章：一、安树伟、郁鹏，二、四、吉新峰，三、郁鹏；第三章：一、安树伟、任媛，二、刘晓蓉，三、任媛，四、王思薇，五、吉新峰；第四章：一、孙乾，二、昝国江，三、郁鹏，四、单海鹏；第五章：刘晓蓉、安树伟；第六章：陈耀、安树伟、石碧华；第七章、第八章、第九章：安树伟。最后由安树伟统稿。各章文责自负。

值此书付梓之际，谨代表所有作者对为本书顺利完成提供支持和帮助的单位和个人表示诚挚的感谢！感谢国家发改委国土开发与地区经济研究

后　记

所副所长肖金成研究员将本书纳入他主编的"中国城市与区域发展丛书"之中！感谢经济科学出版社的马金玉编辑，是她的关心和支持使本研究成果得以成书付梓，从而为我们广泛地同有关专家、同仁、读者，就"十二五"时期我国区域经济发展的若干问题进行交流提供了机会。

安树伟

2011 年 3 月